本书出版获泰山学者工程专项资助（项目号：tsqn202306071）和教育部哲学社会科学研究后期资助（项目号：20JHQ085）

中国听障大学生高等融合教育研究
——基于智力风格视角的分析

程三银 著

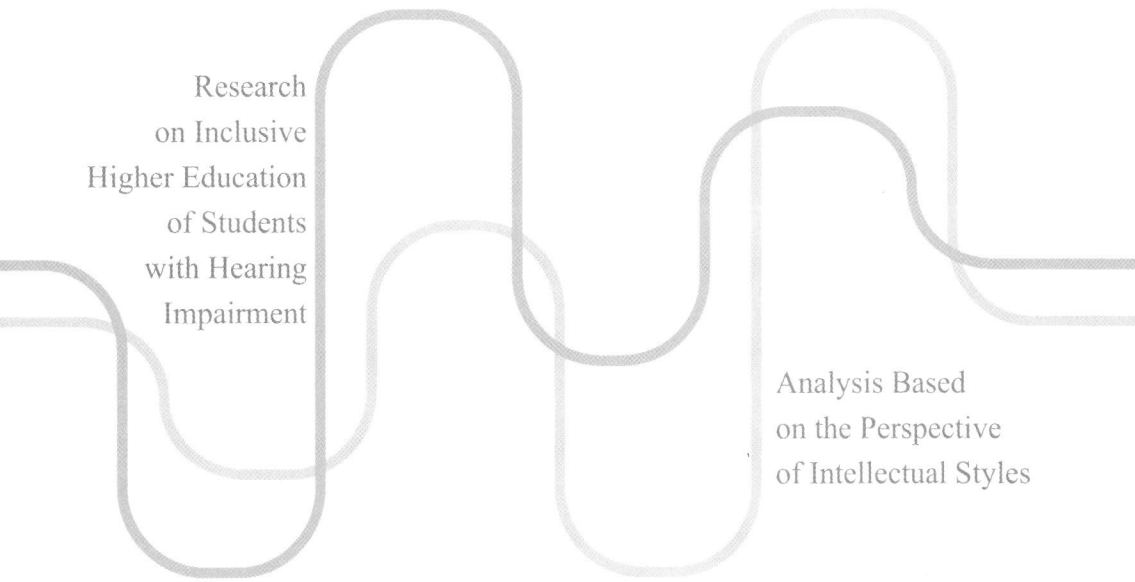

Research on Inclusive Higher Education of Students with Hearing Impairment

Analysis Based on the Perspective of Intellectual Styles

中国社会科学出版社

图书在版编目(CIP)数据

中国听障大学生高等融合教育研究：基于智力风格视角的分析／程三银著 . —北京：中国社会科学出版社，2024.3
ISBN 978 – 7 – 5227 – 3172 – 8

Ⅰ.①中… Ⅱ.①程… Ⅲ.①听力障碍—大学生—高等教育—研究—中国 Ⅳ.①G762②G649.2

中国国家版本馆 CIP 数据核字(2024)第 044563 号

出 版 人	赵剑英
责任编辑	宋燕鹏
责任校对	李 硕
责任印制	李寡寡

出　　版	中国社会科学出版社
社　　址	北京鼓楼西大街甲 158 号
邮　　编	100720
网　　址	http://www.csspw.cn
发 行 部	010 – 84083685
门 市 部	010 – 84029450
经　　销	新华书店及其他书店
印　　刷	北京明恒达印务有限公司
装　　订	廊坊市广阳区广增装订厂
版　　次	2024 年 3 月第 1 版
印　　次	2024 年 3 月第 1 次印刷
开　　本	710×1000　1/16
印　　张	16.5
字　　数	232 千字
定　　价	89.00 元

凡购买中国社会科学出版社图书，如有质量问题请与本社营销中心联系调换
电话：010 – 84083683
版权所有　侵权必究

序

融合教育涵盖了人类发展到今天以来美好的价值追求与理想，倡导所有儿童在普通学校的班级里接受高质量的教育和服务。就其本质而言，融合教育首先是一种信念，是基于"公平""自由""多元"等共享的价值观而形成的"人皆有潜能"和"人皆有权平等接受高质量教育"基本理想。多年来，世界各国致力于改变教育观念、创建融合的社会氛围，口号与倡议多于行动与实践。但是再好的理念需要在教育实践中得到实现与检验。融合教育是一种实践，是促进弱势群体回归主流学校与社会、平等共享社会物质文明成果的教育和社会实践策略。

随着社会的不断发展，融合教育的理念越来越多地被我国教育界所接受，并被国家相关教育文件确认为发展目标，但在实际操作中还有很多观念与体制方面的障碍，融合教育始终停留在介绍外国经验与理论探讨层面，本土化的实践与具体操作很少。

高等教育是人生发展的重要阶段。这个阶段意味着学生要承担更多的责任，要更加独立，同时也面临着由于成长带来的各种问题。近年来，随着教育公平的深入推进，高等融合教育已经成为残疾人接受高等教育的主要形式。对各类残疾人高等融合教育的研究也不断涌现。对听障大学生高等融合教育的研究是其中一个热点。社会急切了解目前中国残疾人高等融合教育的现状。

本书顺应这一时代要求，从智力风格的视角入手研究我国现阶段听障大学生高等融合教育。智力风格指的是人们所偏好的信息加工和任务处理的方式。包括所有的风格结构，不管名称里有没有风格这个字眼。例如学习风格，认知风格，思维风格，学习方式，职业人格类型，场依存/独立。

本书开始呈现了我国听障大学生高等融合教育的基本状况，探讨了听障大学生智力风格与高等融合教育之间的相关关系。以此为起点，作者进行了严格的混合研究设计，以量化研究为主，质性研究为辅，围绕智力风格风格领域三大有争议的问题，在听障和健听大学生中：（1）探讨风格结构（场依存/独立风格和思维风格）之间的关系；（2）考察智力风格对大学生活满意度和大学效能感的影响；（3）探讨个人因素（学习能力和学习观）和大学经历如何影响智力风格。研究结果显示，不论是听障还是健听大学生，具有Ⅰ类智力风格的个体对自身的大学生活更满意，对完成大学阶段的各个任务更有信心。大学阶段的专业学习更能促进个体智力风格的发展。个体的学习能力和学习观也能促进自身智力风格的发展。

通读本书，我以为作者至少在以下一些方面发展了前人的研究成果，对高等融合教育研究做出了独特的贡献：

本书首次从智力风格的视角研究当前国内听障大学生高等融合教育发展现状，视角独特新颖。本成果文献丰富，除系统回顾了智力风格的相关文献外，还涉及与听障学生大学生活密切相关的多个变量，如学习观、大学效能感和大学生活满意度。通过阅读本成果，能比较系统全面的了解当前中国听障大学生在高等融合教育背景下的发展现状，对如何教育听障大学生有诸多启示。

本书是程三银教授对自己的博士论文进行修改、补充后写成的。她从攻读博士学位起即选定本课题进行研究，直至今日任教于山东大学后仍继续这一研究不辍。作为她的硕士生导师以及助其赴

序

香港大学教育学院攻读博士的推荐者，深知作者为本书写作付出了大量艰辛的劳动，也为她这种潜心研究的态度深感欣慰。为此，我祝贺本书的出版，如果它能对我国高等融合教育事业和听障教育领域的研究发展有所裨益，则作者幸甚，序者幸甚。

邓 猛

2023 年于上海华东师范大学

目 录

第一章 绪论 ……………………………………………（1）
    第一节 研究问题 ………………………………………（2）
    第二节 研究背景 ………………………………………（2）
    第三节 研究缘由 ………………………………………（10）

第二章 文献回顾与综述 ………………………………（15）
    第一节 智力风格 ………………………………………（16）
    第二节 大学经历及其对学生发展的影响 ……………（34）
    第三节 能力及其对学生发展的影响 …………………（36）
    第四节 学习观及其对学生发展的影响 ………………（39）
    第五节 大学效能感与大学生活满意度 ………………（43）
    第六节 听障大学生中被调查变量及相关关系的研究 …（51）
    第七节 概念模型、研究问题和假设 …………………（59）

第三章 研究方法设计 …………………………………（65）
    第一节 预测 ……………………………………………（66）
    第二节 主测 ……………………………………………（71）
    第三节 质性研究 ………………………………………（78）

第四章 智力风格的重叠、价值和变化 ………………（81）
    第一节 所有量表的信效度 ……………………………（81）

第二节　描述性统计 …………………………………（120）
第三节　六个关键变量之间的相互关系 ……………（125）
第四节　智力风格在个人因素与大学结果变量
　　　　关系中的中介作用 …………………………（152）
第五节　智力风格的变化 ……………………………（156）
第六节　从个人因素预测智力风格的变化 …………（163）

第五章　讨论：质性和量化的视角 …………………（166）
第一节　听障大学生和健听大学生中6个量表的
　　　　效度 …………………………………………（166）
第二节　智力风格的重叠问题 ………………………（167）
第三节　智力风格的可塑性问题 ……………………（169）
第四节　智力风格的价值 ……………………………（177）
第五节　智力风格在个人因素与大学结果变量
　　　　关系中的中介作用 …………………………（183）
第六节　听障和健听大学生主测结果的差异 ………（184）

第六章　智力风格与高等融合教育研究：反思与展望 …（188）
第一节　结论 …………………………………………（189）
第二节　理论贡献 ……………………………………（189）
第三节　实践意义 ……………………………………（190）
第四节　当前研究的局限性及今后的研究方向 ……（191）

参考文献 …………………………………………………（194）

附录A　思维风格调查量表第二次修订版示例 ………（246）

附录B　团队镶嵌图形测验示例 …………………………（247）

附录 C 瑞文高级累进矩阵简版示例 ………………………… (248)

附录 D 学习观量表示例 ………………………………………… (249)

附录 E 大学生活满意度量表示例 ……………………………… (250)

附录 F 大学效能感量表示例 …………………………………… (251)

附录 G 半结构化访谈提纲 ……………………………………… (252)

第一章　绪论

智力风格是所有风格结构（认知、学习和思维）的一般术语，是指一种加工信息和处理任务的首选方式（Zhang & Sternberg，2005）。风格结构是重要的，因为它们影响一个人各个方面的行为和表现（Zhang & Sternberg，2009），包括社会心理发展（Zhang，2002a）和认知发展（Zhang，2002b）。

然而，目前仍未充分意识到一个人的智力风格的潜在价值。例如，近年来，许多研究者将大学效能感和大学生活满意度视为教育的两个重要方面（例如，Ainley，1999；Bryk，Lee，& Holland，1993；Flynn，1993）；然而，没有一项研究探讨智力风格在这些因素中发挥的作用。因此，为弥补这一不足，本书考虑了大学效能感和大学生活满意度这两个因素。

越来越多的研究表明，一些智力风格与个人特质有着更密切的联系，研究者对风格是否可以改变以及哪些因素可能影响这种变化越来越感兴趣。最新有影响力的风格理论和实证研究表明，风格确实可以在特定条件下发生变化［见第二章第一节第四小节第（三）条］。

Kozhevnikov（2007）指出，风格是一系列变量的结果，［包括］"智力水平，先前习惯和个人特质……"（p.477）。其他研究者对外部因素对风格可能产生的影响感兴趣，特别是它们影响风格变化的方式和程度（Furnham，1995）。因此，本书考察了大学环境和另外两个重要的个体差异因素（能力和学习观），以确定它们是如何影响智力风格的变化。本章具体介绍：（a）研究的问题和目的；（b）研究的背景；（c）研究的依据；（d）研究的意义。

第一节 研究问题

本书探讨了智力风格的本质，因为它与听障和健听大学生的风格重叠、风格价值和风格可塑性有关。听障是一个通用术语，指的是从轻到重程度不一的听力残疾。为了便于教育，将其分为两类：耳聋和听力减退（Wang, Reynolds, & Walberg, 1995, p. 231）。耳聋被定义为使儿童处理语音信息能力减弱的一种严重的听障。不管有没有扩音器，都会对儿童的学业表现产生不利影响（美国教育部，2006，p. 1261），而听力减退则是一种听力残疾，不管是永久的还是暂时的，都对儿童的学业表现产生了不利影响，但这并不在耳聋的定义之内（美国教育部，2006，p. 1262）。

第二节 研究背景

本书研究的背景是需要研究或探索：（a）风格重叠；（b）智力风格对大学效能感和大学生活满意度的作用；（c）影响风格变化的个人和环境因素；（d）智力风格在个人因素和大学效能感与大学生活满意度的关系中所起的中介作用；（e）听障大学生与健听大学生智力风格的特点。

一 需要进一步探讨风格重叠的问题

在不同的研究领域，如认知心理学、教育学和管理学，需要进一步探讨风格重叠的问题；然而，由于缺乏共同的理论基础和框架，限制了它们的进一步发展。因此，研究者开始分别从理论和实证层面探讨不同风格之间的关系。

在理论层面上，研究者主要致力于提出新的综合风格模型，包括 Curry（1983），Miller（1987），Riding 和 Cheema（1991），Grigorenko 和 Sternberg（1995）。在实证层面，研究者主要集中在直接检测不同风格之间的关系，发现许多风格重叠（详见 Riding & Cheema，1991；Zhang & Sternberg，2005）。然而，情况并不总是如此。例如，Sadler-smith（1997）以 245 名商科本科生作为调查对象，探讨了认知风格、学习方式和学习偏好之间的关系，通过认知风格分析（Riding，1991）和采用其他风格结构，发现认知风格之间没有统计学意义上的相关性。此外，一些重要的风格结构之间的关系（例如，场依存/独立风格和思维风格）尚未被充分研究。因此，有必要进一步探讨风格重叠的问题。

二 探讨智力风格对大学效能感和大学生活满意度的作用

大学效能感和大学生活满意度是高等教育的两个重要方面，并已被广泛研究（详见 Gore，2006；Sirgy 等人，2010）。大学效能感是指一个人相信自己有能力完成大学相关任务（Solberg, O'Brien, VillarReal, Kennel, & Davis, 1993）。大学生活满意度是从不同的角度来界定的，本书将其定义为：学生对大学经历的满足感（Sirgy, Grzeskowiak, & Rahtz, 2007）；换句话说，大学生活满意度主要是指一个人如何享受他的大学生活（Sirgy, Grzeskowiak, & Rahtz）。

许多研究调查了影响自我效能感的变量［见第二章第五节第一小节第（二）条］，特别是智力风格（例如，Cianci, 2008；Eachus & Cassidy, 1997；Seefchak, 2008）。然而，关于智力风格与自我效能感的关系的研究产生了不一致的结果；此外，许多研究专注于一般自我效能感而非大学效能感［见第二章第五节第一小节第（二）条］。因此，有必要进一步探讨智力风格对大学效能感的作用。

关于大学生活满意度，研究确定了许多影响因素，包括人格（Cha，2003）、压力（Makinen & Pychyl，2001）和生活环境（Ng,

2005）。例如，Makinen 和 Pychyl（2001）发现压力对年长大学生的生活满意度起着重要作用，但对年轻大学生的生活满意度没有影响。Ng（2005）发现，学生对居住环境的感知与其生活满意度显著相关。虽然智力风格已经被证明对大学生生活的各个领域影响很大，包括认知发展（Westreich, Ritzler, & Duncan, 1997；Zhang, 2002b）、心理社会发展（Zhang, 2002a, 2010）和课程满意度（Betorett, 2007），但还没有一项研究探索智力风格在大学生活满意度中所起的作用。因此，研究其影响是非常有价值的。

三 需要研究影响风格变化的个人和环境因素

从个人因素和环境因素两方面探讨风格变化，既有理论基础，也有实证基础。本节介绍了人类发展的生物生态学模型（Bronfenbrenner & Morris, 2006）和与当前研究相关的概念，并对相关的实证研究进行了总结。

（一）人类发展的生物生态学模型

生物生态学模型起源于 Kurt Lewin（1936）的经典公式：$B = f(PE)$，该公式认为，行为是人与环境的共同作用（Bronfenbrenner, 2005）。生物生态学模型是一个不断发展的理论体系，用于对人类发展的长期科学研究（Bronfenbrenner & Morris, 2006, p.793）。自1977年第一次提出后，布朗芬布伦纳模型得到进一步发展。目前，该模型包括四个主要组成部分：过程；人；背景；时间（Bronfenbrenner & Morris, 2006）。过程包括个体与其所处情境之间的混合动态形式的相互作用。人是指个体的生物学、认知、情感和行为特征。背景被定义为人类发展生态学的嵌套层次或系统（Bronfenbrenner, 1977, 1979）。时间包含多个维度（例如，家庭时间、历史时间和个体发育时间），构成调节个人一生变化的时间系统（Elder, 1998）。

这一理论具有三个特点，使之比其他发展理论更优越：第一，它既结合了个人和环境因素，又强调了相互作用，而其他理论倾向于关注个人或环境因素（Krause, Bochner, & Duchesne, 2003）。第二，该模型被认为是一个"活的系统"（Ford & Lerner, 1992），这不仅是因为它描述了个人和环境因素之间的发展相互作用，而且因为该模型本身是不断发展和变化的；第三，该模型表明"人既是间接生产者，也是发展的产物"（Bronfenbrenner & Morris, 1998, p.996）。

根据布朗芬布伦纳（Bronfenbrenner, 2001）的模型，在整个生命过程中，人类的发展是通过一个活跃的、不断发展的生物有机体与周围外部环境中的人、物和符号相互作用来实现的（p.6965）。此外，参与这些过程的个人发展各种能力、动机、知识和技能（Bronfenbrenner, 2005）。基于这些原因，本书选择能力、学习观和大学环境作为智力风格的影响变量。

首先，个体本身在自我发展中发挥着非常重要的作用。Bronfenbrenner 和 Morris（1998）认为，三种类型的个人特征是决定未来发展进程中最重要的变量：(a) 行为和信念；(b) 能力、经验、知识和技能；(c) 需求特征。因此，本书将学习能力和学习观作为个人因素。本书将斯皮尔曼（1927）的心理测量学理论和斯皮尔曼（1923）的认知理论作为能力的理论框架，Purdie 和 Hattie（2002）的学习模型作为学习观的理论框架。

其次，直接的外部环境也对一个人的发展起着重要作用。布朗芬布伦纳（1979）将环境视为一系列嵌套系统——微系统、中系统、外系统和宏系统。其中，微系统是最接近的环境，并被认为是"重心"（Bronfenbrenner & Morris, 1998, p.1013）。一个人的微系统是由有着不同特点、个性和信仰的人组成的特定的环境（p.1645），包括一个人的家庭、学校、同龄人群体、社区等，在微系统中会发生社会交往和人际互动等活动。

大学是一个微系统，学生经历了相当大的发展和变化（Hwang, 2000）；因此，学校/大学经历被选择为环境因素。在本书中采用了 Tinto（1987）大学经历模型作为大学经历的理论框架。

量化研究（Adams, Ryan, & Keating, 2000; Price, Richardson, Robinson, Ding, Sun, & Hand, 2011）和质性研究（如，Lin, 2010）都表明大学环境的复杂性，包括身体、认知（例如价值观、信仰和文化）和情感体验（例如师生关系和同伴关系）。与量化方法相比，质性方法在描述细节和深入分析方面具有优势。因此，本书采用一种质性研究法（访谈）来描述学生的大学经历。

（二）关于风格变化的实证研究的总体情况

总的来说，已有的研究表明，个人因素和环境因素与风格变化是相关的，这是本书研究的基础。然而，仍需丰富关于风格变化的实证研究。

如文献所示，与风格变化有关的个人因素有两组：（a）人口变量，如年龄、性别和学科（例如，Hilliard, 1995; Labarbera, 2004; Smith & Miller, 2005）。（b）个体差异变量，如能力、个性、自尊、学习观和认识论信念（例如，Chan & Elliott, 2002; Glicksohn, Naftuliev, & Golan-Smooha, 2007; Lee, Johanson, & Tsai, 2008; Rittschof, 2010; Zhang, 2001）。对于前者，Hilliard（1995）发现学生的表层学习法和成就学习法受到年龄的显著影响。此外，Turner 等人（2008）发现，性别与职业性格类型显著相关；男孩更倾向于现实主义和研究型（调查），而女孩则倾向于更具社会性和艺术性。关于个体差异变量，Shokri, Kadivar, Farzad 和 Sangari（2007）发现，开放、认真和适合与深层学习法显著正相关，神经质和外向与表层学习法呈正相关。Chan 和 Elliott（2002）的结论是，将"学习视为需要努力和理解的过程"的学生更倾向于采用深层学习法，而将"能力视为固定和先天的，相信权威知识，并且认为知识是确定的和不变的"的学生倾向于采用表层学习法。

学习观和能力已被证明与智力风格显著相关（见第二章第四节第二小节和第二章第三节第二小节）。例如，Dart, Burnett, Purdue, Boulton-Lewis, Campbell 和 Smith（2000）发现，具有质性和经验学习观的学生倾向于采用深层学习法，而量化学习观的学生倾向于使用表层学习法。Brooks、Simutis 和 O'Neil（1985）指出，个人对风格的选择和有效使用风格的方式可能会因他们能力不同而不同。然而，所有这些研究都只关注学习观与学习方法之间的关系。没有探究学生的学习观和其他风格结构的关系，如场依存/独立风格和思维风格。此外，目前关于学习观的研究都是质性研究，很少有量化研究探讨了学习观与智力风格之间的关系（Burnett，Pillay，& Dart，2003）。本书采用其他风格结构和学习观量表，进一步探讨了学习观对智力风格的影响。此外，尽管有许多研究调查了能力与智力风格之间的关系（如 Brannigan & Margolis，1980；Fujii，1996；Moore，1990），但结果相当复杂（见第二章第三节第二小节）。因此，有必要进一步探讨能力对智力风格的影响。

与风格变化有关的环境因素有三种。第一类涉及社会文化环境（例如，Joy & Kolb，2009；Niraula & Mishra，2001；Pandey & Pandey，1985）。例如，Joy 和 Kolb（2009）发现，来自强调群体集体主义、机构集体主义、不确定性规避、未来取向和性别平等主义的国家的个人倾向于具有更抽象的学习风格，而来自强调重视群体集体主义、不确定性规避和自信的国家的个体倾向于反思。Tung 和 DeSa（2010）调查了农村和城市学生所偏爱的学习和思维风格与生活环境之间的关系，发现城市学生比农村学生更倾向于使用更广泛的学习和思维风格。

第二个问题涉及学习环境（例如，Campbell 等人，2001；Diseth，Pallesen，Hovland，& Larsen，2006；Struyven，Dochy，& Janssens，2005）。Reid，Duvall 和 Evans（2007）建议各种评估方法（如修改论文和多项选择题）的评分与深层学习法和学习策略呈正相关，与表层学习法呈负相关，而同伴评估与学习策略显著相关。Svirko 和 Mellanby（2008）认为，享受课程，理解课程，以及在课程中获得适当的信息，都与深层学习法有关。第三类环境因素与家庭环境有关，包括家庭的社会经济地位及情感氛围，以及父母的智力风格和养育方式（例如，Bodovski & Youn，2010；Dreyer，& Davis，1987；Miller，1994）。

综上所述，尽管大量的研究已经探究了个人因素（学习和能力的概念）和环境因素（大学经历）如何与风格变化相关，但是大多数研究是横向的，在研究变化时不如纵向研究（见第一章第三节第三小节）。因此，有必要从纵向上探究风格变化与个人和环境因素的关系。

四 需要探讨智力风格如何在个人因素和环境因素与学生发展之间的关系中发挥中介作用

研究发现，智力风格对学生的学业成绩（Zhang，2002b，2007，2008）和学生满意度（Betoret，2007）有显著影响。本书中，智力风格指场依存/独立风格和思维风格（见第二章第一节第三小节）。这些影响表明，其他因素，如个人和环境因素变量，也可以通过学生的智力风格来影响学业成绩。事实上，可以从理论（通过Biggs的3P模型）和实证上来描述智力风格在个人与环境因素与大学生结果变量之间发挥的中介作用。

Biggs的（1979）3P模型是在Dunkin和Bidle的（1974）"预测—过程—结果模型"（Pressage-Process-Product Model）中构建的，其中预测指的是学生以前的知识，过程涉及学习过程中采用的策略，产品涉及学习结果。Biggs（1995）指出，智力风格在课堂学习中起着重要的作用，它们是个人因素（学生特征）和环境因素（教学环境）相互作用的产物，对学生学业成绩等结果变量影响很大。

有限的实证研究讨论了这种相互作用。例如，Diseth（2007）检测了智力风格在学习环境感知与成就之间的关系中发挥着潜在中介作用，发现学生的教师评价观预测了他们的学习方式，进而预测了他们的考试成绩。

其他研究调查了智力风格在个人因素与成就之间的关系中发挥

的中介作用（例如，Cano，2005；Diseth，2003；Phan，2008）。例如，Swanberg 和 Martinsen（2010）指出，学习策略和深层学习法在负责和成就的关系中起着中介作用，而表层学习法在神经质与成就的关系中则起到了中介作用。Phan（2008）指出，学习方法在认识论信念和反思性学术思维的关系中发挥了中介作用。

然而，也有不一致的研究发现（Diseth，等人，2006；Kizilgunes，Tekkaya，& Sungu，2009）。例如，Diseth 等人（2006）未发现智力风格在课程经验与成就之间的关系中的中介作用，而 Kizilgunes，Tekkaya 和 Sungu（2009）则发现，智力风格并不是信念与成就的中介关系变量。此外，这些研究大多检测了学习方法的中介作用，但很少侧重于其他风格结构，如场依存/独立风格和思维风格；大多关注认知结果，如学业成绩，而较少关注社会情感结果。

因此，基于理论和实证的基础，找出智力风格在个人因素和环境因素与两种社会情感结果（大学效能感和大学生活满意度）关系中可能起的中介作用是至关重要的。本书可以丰富关于风格中介作用的理论框架。

五 需要进一步探究听障和健听大学生智力风格的特点

许多研究表明，智力风格在人类表现和行为的许多方面发挥非常重要的作用（见 Zhang & Sternberg，2006）。然而，很少有这样的研究是在听障大学生中进行的（见第二章第六节）。此外，在风格文献中，涉及不同群体的研究可能会揭示出三个有争议的问题（风格重叠性，风格价值性和风格可塑性），作为跨文化的研究可以验证和扩展以前的发现（Berry，1991）。因此，本书以听障大学生作为研究对象，关注与风格重叠、风格价值和风格变化有关的智力风格的特征。为探讨听障大学生智力风格的独特性，本书选取健听大学生作为对照组。

第三节 研究缘由

进行本书研究的理由可以从三个方面（理论、背景和方法）来讨论。

一 理论上：关于理论和模型

从理论视角出发，本书探讨了三个有争议的智力风格问题，探讨了智力风格可能的中介作用，并检验所有变量的理论和模型的适用性。

第一，虽然许多研究表明不同风格的结构重叠，但仍有不一致的研究结果（Davidson & House, 1978; Sadler-Smith, 1997, 1999）。此外，以前的研究主要是在相对较为传统的风格模型的背景下进行的，例如 Riding 和 Cheema（1991）的模型以及 Grigorenko 和 Sternberg（1995）的模型；很少有研究是在新的综合风格模型——三重智力风格模型的背景下进行的。与其他模型相比，它建立在大量实证研究的基础上，并在关于风格的三个有争议的问题上具有明确的立场观点（见第二章第一节第二小节）；本书是在这个新模型的背景下探讨风格重叠的问题。

几种风格理论表明，智力风格是可以改变的，例如 Kolb（1981）的学习风格理论和 Biggs（1987）的学习方法理论，许多实证研究也证实了这一点［见第二章第一节第四小节第（三）条］。然而，风格是否可以改变仍然是一个热点话题。本书以布朗芬布伦纳人类发展的生物生态学模型为基础，从一个新的、不同的视角来研究这一问题。该模型不仅进一步解决了智力风格的变化问题，而且还在人类发展模型的基础上考察了这一思想。

智力风格也被证实在学生各个发展领域发挥着重要作用［见第二章第一节第四小节第（一）条］。然而，还没有研究检测智力风格与大学生活满意度或大学效能感（学生的两个重要领域）之间的关系。探讨智力风格与大学生活满意度之间的关系，有助于拓展智力风格的作用，并进一步解决风格价值问题。

第二，Biggs 的 3P 模型已经表明（而且实证研究已经证实）智力风格可能起的中介作用；然而，大多数研究都关注学习方法，极少数研究关注到其他智力风格。通过采用其他风格模型进一步探讨智力风格的潜在中介作用，有助于进一步理解 Biggs 的 3P 模型和强调智力风格的重要性。

第三，本书使用成熟的研究工具，丰富了能力、学习观、智力风格、大学效能感和大学生活满意度的理论和模型。对其适用性的研究，促使人们在不同的背景和不同的群体中进行进一步的研究。本书是在中国听障大学生中进行的，有利于实现这一目标。

这里有一点需要说明。在对思维风格量表第二次修订版进行验证的过程中，由于听障大学生语言的缺陷，采用了测试调整。调整是"在标准化评估条件中作出的改变，通过消除因学生残疾造成的结构—无关的差异，为学生创造公平的竞争环境"（Tindal & Fuchs，1999，p.7）。改变被认为是一种调整形式（美国教育研究协会、美国心理协会和美国教育测量委员会，1999）。有关调整的详情见第二章第六节第三小节。

二 背景上：关于研究样本

本书调查了听障和健听大学生的智力风格。尽管在过去的二十年里，听障大学生入学人数有所增加（Luykomski，2007），但很少有研究探讨这些学生是如何接受高等教育的。正如 Richardson 和 Woodley（2001）所指出的，在聋人教育和高等教育的文献中，听障大学生的高等教育处于边缘地位。事实上，进入主流大学对听障大学生来说是一个巨大的挑战，他们必须做出巨大的环境调整（Stinson，Liu，Saur，& Long，1996）。此外，许多听障大学生都面临着高辍学率（Stinson & Walter，1997），沮丧（Leigh，Robins，Welkowitz，& Bond，1989）和孤独（Murphy & Newlon，1987）问题。

新中国成立70多年来，在残疾人高等教育领域取得了重大进展，但是也面临着诸多挑战。我国残疾人高等教育实现了零的突破，赋予了残障人士受教育权，提升了教育质量。但是，我国残疾人高等教育仍然面临着如何优化招生政策和师资以及如何实现专业多样化等问题（滕祥东，2017；陈琴霞，2019）。

研究者寻求帮助这些学生的方法，例如提供支援服务（刘金荣和周姊毓，2016），提供先进而适当的技术，以及促进大学教师的专业发展（滕祥东、任伟宁、边丽和朱琳，2017；Lang，2002）。由于智力风格已被证明是大学生发展中的一个重要的个体差异因素（Zhang，2008），或许，努力提高听障大学生的意识和/或改变他们的智力风格，可能会促进他们的发展。此外，通过与健听大学生的对比，我们会加深对听障大学生智力风格的认识。

这里需要提出两点。第一，作为一个社会文化少数群体，进入主流大学的听障大学生经历了文化适应，这种现象可以定义为："当来自不同文化背景的群体相互接触，会导致一个群体或两个群体的原始文化模式发生变化"（Redfield，Linton，& Herskovits，1936，p. 149）。因此，在探讨风格变化和研究变量的相互关系时，需要考虑文化适应的可能影响（见第二章第六节第四小节）。第二，本书选取的听障大学生学业成绩不佳。此外，在风格与学习观和学习方法的矛盾关系研究中还存在着诸如信度低、因素结构难以解释等问题（Zhang & Bernado，2000）。

三 方法上：短期纵向设计

由于本书的关注点是智力风格可能发生的变化，因此采用了一种短期纵向研究模式。纵向研究是指：（a）为每个项目或变量收集两个或两个以上不同时期的数据；（b）从一个时期到下一个时期分析的主题是相同或至少可比较的；（c）分析包括不同时期数据的比较（Menard，2002，p. 2）。采用本书设计的具体原因如下：首先，与横向研究相比，纵向研究可以用来识别人与人之间的差异以及与个体随时间的变化有关的内部差异，例如，与社会经济地位较低学生相比，社会经济地位较高的学生是否经历更大的个人变化（例如，反应波动）（James，Fred，& Ketan，2008）。其次，通过纵向研究更好地发现和分析变量的变化和这些变化之间的关系（Ye，2008）。由于这些变化和它们之间的关系在本书中是有意义的，所以采用短期纵向研究设计。

四 研究的目的和意义

研究：（a）探讨智力风格对大学效能感和大学生活满意度的影响；（b）考察个人因素（学习观和能力）和环境因素（大学经历）对智力风格变化的影响；（c）考察智力风格在个人与环境因素与大学效能感和大学生活满意度关系中的中介作用；（d）检验本书中使用的六种自我报告工具——思维风格调查量表第二次修订版（Sternberg，Wagner，& Zhang，2007）；团队镶嵌图形测验（Witkin，Oltman，Raskin，& Karp，1971）；学习观量表第三版（Peterson，Brown，& Irving，2010）；瑞文高级累进矩阵简略版（Raven & Court，1998）；大学生活满意度量表（Sirgy，Grzeskowiak，& Rahtz，2007）和大学效能感量表（Solberg，O'Brien，VillarReal，Kennel，& Davis，1993）。

本书的意义可以从理论和实践两方面来阐述。从理论上讲，本书在三重智力风格模型的背景下，解决了三个有争议的风格相关问题。第一，本书探讨了风格重叠，可以促进风格研究者之间的内部沟通，加深我们对特定风格结构的理解。第二，通过测试智力风格对学生社会情感结果（大学效能感和大学生活满意度）的贡献来探讨风格价值问题，这已经越来越受到学生们的重视。第三，本书通过纵向研究检测个人因素和环境因素对智力风格的影响来探讨风格的变化。总的来说，本书有助于我们理解智力风格的本质。

在本书设计中，还探讨了智力风格在个人因素和环境因素与大学自我效能感和大学生活满意度关系中的潜在中介作用。虽然Biggs

的 3P 模型表明了智力风格的潜在中介作用，但对这一问题的研究却非常有限。既然中介变量可以帮助解释"怎么样"和"为什么"一个变量预测或导致既定的结果变量，并指出可能的有效干预措施和对策，因此探讨智力风格的潜在中介作用是非常有意义的。

从实践层面讲，研究结果可供学生、大学行政管理者和教师参考。他们可以帮助学生了解自己的智力风格，认识到智力风格对大学效能感和大学生活满意度的重要性，并找出其智力风格发生变化的可能原因，从而更好地利用自己的风格，甚至调整它们以适应环境需求。本书有利于大学行政管理者和教师认识到智力风格对学生发展的重要性，并采取有效措施培养与学生个人特质关系非常紧密的智力风格。

五　研究设计

本书分三个阶段进行。第一阶段是预测，旨在检验这六份量表（信效度）。第二阶段是一项短期纵向研究，调查了关键变量之间的关系以及个人因素（能力和学习观）对智力风格的影响。第三阶段是跟踪质性研究（follow-up qualitative study），旨在探讨大学经历如何影响智力风格，部分验证关于风格变化的定量发现，并解释主测中意外的发现。

六　本书结构

本书分为六章。第一章介绍了研究背景、理论基础、研究意义和研究设计。第二章进行了大量的文献综述，在此基础上提出了概念模型、研究问题和研究假设。第三章阐述了研究方法。第四章介绍了主测的结果，第五章对研究结果进行了讨论。由于该研究的定性发现涉及了大学经历如何影响智力风格，部分验证了关于风格变化的定量发现，并解释了主测中一些意外发现。因此，质性发现和量的结果放在一起讨论。第六章概述了本书的结论及其理论贡献、实际意义和局限性，并指出了今后的研究方向。

第二章 文献回顾与综述

大学效能感和大学生活满意度是大学生群体的中心主题。智力风格作为一个重要的个体差异变量,已经被发现会影响学生生活的各个领域,包括大学效能感(例如,Barbosa, Gerhardt, & Kickul, 2007; Cassidy & Eachus, 2000)和学生满意度(Betorett, 2007),这是学生大学生活满意度的一个主要组成部分。因此,了解学生的智力风格可以提高学生的大学效能感和大学生活满意度。根据 Webster 的词典(1999),风格是一种特殊的、独特的或特色的模型或行为方式(p. 873);在本书中,智力风格包括所有现有的风格结构,如认知风格、学习风格和思维风格。

尽管已经对智力风格进行了大量的研究,但仍有三个有争议的问题(Zhang & Sternberg, 2005):风格重叠性、风格价值性和风格可塑性。风格重叠涉及不同风格结构之间的关系。一些研究者认为,每个风格结构都是唯一的(例如,Anastasi, 1988; Gregorian, 1979),而其他人则认为大多数风格结构相似,但有不同的名字(例如,Campbell, 1991; Curry, 1983; Miller, 1987)。风格价值是不同风格的特性。有些研究者认为风格有价值,有些风格相对优越或低劣(例如,Kogan, 1989; Messer, 1976; Stahl, Erickson, & Rayman, 1986),而另一些则将风格描述为"无价值"(Witkin & Goodenough, 1981)。最后,风格可塑性是指不同情况下风格的一致性。一些研究者指出,风格是稳定的,不能改变(例如,Clapp, 1993),而其他人则认为风格是灵活的,可以改变(例如 Kozhevnikov，2007）。

　　由于本书针对的是上述与风格相关的问题，本章分析了与这些问题相关的文献。第一部分介绍了标准变量（智力风格），讨论了它的定义和发展趋势。主要集中在与上述三个问题相关的研究以及本书所依据的理论框架。接下来的三个部分侧重于风格的可塑性，主要是分析了大学经历、能力和学习观与智力风格的关系，并阐述了相关的理论和研究。第五部分是对风格价值的研究，主要体现在智力风格与大学结果变量（大学生活满意度和大学效能感）之间的关系，并回顾了相关理论和研究成果。第六部分综述了关于听障大学生（本书的重点）研究变量及它们相互关系的研究。第七部分和最后一部分阐述了研究的概念框架，以及研究问题和假设。

第一节　智力风格

　　智力风格、个体差异变量及其影响受到了教育、管理等不同领域的研究者的广泛重视（D'Amato & Zijlstra，2008）。在过去的几十年里，智力风格在测量个体差异中的作用日益突出，特别是在教育心理学和教育领域。因此，自然会出现以下问题：什么是智力风格？它们是如何产生和发展的？它们扮演什么重要的角色，特别是在人类成就和发展方面？这一部分将对智力风格进行详细的阐述，并对这些问题给出一些答案。本书共分四小节，前三小节介绍不同风格的理论，侧重于智力风格三重模式的理论框架，以及本书采用的两种风格模式（场依存/独立风格和思维风格），第四小节综述了关于风格重叠、价值和可塑性的研究。

一　智力风格的定义和一般发展

　　从不同的角度研究了智力风格的定义和一般发展；例如，它们被不同的概念化为人格类型，被认为是智力，以及被作为认知和人格之间的接口。这些不同的观点导致了一系列的定义和术语

(Leonard, Schooll, & Koalski, 1999)。近年来，Zhang 和 Sternberg 使用通用术语"智力风格"重新定义了各种风格类型，并将智力风格定义为个人处理信息和任务所偏爱的方式。

认知风格首先出现在风格研究中，这主要是因为研究者对认知与人格之间的联系感兴趣（Zhang & Sternberg, 2006）。风格研究在 20 世纪 50 年代末至 70 年代初达到顶峰，70 年代初至 80 年代中期，它们的数量和热度开始下降；过去几十年来，风格研究出现了复苏（Riding, 1997; Zhang & Sternberg, 2005）。虽然风格研究很有成效（Kozhevnikov, 2007），但它们也存在许多问题（Evans, Cools, & Charlesworth, 2010），包括混淆风格定义（例如，Rayner, 2007）和缺乏理论共识（例如，Coffield, Moseley, Hall, & Ecclestone, 2004）。在这些问题中，最突出的是风格相关的三个有争议的问题。

虽然在各种背景（例如，Goldstein & Blackman, 1981; Kogan, 1989; Messick, 1996）下，大量研究（见 Zhang & Sternberg, 2006）都暗示了这三个问题，但在三重智力风格模型被提出之前，没有一个理论模型系统明确地讨论了这三个问题（Zhang & Sternberg, 2006）。

二　三重智力风格模型

三重智力风格模型结合了现有的主要风格模式，如 Biggs（1978）的学习方法、Holland（1973）的职业人格类型和 Sternberg（1997）的思维风格（见表 2.1）。该模型建立在对心理自我管理理论的研究和先前风格文献研究的基础上（见 Zhang & Sternberg, 2005）。心理自我管理理论用于描述本书中使用的思维风格，稍后将详细描述。在个体对这些基本概念的不同偏好（结构化与非结构化，认知简单性与认知复杂性、符合与不符合、权威与自治、群体与个人）的基础上，智力风格被分为三类（Ⅰ类、Ⅱ类和Ⅲ类）（Zhang & Sternberg, 2005）。

中国听障大学生高等融合教育研究：基于智力风格视角的分析

表 2.1 　　　　　　　　　　智力风格

	风格类型	Ⅰ类	Ⅱ类	Ⅲ类
风格结构	a 学习方法	深层	表层	成就
	b 职业个人类型	艺术	传统	现实，调研，社交，创业
	c 思维模型	整体	分析	综合
	d 人格类型	直觉，理解	感觉，判断	理性，情感，内向，外向
	e 心理风格	具体随机	具体顺序	抽象随机，抽象顺序
	f 决策风格	创新	适应	
	g 反思冲动型风格	反思	冲动	
	h 智力结构	分散思维	聚合思维	
	I 知觉风格	场独立	场依存	
	j 思维风格	立法，司法，全局，等级	执行，保守，局部，君主	寡头，无政府主义，内倾，外倾

备注：理论基础：a. Biggs 的学生学习理论，b. Holland 的职业人格理论，c. Torrance 的大脑支配结构，d. Jung 的人格类型理论，e. Gregorc 的心理风格模型，f. Kirto 的决策风格模型，g. Kagan 的反思——冲动型风格理论，h. Guilford 的智力结构模型，i. Witkin 的场依存/独立风格，j. Sternberg 的心理自我管理理论。来源：Zhang & Sternberg（2005）：A Threefold Model of Intellectual Styles, Educational Psychology Review, 17(1)：38.

Ⅰ类风格个体偏好于低结构程度、以更加复杂的方式加工信息以及允许原创性和按照自己方式做事且有高度自由的任务；Ⅱ类风格个体偏好于有结构的、以更加简单的方式加工信息以及遵从传统的做事方式和要求尊重权威的任务；Ⅲ类风格是既不能归于Ⅰ类也不能归于Ⅱ类。根据具体任务的风格要求和个体对任务感兴趣的程

第二章 文献回顾与综述

度，它们同时具有Ⅰ类和Ⅱ类智力风格的特征。

正如Zhang和Sternberg（2005）所言，选择三重智力风格模型的理由如下。首先，该模型使用术语"智力风格"来包含所有类型风格结构，而其他综合风格模型只包含一种风格类型。例如，Miller（1987）以及Riding和Cheema（1991）的综合模型是"认知风格"模型，而Curry（1983）的综合模型是一种"学习风格"的模型。其次，该模型是建立在经验关系总结的基础上的"探索设计"（见Zhang & Sternberg，2005）。第三，它在风格重叠、价值和可塑性方面有明确的立场。关于风格重叠，该模型表明，虽然不同风格结构具有不同程度的风格重叠和表现出相似性，但它们都有自己独特的特点。就风格价值而言，大多数Ⅰ类和Ⅱ类智力风格是有价值导向的。Ⅰ类智力风格在大多数情况下都有正向价值作用，而Ⅱ类智力风格则有负向价值作用。最后，在风格可塑性方面，该模型表明大多数的智力风格都像"状态"一样（state-like），这意味着它们可以在特定的情况下改变（Zhang & Sternberg，2005）。

本书选取了三重智力风格模型中两种有影响力的风格模型（场依存/独立风格和思维风格）作为智力风格的典型代表。在下一节，对场依存/独立风格和思维风格进行了介绍，并阐述了选择这两种风格模型的原因。

三 场依存/独立风格和思维风格

场依存和场独立也称为心理分化（Witkin, Dyk, Faterson, Goodenough, & Karp, 1962）。场独立个体能够识别出信息和物体，不受他们所处环境的影响，而场依存个体不太能够将信息或物体与他们周围的环境区分开来，更容易受到主要环境的影响。在三重智力风格模型中，场独立属于Ⅰ类智力风格，场依存属于Ⅱ类智力风格。

Sternberg（1988）提出了心理自我管理理论，该理论确定了个体所偏好的处理信息或使用能力的方式（即思维风格），包括13

种方式。Sternberg 的智力风格理论（即心理自我管理理论）整合了 Grigorenko 和 Sternberg（1995）提出的三种风格研究方法：以认知为中心、以人格为中心和以活动为中心。理论中的风格（例如，司法和全局的风格）以认知的方式看待事物，并在使用自己的能力时与自己的偏好相对应；它们是典型表现风格而不是最大表现风格，因此属于以人格为中心的类型。最后，风格是以活动/行为为中心的一部分，因为它们可以在活动的范围内加以衡量。

这 13 种思维风格最初分为五类：形式、功能、水平、范围和倾向。在三重智力风格模型中，这 13 种思维风格被重新划分为三种类型。其中，立法的（有创造性的），司法的（评估其他人或产品），等级的（按任务重要性排序），全局的（关于整体）和自由的（使用新的方式处理任务）思维风格属于I类智力风格。执行的（遵循已有的规则执行任务），局部的（关注细节），专制的（一次完成一个任务）和保守的（使用传统的方法完成任务）思维风格属于II类智力风格。无政府主义的（碰到哪个任务就处理哪个任务），寡头政治的（不按次序地处理多个任务），内倾的（独立工作）和外倾的（和其他人一起工作）思维风格属于III类智力风格。

选择这两个风格结构有以下三个原因。第一，场依存/独立是被研究最广泛的风格结构之一，在风格研究中长久以来都激起研究者的兴趣。思维风格的提出是为了解决 Sternberg（1997）提出的风格领域存在的十大问题。第二，大量研究证明这两个风格结构对认知和社会情绪变量发挥着非常重要的作用（Zhang & Sternberg，2005）。第三，场依存/独立的优势主要体现在其测量工具的简便性和普遍适用性。思维风格的优势在于它的全面性、连续性，并且允许个体有一个风格概况。

除了上述的考虑之外，选取这两个风格模型还有理论上和实证上的重要意义。从理论的角度来说，选取这两个风格结构进一步研究场依存/独立是能力还是风格这个话题，通过检测场依存/独立与一个更全面的风格模型之间的关系来促进我们对场依存/独立的理解。实证上来说，检测这两个风格结构之间的关系可以测试三重智力风格模型的效度。

四 关于风格的三个有争议的问题

本节分为三个小节。每个小节分别讨论关于风格的三个问题：风格价值性、风格重叠性和风格可塑性。

（一）风格的价值问题

智力风格在教育学、心理学和管理学等各个领域都有重要意义。学者在众多研究成果上提出了一些相关的建议，如发展更有效的智力风格（Zhang & Sternberg，2009）。然而，问题是，人们是否应该尝试发展特定的风格？是否一些风格优于其他风格？这些问题有待于解决。

一般来说，关于智力风格的价值有两条线索：关于风格如何影响认知变量的研究和关于它们如何影响社会情感变量的研究。认知变量包括记忆（例如，Rittschof，2010）、创造力（例如，Broberg & Moran，1988；Miller，2007）和学业成就（例如，Schneider & Overton，1983；O'Brien，1994），而社会情绪变量指的是态度（Matthew & Crystal，2005）和焦虑（例如，Elder，1989；Hadfield & McNeil，1994）。

1. 智力风格对认知变量影响的研究

认知变量包括认知相关变量和学业成绩。对认知相关变量的研究大多表明，风格是有价值的。例如，Guisande，Páramo，Tinajero 和 Almeida（2007）探讨了不同认知方式的儿童在注意功能表现上是否存在差异。他们研究了149名8—11岁的儿童，结果显示，在所有测量注意功能的任务上，场独立儿童的表现要好于具有中等和场依存认知风格的儿童。Zhu 和 Zhang（2011）发现，有第一类思维风格的人倾向于强调思维和动机是创造的条件，而第二类思维风格的人则更倾向于强调知识和智力是创造的条件。Furnham，Christopher，Garwood，和 Martin（2007）在来自四所大学的430名学生中调查了学习风格和知识获取之间的关系。结果发现，采用表层学习方法的学生在一般知识上得分较低。

关于智力风格与学业成就关系的研究取得了相互矛盾的结果。一些研究表明，风格是有价值的；例如，Schneider 和 Overton（1983）发现，职业人格类型是男性第一学期大学平均绩点的预测因子，调查发现艺术类男性在 SAT 总分上的表现要好于社交、有事业心和进取心的男性（在两种或两种以上职业性格类型中，得分相同的人）。O'Brien（1994）使用 Gregorc 风格模型（Gregorc，1982）研究了认知学习风格对 170 名男生和 235 名女生学习成绩的影响，并对性别、年级和年龄进行控制，研究结果显示，按具体顺序学习的学生其成绩比无序学习的学生更好。Ross、Drysdale 和 Shultz（2001）发现，两所大学的学习风格与学业成绩显著相关，按顺序学习的学生学业表现优于无序学习的学生。

其他研究表明，风格是有价值差异的。例如，Furnham、Monsen 和 Ahmetoglu（2009）发现，深层学习方式与数学成绩、英语成绩呈正相关，而与语言和科学成绩呈负相关。Liao 和 Chuang（2007）通过调查 140 名大学生，探讨了传统的面对面学习模式和网络学习模式对认知风格与学业成绩的影响。研究发现，在传统学习模式下，具有分析风格的学生表现要好于其他三种情况下的学生（网络学习模式下的分析风格，以及传统的或网络学习模式中的整体风格）。这些不一致之处可能是由于不同形式的学业成就和采用不同风格结构造成的。

总之，虽然在智力风格与学业成就之间的关系上存在一些不一致的结果，但关于智力风格与认知变量之间关系的研究在很大程度上一致认为风格是有价值的。考虑到本书的重点，以下详细回顾了有关智力风格与社会情感变量之间关系的研究。

2. 智力风格对社会情绪变量影响的研究

社会情绪变量分为行为变量（如职业决策和问题行为）、社会情绪变量（例如态度和焦虑）、自信相关的变量（如自尊和自信）。

大多数关于智力风格和社会行为关系的研究表明，风格是有价值的（例如，DiRusso，Carney，& Bryan，1995；Riding & Wigley，1997）。例如，DiRusso，Carney 和 Bryan（1995）使用 Myers-Briggs 量表（Myers & McCaulley，1988）探讨了人格类型之间的关系。职业决策量表（CDS）测量的职业决策水平，发现与性格内向和敏感的个体相比，具有直觉和判断人格类型的个体更有决定力。Riding 和他的同事们进行的一系列研究一致地表明，有完整的认知风格尤其是有整体语言风格的学生，很可能存在行为问题（Riding & Craig，1998；Riding & Fairhurst，2001；Riding & Wigley，1997）。

大多数关于智力风格和情感变量之间关系的研究也表明，风格是有价值的（例如，Jong，Merckelbach，& Nijman，1995；Riding & Wigley，1997；Martín & Ramos，2006）。例如，Jong，Merckelbach 和 Nijman（1995）对 70 名大学生的思维风格与焦虑的关系进行了调查。具有整体思维风格的学生比分析型思维风格的学生具有更高的焦虑水平。Riding 和 Wigley（1997）发现，整体风格与精神质正相关。Martín 和 Ramos（2006）探讨了场依存/独立风格与焦虑的关系，发现场依存病人有较高的焦虑水平，而场独立病人更倾向于从治疗中获益。

满意度或幸福，被研究者视为最重要的情绪变量之一（例如 Drummond & McIntire，1977；Francis & Jones，2000；Tang & Hua，2003），尤其与大学生有关（Zhang，2008）。虽然许多研究都探讨了智力风格和满意度之间的关系，但大多数研究集中在个人方面，例如评估偏好（David & Dochy，2006）、教学方法偏好、工作满意度（Borcher，2007；Ishitani，2010；Pereira，2007）、专业满意度（Logue，Lounsbury，Gupta，& Leong，2007）和友谊满意度（Tsuzuki & Matsui，2000）；很少有人研究大学生对大学生活的学术和社交方面的满意度，因此，本书探讨了风格与大学生活满意度之间的关系（见第二章第五节第二小节）。

最后，大多数关于智力风格和自我信念变量之间关系的研究表明，风格是有价值的（如，Papazova & Pencheva, 2008；Sandra Bosacki, Wilfred, & Towson, 1997）。例如，Papazova 和 Pencheva （2008）采用 Myers-Briggs 量表（Myers & McCaulley, 1988）测量心理类型之间的关系，采用罗森伯格自尊量表（Rosenberg, 1965）测量自尊，测量了来自保加利亚的 8、9、10 和 11 年级的 573 名学生。研究发现，具有思考和感知风格的学生在自尊方面的得分高于感知和判断风格的学生。研究一直以来认识到深层学习方法与较高层次的自我信念（如自信和自尊）有关，而表层方法则与较低层次的自我信念变量有关（如，Watkins, Biggs, & Regmi, 1991；Watkins & Dahlin, 1997）。

大学效能感是一个非常重要的自我信念变量，指的是个体对自己能完成大学相关任务的信念（Solberg, O'Brien, Villareal, Kennel, & Davis, 1993）。它不仅影响学生学业上的成功（Bandura, 1989；Zimmerman, Bandura, & Martinez-Pons, 1992），也为未来职业做准备（Bandura, 1995）。然而，由于对智力风格与大学效能感关系的研究十分有限，本书对这一课题进行了研究（见第二章第五节第一小节）。

（二）风格重叠问题

在 20 世纪 50 年代末和 70 年代初，对风格的研究达到了顶峰，提出了许多风格，并出现了许多风格测量。例如，Messick（1984）列出了 19 个不同的风格类型，而 Riding 和 Cheema（1991）发现了 30 个风格类型；然而，许多研究在学习/认知风格的研究中没有发现其他风格类型的存在（Riding & Cheema, 1991, p. 193）。从 20 世纪 70 年代中期开始，对风格的研究消沉了很长一段时间。

为了便于内部沟通（Zhang, 2000b）和获得更简洁的结构（Bostic & Tallent-Runnels, 1991），人们提出了将不同的风格联系和合并起来（Goldstein & Blackman, 1978）。然而，由于这些风格是由不同的研究者在不同的时间提出的，以解决不同的研究问题（Shipman & Shipman, 1985），因此很难找出它们之间有何联系。

第二章 文献回顾与综述

到目前为止，研究者在这些风格的测量工具是测量相同的因素还是不同的因素方面，还未达成一致（Goldstein & Blackman，1978）。换句话说，智力风格的不同维度是否重叠（Bostic & Tallent-Runnels，1991）。

在风格文献中，研究者们从理论和实证两方面研究了不同风格类型之间的关系。在理论层面上，研究者们努力解释不同风格概念之间的关系，例如使用更通用的风格术语（例如，认知风格、学习风格和思维风格）或区分混淆风格术语（如认知风格和学习风格）。最突出的工作是将不同类型的风格分类到新的风格模型中。

具体来说，研究者以两种主要方式整合了不同的风格类型。在"水平"方式中，研究者将现存的风格类型重新归类到不同中心维度（例如 Allinson & Hayes，1996；Riding & Cheema，1991；Curry，1983；Grigorenko & Sternberg，1995；Zhang & Sternberg，2005）；例如，Allinson 和 Hayes（1996）将 29 个不同的风格类型组合成一个分析性整体维度。Riding 和 Cheema（1991）确定了 30 种风格类型，并将它们分为两个主要维度（整体分析和言语表象维度）。Curry（1983）三层"洋葱"模型，将不同的风格类型组合成嵌套类型。"垂直"方法在层次模型中统一不同的风格类型，并将它们与其他心理模型相关联（例如，Miller，1987；Nama，1990）。Miller（1987）使用三个认知加工概念——感知、记忆和思维，提出了一种区分风格类型的层次模型。

然而，除 Riding 和 Cheema（1991）模型，Zhang 和 Sternberg（2005）三重模型外，大多数综合模型缺乏足够的实证支持。然而，由于前者是一种比较传统的综合模式，本书采用了最新设计的三重智力风格模型（见第二章第一节第二小节）。

许多研究者对不同风格类型之间的关系进行了实证研究。根据 Sternberg（1997），风格可以基于三种类型的理论：认知中心（例如，场依存/独立风格和冲动—反思）；以人格为中心的（例如，人格类型和职业人格类型）；以及以活动为中心的（例如，Kolb 的

学习风格和学习方法），

　　一些研究表明，基于相似理论的风格之间有很大的重叠。例如，场依存/独立风格和冲动—反思（两者都基于以认知为中心的理论），已证明存在显著重叠（见 Riding & Cheema，1991）；一般而言，场独立性与反思显著正相关，而场依存与冲动呈显著正相关。此外，基于人格中心理论的人格类型（Myers & Mccaulley，1988）与心智风格（Gregorc，1982）之间的关系研究也表明了这一点。在这两种风格之间有显著的相关性（例如，Bokros, Goldstein, & Sweeney, 1992; Drummond & Stoddard, 1992）。一般来说，具体顺序的思维风格与感觉和判断性人格类型显著正相关，而随机思维风格则与直觉和感知型人格类型正相关。Alkhateeb 和 Mji（2009）发现，Kolb（1981）的学习风格和学习方法（Biggs，1987）都基于以活动为中心的理论，两者之间有着显著的相关性；具体来说，表层学习方法和聚合型（Converger）学习风格两者之间存在着微弱但显著的关系。

　　其他研究表明，基于不同理论基础的风格也会显著重叠，例如场依存/独立风格和 MBTI，基于以认知为中心的人格中心理论，直觉型和感知型与场独立性相关，感知型和判断型与场依存相关。基于以活动为中心的理论发现场依存/独立风格和整体型之间也有关联。场依存性与整体型认知风格呈正相关，场独立性与系列型认知风格正相关。基于人格中心理论的职业人格类型对基于活动中心理论的学习方法有显著的相互预测作用（Zhang，2004）。例如，有现实型、调查型和艺术型的职业人格类型在深层学习上得分较高，而具有进取型和常规型的职业人格类型在成就学习上得分更高。

　　然而，研究却产生了不一致的结果，不仅是基于相似理论中的风格之间的关系，也包括那些基于不同理论中的风格之间的关系。例如，Davidson 和 Ho（1978），通过对 110 名大学生进行组内嵌套模型测试（Witkin, Oltman, Raskin, & Karp, 1971）和人格冲动性量表（Jackson，1974）测试，发现场依存/独立风格和沉思/冲动不相关；Sadler-Smith（1997）发现，学习风格问卷（LSQ；Honey & Mumford，1992）和修订版学习方式（RASI；Entwistle & Tait，1994）的各维度在统计学上不具有相关性（没有统计学意义）。

此外，还存在着三种关系尚未被检验的理论，如思维风格和学习方法。基于新理论（如思维风格）的各类风格的出现，检测新的风格与三种理论中的现有风格之间的关系，引发了人们的研究兴趣，但这还远远不够。因此，值得研究的是各类风格之间的关系，特别是基于新理论（思维风格）与上述三种理论（如场依存/独立理论）的风格之间的关系（见第二章第一节第三小节）。

（三）风格的可塑性问题

根据 Ross（1989）以及 Poon 和 Koehler（2008）的说法，当情况发生变化时，可塑性的属性将不再稳定，但随着时间推移，可塑性会保持稳定。可塑性指的是风格是相对永久稳定，还是随着外界作用力或影响的变化而变化（Armor，2003）。在某种程度上，可塑性比变化更常见。在本书中，可塑性被用作一个包含稳定性和变化的通用术语。

智力风格的可塑性是风格领域中一个有争议的问题。一些研究者认为，风格是稳定的（例如，Clapp，1993；Murdock，Isaksen，& Lauer，1993；Sadler-Smith，1998）。例如，Messick（1976）和Sadler-Smith（1998）认为，智力风格是稳定、一致，并且分布在行为和认知功能的不同领域。Clapp（1993），Murdock 和他的同事（1993）通过进行再测试和比较受试者训练前后的智力风格得分，在实证研究层面支持了这一观点。然而，随着对风格的研究越来越普遍，越来越多的研究者发现，风格是可塑的（例如，Furnham，1995；Kozhevnikov，2007）。例如，Kozhevnikov（2007）指出尽管智力风格是相对稳定的，但个体还是可以根据生活经验调整他们的智力风格，以满足环境要求。Zhang 和 Sternberg（2005）认为，风格在正常情况下是稳定的，但可以根据特定情况的需要加以调整。

换句话说，风格相对稳定，但具有可塑性。

风格的可塑性在理论上和实证上都得到了证明。在理论层面，几种风格理论和模型表明风格是可以改变的。例如，Kolb（1981）提出，学习是一个由具体经验（CE）、反思性观察（RO）、抽象概念化（AC）和主动实验（AE）组成的四个阶段性循环。此外，还有四种学习方式：收敛式（AC 和 AE）、发散式（CE 和 RO）、同化式（AC 和 RO）和调节式（CE 和 AE）。此外，学习风格的变化是遗传和环境因素的双重作用。

在其他研究者的基础上（Marton，1976 a，1976 b；Entwistle，1981；Entwistle & Ramsden，1983），Biggs（1987）提出了三种学习方法——浅层、深层和成就学习。基于这两种语境特征的学生采用不同的学习方法，如学习或教学环境（Struyven, Dochy, Janssens, & Gielen，2006），以及学生的特点和经验，例如他们的学习目的（Entwistle & Entwistle，1991）和学习观（Van Rossum & Schenk，1984）。

Curry（1983）的三层"洋葱"模型也表明了智力风格的可塑性，该模型包括 9 个主要的学习风格测量，分为三个层次，最里面一层包含认知人格风格，这是最不能改变的；中间一层包含相对稳定但通过外部刺激仍然可以改变的信息处理风格；而最外层是由教学偏好构成的，是可塑性最强的。

上述模型都表明智力风格是可以改变的，都强调了环境因素的影响。此外，Biggs（1987）的学习模型研究表明，个人因素也对智力风格的可塑性起着重要作用。

大量的实证研究也表明了风格的可塑性。一般来说，关于风格的变化有三条研究路径。第一条研究路径探讨了个人因素与智力风格之间的关系。第二条研究路径考察了环境因素与智力风格之间的关系，两者都表明风格是可塑的。第三条研究路径是对个体风格变化的纵向研究。这三部分研究的主要结果将在本小节的其余部分中详细阐述。

第二章 文献回顾与综述

1. 个人因素与智力风格关系研究

研究发现，许多个人因素与智力风格有关，包括年龄、性别、能力和学习观（例如，Albeli，1993；Burnett，Pillay，& Dart，2003；Meric & Capen，2008；Miller，1987）。因为能力和学习观是本书的关键变量，对这些个人因素与智力风格之间关系的研究将在第二章第三节和第二章第四节部分中详细介绍。由于年龄和性别与本书有关，因此，对这两种因素与智力风格之间的关系的研究进行了详细的综述。

智力风格一直与年龄有关，随年龄变化而变化（Cardenal Hernáez & Fierro Bardaji，2001；Cummings，1995；Ginter，Brown，Scalise，& Ripley，1989）。例如，Hillard（1995）采用学习过程问卷（Biggs，1978）调查了339名三年级和四年级医学生的学习方法，发现年龄较大的学生在表层和成就学习上得分更高。Mills，Moore和Parker（1996）采用Myers-Briggs风格量表调查了240名小学资优学生的年龄与心理类型之间的关系，他们发现不同年龄的学生心理类型有很大差异，年幼学生更倾向于外向、感觉和感知。Ginter，Brown，Scalise和Ripley（1989）发现，动觉学习风格（the print learning style）的大学生的平均年龄高于视觉学习风格的大学生，差异可能是由不同的生活经验导致的。不同年龄的学生可能经历和面对不同的生活经历，使他们适应自己的智力风格，从而改善他们的生活。事实上，一些研究已经确定了与个体成熟有关的一般风格变化模式（Jonassen & Grabowski，1993；Holzman & Klein，1954）。例如，Titus（1990）根据Kolb的学习风格量表（Kolb，1981）发现，抽象学习风格在青少年和成人中更常见。虽然大多数关于年龄和智力风格之间的关系的研究都是横向研究，但是，它们仍然显示风格是有可塑性的。

智力风格的性别差异也得到了广泛的研究（例如，Francis，Penson，& Jones，2001；Matick，Dennis，& Bligh，2004，Meric & Capen，2008）。然而，结果是相当复杂的。一些研究发现，智力

风格往往因性别而异（例如，Francis，Penson，& Jones，2001；Matick，Dennis，& Bligh，2004；Meric & Capen，2008）。例如，Meric 和 Capen（2008）发现，女大学生在认知风格指数（Riding，1991）上的得分往往高于男大学生。Francis，Penson，和 Jones（2001）调查了英国 278 名男大学生和 213 名女大学生的心理类型（Myers & McCaulley，1988），研究发现，直觉实感理性判断（ISTJ）和直觉感知情感判断（ISFJ）在男大学生中更常见，而女大学生则更倾向于 ISFJ（直觉—实感—情感—判断）和 ESFJ（外倾—实感—情感—判断）。Mattick，Dennis 和 Bligh（2004）通过调查 128 名一年级医学生来探究学习方法和学生特征之间的关系，研究发现，男生和女生在表层学习法的使用上存在显著差异，男生更倾向于使用表层学习法。

然而，其他研究表明，在智力风格方面没有性别差异（例如，Ginter，Brown，Scalise，& Ripley，1989；Niraula & Mishra，2001）。例如，Niraula 和 Mishra（2001）通过调查了 3 个年龄组（5—6 岁、8—9 岁和 11—12 岁）的 240 名儿童来研究性别与认知方式之间的关系，发现男生和女生的得分无显著差异。Ginte 和他的同事（1989）通过调查大学生也发现，学习风格没有性别差异。

此外，年龄和性别的相互作用在智力风格中起着重要作用（例如，Honigsfeld，2001；Wechsler，2009；Sadler-Smith & Tsang，1998）。Wechsler（2009）表明，17—24 岁的男性在谨慎—反思风格上得分高于女性，而 25 岁或 25 岁以上的人群中得分差异较小；而 17—24 岁的女性在关系—发散风格上得分高于男性，25 岁或以上的男性在关系—发散风格上得分高于同龄女性。Sadler-Smith 和 Tsang（1998）发现，年龄较大的男生更倾向于采用深层学习法，而年龄较小的女生更倾向于采用深层学习法。

Severiens 和 Ten Dam（1997）指出，性别和智力风格之间的这些不一致之处可能是由于不同的研究背景所致，例如不同的国家和不同的主题（例如研究领域和教师）。此外，研究结果的差异也可能是采用不同研究方法（Severiens & Ten Dam, 1994）和被试年龄的差异所致（Zhang & Sternberg, 2006）。

Zhang 和 Sternberg（2006）认为，智力风格的性别差异可能是遗传性别差异（Sherman, 1967）或对男性和女性的不同社会期望（Vernon, 1972）所致。不同的社会期望鼓励个体发展不同的智力风格，或促使个体适应自己的智力风格以满足社会期望。因此，这些关于性别和智力风格之间关系的实证研究，虽然不是通过纵向研究获得的，但表明风格是有可塑性的。

总之，年龄和性别影响智力风格，因此，在分析智力风格与其他变量之间的关系时必须考虑到这一点。此外，这些研究大多是横向研究的，因此，本书采用纵向研究方法考察了年龄和性别在智力风格形成中所起的作用。

2. 环境因素与智力风格关系研究

与智力风格有关的许多环境因素可分为三种环境：社会文化环境、学习环境和家庭环境。因为大学环境在本书中是一个关键的变量，大学环境与智力风格的关系将在第二章第二节部分详细介绍。

许多研究也表明，智力风格可能因社会文化环境而不同（例如，Huang & Chao, 1996; Joy & Kolb, 2009; Nuby, 1996）。Huang 和 Chao（1996）比较了中美研究生锐化—齐平化认知风格（sharpening and leveling cognitive styles）类别的差异，发现中国学生在分类上比美国学生更广泛。Nuby（1996）使用迈尔斯—布里格斯类型指标（Myers & McCaulley, 1988）测试了非裔美国人和土著美国学生，发现非裔美国人的男性倾向于理性类型，而土著美国男性更倾向于情感类型。Joy 和 Kolb（2009）调查了文化对学习风格的影响，使用学习风格量表（Kolb, 1981）对来自 7 个国家的 533 名受访者进行了调查，并确认来自那些强调集体主义、不确定性规避、未来取向和性别平等主义的国家的学生更倾向于抽象的学习方式。而来自那些强调集体主义、不确定性规避、自信主义的国家的学生更倾向于反思的学习风格。

此外，风格也随学习环境的改变而改变（Coker, 1995; Diseth, Pallesen, Hovland, & Larsen, 2006; Eklund-Myrskog, 1997）。Trible（1998）采用迈尔斯－布里格斯类型指标（Myers & McCaulley, 1988）调查了120名高中生的人格类型，发现来自选择学校的学生比那些来自传统学校的学生更外向、更直观、更有洞察力。Struyven，Dochy和Janssens（2005）发现，以教师为中心的班级的学生倾向于采用表层学习法，而以学生为中心的班级的学生则更倾向于采用深层学习法。

智力风格上的环境差异可以通过个人对环境的不同看法和（或）他们与环境的独特互动来解释。个人可根据他们对环境的感知或在他们与环境的互动中改变他们的风格。此外，不同的环境可能会以不同的方式培养个体，这反过来会形成特定风格（Zhang & Sternberg, 2006）。对环境变量与智力风格之间关系的实证研究表明，风格是有可塑性的。

综上所述，上述研究表明，个人因素和环境因素对智力风格的影响是不同的。此外，研究也表明，风格是可塑的。然而，这些研究大多是横向研究，在探讨风格可塑性方面不如纵向研究（Menard, 1991）。下面详细回顾了为探索智力风格的变化而进行的纵向研究。

3. 智力风格变化的纵向研究

关于智力风格变化的纵向研究可分为两类：有培训的纵向研究和没有培训的研究。前者的研究结果很大程度上支持了风格可以改变的观点（Mshelua & Lapidus, 1990; Nunn, 1995）。例如，Denney（1972）认为，学生在模仿反思的成年人或教师时，倾向于表现出更多的反思性。Mselua和lapidus（1990）对167名尼日利亚学生进行了知觉训练，发现他们在接受深度图片任务和团队镶嵌图形测验（GEFT）方面表现得更好。

对于未经培训的纵向研究，研究成果相当复杂。一些研究表明，风格是稳定的（Messer & Brodzinsky, 1981; Pinto & Geiger,

1991；Taylor，1994）。例如，Pinto 和 Geiger（1991）在大二和大三开学初，分别对 55 名大学生进行了学习风格测量，发现大二和大三没有明显变化。另三项研究显示，在长达 3.5 年（Clapp，1993），7 个月（Kirton，1987）和 3 年（Taylor，1994）的时间内，认知风格趋于稳定（基于 Kirton 适应—创新问卷）（Kirton，1987）。Messer 和 Brodzinsky（1981）也证实了三年内沉思—冲动认知风格的稳定性。

然而，一些研究表明，风格是可以改变的（例如，Chapman，Watson，& Adams，2006；Hsu，1999；Zeegers，2001）。例如，Hsu（1999）发现，在七年的时间里，服务业专业学生的学习风格发生了显著变化，聚合型学习风格人数增加，同化、顺应、发散型学习风格人数减少。Chapman，Watson 和 Adams（2006）对 38 名治疗专业学生 3 年的学习方式进行了调查，结果显示，学习方式有一定的变化，深层学习方式有所增加，浅层学习方式略有减少。

此外，一些研究表明，风格可能因个人（例如学习经验）和环境因素（如课程）而发生变化。例如，Zeegers（2001）对 200 名学生进行了一项研究，测试了他们的学习方法五次，发现学生的学习方式可以随着学习经验的变化而变化，最大的改变是成就学习法。Walker 和他的同事（2010）采用了"ASSIST 学习量表"（方法和学习技能量表，Tait，Entwistle，& McCune，1998），调查课程调整对学生学习方式的影响，到学年结束时，学生的学习方法表现出显著变化。

总之，纵向研究，无论是有培训还是没有培训，在很大程度上支持了风格可以改变的观点。然而，与横向研究相比，纵向研究是比较有限的。这些研究主要集中于以活动为中心的风格，如学习方式和学习风格，很少涉及其他两种方式的风格（以认知为中心和以个性为中心）或思维风格；对这些方式的风格和思维风格进行更多的纵向研究可以丰富关于风格可塑性的知识。因此，本书选取场依存/独立风格（以认知为中心）和思维风格，纵向地探讨了学生风格的变化。

第二节 大学经历及其对学生发展的影响

本节分为两个小节。第一节描述了大学经历的理论框架。第二节讨论了大学经历与学生发展之间的关系，特别是智力风格之间的关系。

一 大学经历的理论框架

根据皮亚杰（1971）的建构主义概念，人们能理解自己的经验（Zhang & Higgins，2004）。因此，Tinto（1987）的理论框架指出，大学经历主要由学生对大学正式和非正式的学术和社会系统及活动的认知和互动组成。正规的学术系统是指大学对学生的知识需求，如课程、讲座和评估；正式的社会系统是大学内部的结构化活动，能够使学生社会化，如学生组织和俱乐部。非正式的学术和社会活动包括大学正式活动以外的所有互动（Boutin，2008）。必须指出的是，在大学里，学术学科在塑造学生的思维和行为方式以及决定学生兴趣、态度和能力的变化方面起着核心作用（Smart，Feldman，& Ethington，2000）。因此，学生在学科领域的大学经历值得特别关注。

二 大学经历和学生发展

大学生活对于年轻人来说是一个特殊的人生阶段（Lin，2010）。Hwang（2000）认为，在他们的大学旅程中，学生经历了巨大的成长、发展和变化，这一论点得到了实证研究的证实。

学生大学经历的时间长短对发展结果有明显的影响；例如，Woosley（2003）表明，学生最初几周的社会适应与完成度显著相关；而 Weinstock 和 Zvling-Beise（2009）则表明，多元且持久的大学经历有利于认识论信念的发展。Lin（2011）在大学的第一和第二学年对14名男大学生和16名女大学生进行了深入访谈，发现他们的大学经历了四个不同的阶段：第一，他们经历了震惊、失望、不确定和不稳定；第二，他们学会了如何应对、接受、使用资源和提高自己的能力；第三，他们建立了归属感和认同感；第四，他们到达了整合和回顾的阶段。林（2011）指出，他们对大学环境的接受、互动和认同与他们对大学生活和个人发展的满意度呈正相关。

在大学充满机遇和挑战的情况下，研究者们也注意到了支持性和压力性的大学经历对学生发展的影响。研究发现，不同来源的社会支持（父母、教师、同龄人和兄弟姐妹）在大学适应中起着重要的作用，其中同伴支持是最重要的影响因素（Tao, Dong, Pratt, Hunsberger, & Pancer, 2000）。此外，新友谊的质量与大学适应、学生生活水平呈显著正相关。住在学生宿舍里的学生比不住校的学生收获的友谊更多（Buote等人，2007）。此外，学生的归属感和友谊质量与问题行为的减少有关；大学归属感的增强也与在学术能力和自我价值等领域的自我知觉提高有关（Pittman & Richmond, 2008）。研究还发现，以问题为中心的处理（例如，认知再解释和问题解决）可以显著预测更好的大学适应（Sasaki & Yamasaki, 2007）。

在非正式大学互动方面，广泛而密集的课外活动参与，特别是随时间而增加的课外活动，与大学有显著的正相关（Busseri等人，2011）。活动中的心理参与度与对个人成长和青少年融合的感知呈正相关（Busseri & Rose-Krasnor, 2008）。

横向和纵向研究都表明，风格随大学经历的变化而变化，例如高等教育学习经历（Zeegers, 2001），课程改革（Walker等人，2010），教学活动（Vermetten, Vermunt, & Lodewijks, 1999）和课外活动（Zhang, 2001）。研究也显示不同学科的智力风格不同（如，Alumran, 2008; Jones, 2001; MacGillivary, 1999）。

例如，Albeli（1993）对190名来自不同专业的本科生进行了

"你的学习和思维风格 A"（Torrance，Reynolds，Ball，& Riegel，1978）的调查，并发现应用科学专业学生右半球风格得分高于社会科学专业学生。Tobacyk 和 Cieslicka（2000）调查了 107 名波兰营销/管理专业学生和 75 名波兰英语专业学生来探究心理类型之间的关系（Myers & McCaulley，1988），研究发现，营销/管理学生更倾向于外向、感觉、思考和判断，而英语专业的学生更喜欢内向、直觉、思考和感知。这些学科差异可能是由于不同学科的特殊要求所致。例如，生物学作为一个领域，更注重视觉空间和时间能力，并要求学生同时处理多个变量；因此，在生物学领域可能要求学生发展右半球风格。另外，教育课程要求学生在教育实践中运用新的教学方法，取得了成功。教育领域的学习可能要求学生具有积极的学习风格（Albeli，1993）。因此，尽管对学科与智力的关系的研究是横向研究，它们还是表明风格是有可塑性的。

本书选择艺术设计专业的学生作为研究对象，因为研究表明，这些专业的学生倾向于发展第一类智力风格。例如，以 30 名艺术系学生和 30 名非艺术类学生为研究对象，Spiaggia（1950）发现，艺术专业的学生倾向于内向和有创造力，在社会交往和适应方面较差。Munsterberg 和 Mussen（1953）的结论是，艺术系学生更有创造性和反思性，更容易无视规则。Fergusson（1992）报告说，大学美术专业学生的独立程度与艺术成绩和艺术能力呈正相关。Demirkan 和 Demirbas（2008）报告说，设计专业的学生更倾向于客观，能更好地处理视觉感官信息与感知图片和图表。此外，设计专业鼓励学生全面地处理任务（Demirkana & Demirba，2010），并且设计需要创造性，评价和尝试新的想法（Demirbas & Demirkan，2007）。

第三节　能力及其对学生发展的影响

这一节包括两部分。首先是能力理论，特别是斯皮尔曼的能力理论框架。其次是能力和学生的发展，主要研究能力与智力风格的关系。

一 能力的理论框架

能力概念可追溯到弗朗西斯·高尔顿（Francis Galton）出版的名为"遗传天才和性格"的文章，其中，高尔顿提出了"天才"的概念。高尔顿把达尔文自然选择理论和比利时统计学家（1849）的理论结合起来，断言天才有三个特点：正态分布；可遗传；种族分层。随后，许多学者提出了能力理论，如 Thurstone（1931）和 Guilford（1967）。本书选取斯皮尔曼（1923，1927）的能力理论框架，其中能力是处理新事物和调整个人思维以适应新的认知问题的能力（Carpenter, Just, & Shell, 1990）；分析能力（智能）被称为流体智能（能力）或推理能力，似乎是"智力的核心"（Sternberg, 1986, pp. 309–310）

斯皮尔曼（1923，1927）的理论模型主要包含两种理论：斯皮尔曼（1904，1927）心理测量学理论和斯皮尔曼（1923）认知理论。在心理测量理论中，斯皮尔曼认为，所有智能活动都有一个共同的基本功能（或一组功能），而其余的或特定的元素在每一种情况下似乎都与其他元素完全不同（Spearman, 1904, p. 202）。在认知理论中，核心成分是被定义的类比项（analogy 项目）。斯皮尔曼（1923，1927）的理论模型包括三个定性的认知原则，用于解释智能行为：对经验的理解；关系教育；相关教育。

正如 Horn 和 McArdle（2007）所言，研究者之所以采用斯皮尔曼（1923，1927）的能力理论框架，主要有三个原因。第一，这是一个可证伪的科学理论模型，换句话说，它描述了在理论正确时和理论错误时实施的实验可能产生的结果。第二，界定了能力的概念，使我们能够区分什么是能力和什么不是能力。第三，它是一个综合的理论模型，它吸收了心理学各个分支的经验证据和理论。

二 能力和学生发展

根据 Evans、Forney、Guido、Patton 和 Renn（2010），关于能力与学生发展的关系的研究分为三个部分，分别是关于能力与认知结构变量、心理社会变量和智力风格的关联。研究表明，能力对学生的认知结构（例如，Beaujean 等人，2011；Burgess, Gray, Conway, & Braver, 2011；Haldemn, Stauffer, Troche, & Rammsayer, 2012）和社会情感（例如，Davis & Humphrey, 2012；Morrison, Amir, & Taylor, 2011）有很大的影响。例如，Haldemn、Stauffer、Troche 和 Rammsayer（2012）指出，智力与视觉和听觉信息处理性能密切相关。Kadam、Jadhav 和 Yadav（2011）发现，情绪智力较高的男女演员也有较高的自尊水平。Milosevic 和他的同事（2011）发现，护士的工作能力与其生活满意度领域的身体、心理、社会关系和环境呈正相关。智力风格是本书的关键变量，因此，以下对能力与智力风格关系的研究进行了详细的综述。

在概念上，研究者指出了能力和风格的异同（例如，Entwistle, McCune, & Walker, 2001；Furham, 1995；Messick, 1996）。Witkin 和 Goodenough 认为，能力是单向的，风格是双向的，Messick（1984, 1996）和 Riding（1997）指出，能力是特定领域的，能力的提高将导致在各种任务上的性能提高，而风格则是不分领域的，并且它们对性能的影响随任务性质的变化而变化。

从实证上看，关于能力与智力风格关系的研究已经产生了相当复杂的结果。一些研究表明，能力和智力风格之间存在着显著的关系（例如，Fuji, 1996；Moore, 1990）。例如，Fuji（1996）指出，学习风格趋同和分化的人往往有较高的言语和非语言推理能力。然而，其他研究表明，能力与智力风格之间没有任何关系（Armstrong, 2000；Johnson, 2008）。采用 Gregorc 风格指标（Gregorc, 1982）测得的学习风格与采用 Mayer-Salove-Caruso 情绪智力测验（Mayer, Salovey, & Caruso, 2002）测得的情绪智力不存在任何关系。

其他研究表明，能力与智力风格之间的关系受到其他变量的影响，如学术学科或社会经济地位（Green & Parker，1989；William，1985；Zhang，2010）。Zhang（2010）通过斯腾伯格三重结构能力测试（Sternberg，1993）考察了中学生能力与思维风格两个变量之间的关系。结果表明，具有Ⅰ类思维风格的学生在分析能力和创新能力上得分较高，但控制年龄和性别这两个因素时，研究发现，能力与思维风格无关。

总之，大多数研究表明，能力与智力风格显著相关。然而，关于风格与智力之间关系的研究却受到了批判和质疑。包括相对较小的样本，采用不同的风格和智力测量工具，并依赖于自定义的智力/能力测试分数，而不是测试所得的智力/能力测试分数（Zhang，2004）。此外，没有进行纵向研究，以探讨和验证能力测试分数与风格测量结果之间的关系（Zhang，2013）。

第四节　学习观及其对学生发展的影响

学习观被定义为个人对学习本质的认识（Peterson，Brown，& Irving，2010；Zhu，Chang，Valcke，Martin，& Schellens，2008）。学习观很大程度上影响着学生如何处理任务、如何相互交流，以及如何解释学习和智能行为等（Lonka，Joram，& Bryson，1996）。

这一节由两个主要部分组成。第一部分论述了本书采用的学习观的理论框架。第二部分是关于学习观与学生发展之间关系的研究，尤指学习观与智力风格之间的关系的研究。

一　学习观的理论框架

关于学习观的初步工作是由 Marton 和 Säljö（1976a，1976b）完成的，他们要求被试解释他们刚刚读过的一篇学术文章。从被试的反应中产生了两种类型的概念（表面概念和深层概念）。Säljö

（1979）确定了五个不同的概念，其中前三个概念是"复制的"（定量或表面），其余两个是"建构的"（定性或深层）。这五种学习观在 Marton, Dall'Alba, 和 Beaty（1993）的研究中被证实，同时增加了第六个概念，"个人变化"。然后建立了一个基于定性方法的层次模型，该模型后来得到了许多研究的证实，尽管使用不同的标签（例如，Boulton-Lewis 等人，2004；Cliff，1998；Makode, Richardson, & Price, 2007），不同的分类数字，或不同的数据收集方法（Cano & Cardelle-Elawar, 2004）。

然而，由于数据收集和分析过程太长，样本太小，无法建立和检验理论等问题，定性方法受到了批判（Purdie & Hattie, 2002）。于是，量化研究方法出现了，问卷调查为其最流行的工具；关于学习观的量表可以嵌入更长的问卷中（Edmunds & Richardson, 2009）和根据以往质性研究的结果为学习观制定单独的测量工具（Makoe 等人，2008）。

总之，定性方法促进了学习观模型的构建，而定量方法通过大样本数据库分析来检验所建立的模型（Edmunds & Richardson, 2009）。按照类似的发展模式，Purdie 和 Hattie（2002）建立了他们的学习观模型。Purdie 和 Hattie（2002）提出了六个学习观："学习是获取信息"，指学习是积累或吸收知识的实践；"学习是记忆、使用和理解"，意味着学习与一个人用来记住和理解知识的策略有关，这样你才能把知识传递给别人；"学习作为过程"（也称"学习为持续"）意味着学习是一个贯穿一生的渐进过程；"学习是发展社会能力"，指学习使人学会了如何与他人相处，并知道如何帮助他人或承担社会责任；"学习是个人的改变"更多指个人学习，因为学习促进了个人的进一步成熟和成长；而"学习作为一种责任"，则传达了这样一种思想，即个人学习是因为他们把学习作为一种责任或义务（Purdie & Hattie, 1996）。

在 Purdie 和 Hattie（2002）的模型中，理解和记忆是一个完整的过程。"学习作为获取信息"被认为是学习的定量或表面概念。

第二到第五种以上描述的概念被认为是定性的或深层的学习观。到目前为止，还没有一项研究能确切地证明，"学习作为一种义务"是一种定量的还是定性的学习观。Boulton-Lewis、Marton、Lewis 和 Wilss（2000）将"学习作为一种责任"归类为内在学习取向的一部分。正如 Lucas 和 Meyer（2003）所做的研究表明，定性的学习观与内在的学习取向是正相关的，本书认为，"学习是一种责任"是一种定性的学习观。

本书采用 Purdie 和 Hattie（2002）的理论框架，有几个原因。第一，该模型既有定性的（Purdie, Hattie, & Douglas, 1996），也有定量的（Purdie & Hattie, 2002）；第二，与其他模型相比，它更全面，不仅包括学习的内容和方法，还包括学习的原因；第三，最初的质性研究（Purdie, Hattie, & Douglas, 1996）对澳大利亚和日本学生进行了抽样调查，探讨了文化导致的学习观上的差异。此外，在 Purdie 和 Hattie 的量化研究中（Purdie & Hattie, 2002），分析了理解和记忆之间的关系，这是以往研究中最有争议的问题之一。

二 学习观和学生发展

许多研究已经探讨了学习观与结果变量之间的关系，包括自我效能感和动机（Rabanaque & Martínez-Fernández, 2009；Wang & Zhou, 2008）以及学习策略（Fernöndez, Villegas, & Torres, 2003）。例如，Rabanaque 和 Martínez-Fernández（2009）在一项对 258 名西班牙心理学本科生的研究中确认了这一研究。具有解释性和建设性学习观（较高层次）的学生在内在价值和动机上得分较高。Entwistle 和 Peterson（2004）以及 Peterson、Brown 和 Irving（2010）认为，具有质性学习观的个体在根据任务需求选择学习策略时更为灵活。由于智力风格是当前研究的重要内容，本书将对学习观与智力风格之间关系的研究进行详细的综述。

学习观与智力风格的关系主要体现在与 Biggs（1978）的学习

方式模式有关的研究上。早在1976年，Marton就提出了学生的学习方式与他们的学习观有关。后来的研究表明，定性的学习观与深层的学习方法有显著的关系。在不同的文化背景下（如英国、澳大利亚、中国台湾和新西兰），定量的学习观与中学教育和高等教育中的表面学习方法有着显著的联系。此外，学习观和学习方式之间的重要关系也已在特定学科中得到确认；例如，Tsai（2004）指出，学生的学习观（科学）可能与他们的学习方式有关。

此外，学习观与学习方式之间的关系由第三个变量调节。Richardson（2010），研究了在英国开放大学选修远程教学课程的2292名学生（1146名白人和1146名来自其他族裔群体的学生）的学习观、学习方式和学业成绩之间的关系，发现不同民族学习观的差异导致学习方式的差异。具体来说，那些有意义学习的学生（如，白人学生）在深层学习方式上得分较高，而那些无意义学习的学生（如亚洲和黑人学生）则更有可能在表层学习方法获得更高的分数。

然而，现有的文献也包括不同的研究结果（Entwistle，Tait，& McCune，2000；Vermunt & Verloop，2000）。例如，Boulton-Lewis、Marton、Lewis和Wilss（2000）发现，具有质性学习观的学生（例如，学习作为理解、联系和阐述）倾向于采用较低层次的学习策略（例如，关注信息），具有量化学习观的学生（如学习为了获得）倾向于采用较高水平的学习策略。这些不一致之处可能是由于学习环境的影响，例如学习环境的要求或学习环境的转变（例如从高中到大学），或者个人缺乏动力，缺乏先验知识（Entwistle & Ramsden，1983；Prosser等人，2000），以及缺乏调整学习策略以适应新学习环境要求的能力（Cliff，2000）。

综上所述，许多研究表明，质性学习观与Ⅰ类智力风格（深层学习法）呈正相关，而定量学习观与Ⅱ类智力风格（表层学习法）呈正相关。但结果不一致，尤其是学业成绩不高的学生。此外，这些研究大多只关注学习观的"内容"（是什么）和"表现"

（怎么样），而没有人关注其"原因"（为什么）（例如，学习作为一种责任，而学习作为个人变化）。最近，"原因"方面被越来越多的研究者视为学习观的重要组成部分。由于大多数综述的研究都集中在学习方式上，很少涉及场依存/独立思维风格，因此，进一步探讨学习观和智力风格（场依存/独立和思维风格）是很有价值的。

第五节 大学效能感与大学生活满意度

听障大学生和健听大学生在大学都会遭受打击（lang，2002；Gore，Leuwerke，& Turley，2005）；因此，如何在大学里坚持到底的问题日益突出。大学效能感和大学生活满意度都被强调为影响大学坚持性的重要因素（Lent，Brown，& Hackett，1994；Stinson & Walter，1997）。什么是大学效能感和大学生活满意度？智力风格是如何影响它们的？这一部分主要探讨这两个问题。第一部分着重描述大学效能感及其与智力风格的关系，第二部分介绍了大学生活满意度及其与智力风格的关系。

一 大学效能感

大学效能感是指个体对成功完成大学相关任务的能力的信念（Solberg，O'Brien，VillaReal，Kennel，& Davis，1993）。大学自我效能感被认为是对学业效能感的一种更广泛的概念化，它将其扩展到亲学术社会行为（"Pro-academic Social behavior" Gore，2006）。本节由两个部分组成，第一部分介绍了大学效能感的理论框架，第二部分着重分析了影响大学效能感的因素，尤其是智力风格对大学效能感的影响。

（一）大学效能感的理论框架

Bandura（1977，1986）提出自我效能感是特定的任务和特定的领域。此外，如果个人在相关任务中取得成功，自我效能感可以推广到给定任务。换句话说，自我效能感兼具专一性和一般性。在此理论基础上，我们从具体和一般的角度对学业效能感进行了概念化（Gore，2006）。

在特定的层次上，学业效能感是个体对自己成功完成各项任务的能力的信念，例如阅读（Wozniak，2011）和写作（Kim & Lorsbach，2005）等任务，或掌握数学或英语等特定学科（Nie & Liau，2011；Schweinle & Mims，2009）。在一般水平上，学业效能感是指个人对自己能够成功完成任何学术课程或学科的信念。

本书采用的是 Solberg、O'Brien、Villareal、Kennel 和 Davis（1993）的概念框架。基于社会认知理论，Solberg 和他的同事依据所有大学生共有的情景经历建构了大学效能感。大学效能感最初包括学业效能感（完成学业相关任务，如写课程论文）、社交效能感（和老师，工作人员和同学交流和互动）、室友效能感（处理和室友相关的议题）。Solberg 和他的同事（1998）增加了第四个元素，社交融合效能感（参加大学课外活动）。

本书采用 Solberg 和他的同事（1993，1998）概念框架的原因如下。第一，这个概念框架给效能感的一般性研究提供了更多的实证证据，能帮助个体预测他们在新环境下的表现；第二，这个框架是专门针对大学生的，抓住了学业效能感的全部意义；第三，它将社会认知理论和现存的关于学生发展和辍学的理论联系起来（Gore，Leuwerke，& Turley，2005）。

（二）影响大学效能感的因素

班杜拉（Bandura，1977）指出，自我效能感是建立在四个主要来源的基础上的：取得的成就；替代经验；言语说服；以及生理状态。此外，Zimmerman（1995）总结了自我效能感的主要特征，指出自我效能感具有领域特异性、任务特异性和语境依赖性。根据 Bandura（1977）和 Zimmerman（1995）的观点，影响大学效能感的因素分为环境因素和个人因素（人口学变量和个体差异变量）。

对环境变量与自我效能感关系的研究表明，积极的环境与较高的自我效能感有关，而消极的环境则与较低的自我效能感有关（例如，Banfield，2010；Chae & Gentry，2011；Graziano，Bonino，& Cattelino，2009）。例如，Gaytan（2010）发现，学术支持，包括来自家庭、同龄人的鼓励和情感支持以及教师提供的具体学术信息，对学生的自我效能感、身份认同和参与度有积极的影响，而来自教师的敌意对学生的自我效能感、身份认同感和参与度有消极的影响。教师不当行为会对学生的学业自我效能产生负面影响（Banfield，2010），但学生的学业自我效能与教师的关心与信任正相关（Karp，2010）。Schunk 和 Pajares（2002）总结了家庭环境对自我效能感的影响，指出家庭环境是自我效能感的最初来源，并指出，父母通过提供积极的家庭环境（例如，鼓励探索和安排不同的体验）可以帮助学生发展更高水平的自我效能感。Graziano，Bonino 和 Cattelino（2009）指出，更高水平的父母支持与社交效能感和学业效能感都呈正相关。

综上所述，大量实证研究证明了环境变量对自我效能感的显著影响。然而，大多数研究都以中小学生为研究对象，而以大学生为研究对象的则寥寥无几。本书选取大学生为研究对象。探讨环境变量影响大学生自我效能感的研究有助于提高大学生的自我效能感。

就个人因素而言，研究表明，效能感随人口统计学变量的变化而变化。例如，Bong（1999）发现，男生在课程效能感上的得分高于女生，而其他研究者发现，年龄较大的学生在课程效能感上得分较高（例如，Shell，Colvin，& Bruning，1995；Zimmerman & Martinez-Pons，1990）。

除人口学变量外，研究还表明，个体差异变量与自我效能感显著相关。例如，Smith（2005）确定了认知技能对自我效能感有显著影响，而 Lui（2010）发现，情绪智力与学业自我效能感显著正相关。至于负面影响，Zhu 和 Wang（2009）认为，学习压力与低水平的学习效能感有关。

总之，人口学变量和个体差异变量都是自我效能感的重要预测因子。在分析预测因子与自我效能感的关系时，需要考虑到人口统计学变量的重要性。由于智力风格（个体差异变量）是本书的重点，因此，智力风格与自我效能之间的关系研究将被详细回顾。

对智力风格与一般自我效能感关系的研究表明，Ⅰ类智力风格与自我效能感呈正相关，而Ⅱ类智力风格则与自我效能感呈负相关。例如，Barbosa、Gerhardt 和 Kickul（2007）指出，以认知风格指标（Allinson & Hayes，1996）测量的Ⅱ类（直觉认知）风格与自我效能感呈负相关。Eachus 和 Cassidy（1997）发现，深层学习法（Ⅰ类智力风格）与自我效能感呈正相关，而表层学习法（Ⅱ类智力风格）与自我效能感呈负相关，这一结果在后来的研究中得到了证实（Cassidy & Eachus，2000）。

关于智力风格与特定自我效能感关系的研究表明，智力风格是特定自我效能感的重要预测因子（例如，Seefchak，2008；Cianci，2008；Creed，Patton，& Bartrum，2004）。Deture（2004）调查了一所大学选修6门网上及通识教育远程课程的73名学生来探究认知风格对网络技术自我效能感的影响。研究结果表明，场依存/独立风格与网络技术自我效能感显著相关，有场独立风格的大学生在网络技术自我效能感上得分更高。West，Kahn 和 Nauta（2007）采用学习风格量表（ILS；Felder & Soloman，2000）发现，那些在积极和直观的学习方式上得分较高的学生显示出较高的研究自我效能水平。Roth（2006）认为，在调查和常规量表得分较低但在职业人格类型测量（Holland，1973）中得分较高的学生，职业技能和人际技能自我效能感水平较高，研究技能自我效能感水平较低。Miles（2005）在大学学期初和学期末采用大学学业效能感量表（Owen & Froman，1988）和生产力环境偏好调查（PEPS；Price，Dunn，& Dunn，1991）研究了112名一年级大学生学习风格偏好与学业效能感的关系。结果表明，积极负责的学习风格偏好与测试前/测试后的大学学业效能感得分显著相关。

总之，研究表明，智力风格对一般效能感和特定效能感都有显著的预测作用。然而,由于还没有研究直接探究智力风格与大学效能感之间的关系,本书进一步探讨了这一关系。

二 大学生活满意度

本节分为三个小节。第一节简要介绍了与学生生活满意度有关的理论,特别是本书所采用的理论框架,第二节回顾了影响学生生活满意度的因素,第三节则侧重于研究智力风格与学生生活满意度之间的关系。

(一) 大学生活满意度的理论框架

许多关于学生生活满意度的理论已经出现,如多重差异理论(Miachalos,1985)和社会化理论(Roberts,1990)。本书采用Sirgy、Grzeskowiak和Rahtz(2007)关于大学生活满意度的理论框架,其中将大学生活满意度定义为学生对大学生活的总体满意度(Sirgy等人,2007,p.346)。该框架主要是在自下而上外溢理论的基础上构建的。

自下而上的外溢是指从属的影响垂直延伸到对上级的影响,特别是从特定的生活领域(如家庭、工作和休闲)到一般的生活领域。换句话说,自下而上的外溢意味着一个人来自或关于某个特定生活空间的感觉可以在一个分层的生活体验模型中向上迁移(Sirgy,2001)。依据自下而上理论,Sirgy和他的同事2017年提出大学生活满意度受到学生在学业和社交生活经历的积极和消极情感的影响。对大学学业生活的满意度包括,如大学教师和学生的学业负荷量的满意度;对大学社交生活的满意度包括对校园调整和娱乐活动的满意度。另外,个体对大学学业和社交生活的满意度受到个体对大学设施和服务满意度的影响,如对图书馆和健康服务的满意度。

Sirgy、Grzeskowiak和Rahtz(2007)的概念框架被采用的原因主要有以下三点。第一,这个模型关注学生的大学生活,而不是他们的全部生活(如,Disch, Harlow, Campbell, & Dougan, 2000; Maggino & Schifini, 2003)。第二,它更全面,因为它不仅解决了学生大学生活的学业和社交方面，也考虑了大学设施和服务；其他框架强调大学生活的个别方面，如它的认知方面（Cohen, Clifton, & Roberts, 2001）或者它的情感方面（Roberts & Clifton, 1992）。第三，这个模型不仅有理论依据，也有基于对15名大学生的小组访谈结果的实证支持，而其他模型只是基于理论（如，Yu & Lee, 2008；Yu & Kim, 2008）。

（二）影响学生生活满意度的因素

虽然许多变量与学生生活满意度有关（例如，Mok & Flynn, 1998；Philips, 1979；Veenhoven, 1995），但它们一般分为两类：环境变量和个人变量。关于环境因素，学生生活满意度受到文化（如，Diener, Suh, Smith, & Shao, 1995；Samdal, Nutbeam, Wold, & Kannas, 1998；Veenhoven, 1995）、学校或大学环境（如，Ainley, Reed, & Miller, 1986；Karatzias, Power, Flemming, Lennan, & Swanson, 2002；Mok & Flynn, 1998），以及家庭环境（Chow, 2005；Ng, 2005）的影响。

关于家庭环境变量，一些研究表明，家庭人口变量是学生生活满意度的重要预测因子（Chow, 2005；Ng, 2005）。例如，Chow（2005）认为，社会经济状况与学生生活满意度呈正相关。Ng（2005）通过调查香港500名大学生探究了生活环境满意度与生活质量的关系，结果发现，学生的家庭年龄和家庭居住年限与学生的总体生活满意度呈显著负相关，而家庭类型和大小与学生的总体生活满意度呈显著正相关。其他研究表明，积极的家庭环境变量，包括权威型教养（Petito & Cummins, 2000），父母支持（Stevenson, Maton, & Teti, 1999；Young, Miller, Norton, & Hill, 1995），以及慈爱的父母关系（Grossman & Rowat, 1995），与更高质量的学生生活有关，消极的家庭环境的变量，如母子冲突（Demo & Acock, 1996），与更低的学生生活满意度有关。

综上所述，大多数研究表明，环境变量在学生生活满意度中发挥着重要作用。然而，这些研究中的大部分都针对小学生和中学生，而不是针对本书的研究对象——大学生。了解环境因素的影响可以帮助大学生有更好的大学生活，本书探讨了这些因素的影响。

关于人为因素，研究已经鉴别出了大学生活满意度的人口学差异（如，Hong & Giannakopoulos, 1994）。例如，Hong 和 Giannakopoulos（1994）调查了 1749 名澳大利亚成年人的生活满意度是否因年龄、性别和大学状况而不同，发现老年人的生活满意度较高。Okun、Braver 和 Weir（1990）发现年级水平与学校满意度呈非线性关系，1—8 年级学校满意度呈现下降趋势，9—12 年级保持不变。Huebner（1991）以及 Bulcock，Whitt 和 Beebe（1991）报告说，性别对中小学生的生活满意度没有影响。Medley（1980）发现，年轻女性的生活满意度分数往往高于年轻男性。因此，在分析预测变量与学生生活满意度之间的关系时，需要考虑人口统计学变量。

除了人口学变量，研究结果也显示，个体差异变量和学生生活满意度正相关（Cha, 2003；Dew & Huebner, 1994；Vaez, Kristenson, & Laflamme, 2004）。例如，Vaez, Kristenson 和 Laflamme（2004）指出，对于一年级的大学生和同龄人来说，自我评估的健康状况与生活满意度呈显著正相关。Cha（2003）认为，所有的人格结构——自尊、集体自尊、乐观等都与生活满意度呈正相关。Dew 和 Huebner（1994）对 222 名 8、10、12 年级学生的生活满意度进行了调查，发现学生总体生活满意度与其内部控制源呈正相关。

总之，研究表明，人口统计学和个体差异变量对学生的生活满意度都很重要。因为人口统计变量的影响远小于个体差异变量（Andrews & Wihe, 1976；Baker, 1998），本书探讨了后者对学生生活满意度的贡献。由于智力风格作为本书中的关键个体差异变量，本书详细综述了智力风格与学生生活满意度之间关系的研究。

（三）智力风格与学生生活满意度的关系

到目前为止，没有研究直接检测智力风格和学生生活满意度的关系。然而，理论和实证均显示这两个变量可能存在联系。

从理论层面讲，智力风格和学生生活满意度存在概念上的联系。先前研究显示，人格和智力风格（如，Busato, Prins, Elshout, & Hamaker, 1998；Jackson & Lawty-Jones, 1996；Zhang, 2001）和主观幸福感（Diener, Oishi, & Lucas, 2003）强烈相关。因此，智力风格和学生生活满意可能显著相关。

此外，关于风格的 Holland（1997）的职业人格类型理论提出了智力风格与学生生活满意度之间的联系，认为个人可以被认为具有六种职业人格类型之一，对应于六种职业环境：现实型（R）；探索型（调研型）（I）；艺术型（A）；社会型（S）；事业型（企业型）（E）；常规型（C）。该理论基于三个重要概念：一致性（个性类型与职业环境类型的一致性）；连续性（六种职业人格类型的相似性程度）以及差异化（六种职业人格类型之间的变异性）。Holland 的理论认为：（1）同一性较高的个体对自己的工作感到满意；（2）职业兴趣比较一致的人找一份与职业兴趣最匹配的工作的可能性较小；（3）明确界定的兴趣可能会使个人的职业选择更加容易。因此，基于这一理论，人们认为，职业人格类型可能与主观幸福感有关（Cotter & Fouad, 2011）。

从实证层面讲，几项研究显示，智力风格和主观幸福感相关（Francis & Jones, 2000；Harrington & Loffredo, 2001；Shewchuk & O'Connor, 1995）。另外，研究显示，智力风格和学生对自身生活某些特定领域的满意度相关（Betoret, 2007；Drummond & McIntire, 1977；Hassan, 2002）。此外，基于其他风格结构的研究表明，智力风格与学生对生活某些特定领域的满意度有关（Betoret, 2007；Drummond & McIntire, 1977；Hassan, 2002）。例如，Betoret（2007）发现，教师和学生的Ⅰ类思维风格与学生的课程满意度显著正相关，而Ⅱ类思维风格与学生的课程满意度呈显著负相关。Hassan（2002）指出，深层学习方法与学生学业满意度呈正相关，表层学习方法与学生学业满意度呈负相关。此外，Drummond 和

McIntire（1977）发现，相比于场独立个体，场依存个体对结构化教学更满意。

然而，其他研究显示，智力风格与学生生活满意度无关（Cotter & Fouad，2011；Logue，Lounsbury，Gupta，& Leong，2007）。Cotter 和 Fouad（2011）发现，主观幸福感与 Holland 的职业人格类型之间没有显著的关系，而 Logue，Lounsbury，Gupta 和 Leong（2007）调查了 164 名商学院本科生来探究职业兴趣、五大人格特征及狭隘人格特征的影响，研究发现，创业型人格类型得分与学生的专业满意度无关。

总之，理论和实证均显示智力风格和学生生活满意度相关，然而具体的关系取决于所选择的风格结构和满意度量表。另外，现存的研究是非常有限的，只依据于几个风格模型。并且研究或关注主观幸福感或学生对特定生活领域的满意度，没有研究解决学生对大学生活的整体满意度。此外，研究的重点要么是主观幸福感（Francis & Jones，2000；Harrington & Loffredo，2001；Shewchuk & O'Connor，1995），要么是学生对特定生活领域的满意度（Betoret，2007；Drummond & McIntel，1977；Hassan，2002）；没有一项研究涉及学生对整个大学生活的满意度。因此，本书采用两种风格模型，探讨智力风格与学生生活满意度之间的关系。

第六节 听障大学生中被调查变量及相关关系的研究

作为社会文化少数群体，听障大学生有着不同的交流方式（手语或口头语言）和社会文化经验（例如，在聋校或普通学校接受教育），听障大学生的大学体验和健听大学生存在很大差异（Murphy & Newlon，1987）。由于残疾已被确定为主要的文化属性（Braithwaite & Thompson，2000），听力损失和任何相关的缺陷都应被视为听障群体的独特文化特征。

中国听障大学生高等融合教育研究：基于智力风格视角的分析

本部分的前两部分概述了在听障群体中研究变量和它们关系的研究。第一节是关于听障大学生智力风格的研究，第二节是关于自变量（能力、学习观和大学环境）与发展结果之间关系的研究，以及影响听障大学生结果变量（大学生活满意度和大学效能感）的因素探讨，第三节和第四节分别涉及听障大学生测试调整（test accommodations）和文化适应研究。

一 听障大学生的智力风格研究

与健听大学生相比，听障大学生倾向于场依存和冲动型（Fiebert，1967；Parasnis & Long，1979）。一系列的研究表明，听障大学生在再现取向（reproducing orientation）上的得分往往高于健听的同龄人，而且至少在意义取向方面表现得和健听的同龄人一样好（John & Flming，2004；John，Janet，Barbara，& Long，2000；John & Woodley，1999，2001）。

与健听大学生相比，听障大学生的智力风格也受到个人因素（如年龄和性别）和环境因素（如大学环境）的影响。听障大学生（尤其是男性）在成熟后倾向于更独立和反思性更强，听障男性比女性更倾向于场独立（Fiebert，1967；Parasnis，1983；Parasnis & Long，1979）。Harris（1978）发现，父母也是聋人的听障大学生比有健听父母的学生更倾向于反思。实证研究表明，与健听大学生相比，听障大学生的智力风格是具有可塑性的。然而，考虑到听障大学生在进入主流大学时经历了文化适应，他们的风格比健听大学生更具灵活性和适应性（Oppedal，2006）。

Richardson 和他的同事进行的一系列研究表明，听力损失影响了学生的学习方式，而听力和交流方式的出现影响了听障大学生的学习方法（Richardson，MacLeod-Gallinger，Mckee，& Long，2000；Richardson & Woodley，1999；Richardson，Barnes，& Flming，2004）；然而，所造成的影响相对较小。在 Richardson 和 Woodley（2001）的研究中，没有发现交流方式对聋生学习方式的影响。在上述研究中，听障大学生和健听大学生在学校或通过远程教育都学习相同的课程。

此外，智力风格在听障大学生的发展成果（如学术成就）中起着重要的作用。例如，场独立型的听障大学生比依存型听障大学生在多重选择测验（Davey & LaSasso，1984）表现更好，反思型的听障大学生在阅读方面的成绩比冲动型听障的学生更好（Moors, Weiss, & Goodwin，1973）。听障大学生的参与式学习方式与学业成绩呈显著正相关（lang, Stinson, Kavanagh, Liu, & Basile，1999）。智力风格与阅读成绩之间的关系受到阅读评估形式的影响（Davey & LaSasso，1985）。

总之，对听障大学生智力风格的研究揭示了听障和健听大学生智力风格的异同。然而，现存的研究是相当有限的，大多数采用较为传统的模型，例如场独立—场依存和沉思—冲动。此外，研究是横向的而不是纵向的。因此，本书采用纵向研究的方法，以三个有争议的风格问题为中心，以健听大学生作为对照组，对听障大学生的智力风格进行探讨。由于本书选择了个人因素（学习能力和学习观）和大学环境作为预测因子，大学效能感和大学生活满意度作为结果变量，与这些变量相关的研究综述如下。

二 与预测变量和结果变量有关的研究

研究表明，听障大学生的能力与他们的认知和社会情绪发展有关（Ulick & Kelly，2003；Van Eldik，2005；Van Eldik, Treffers, Veerman, & Verhulst，2004）。例如，听障大学生的阅读能力与他们的大学发展呈正相关（Cuculick & Kelly，2003；Traxler，2000）。Van Eldik（2005）发现，听障大学生的智力与社会情感问题呈负相关；然而，还没有一项研究探讨能力与智力风格的关系。

此外，健听群体倾向于知识是在科学证据基础上逐步地、无限地修改和提炼的结果。逐渐接近真理或现实——即适用于所有情况、文化和时间的基础知识——而少数群体（如听障大学生）则倾向于认为，知识是由有权势的个人或团体在社会上构建的，并且严重依赖个人的证词和经验，以及是有偏见和相对的（Holcomb, 2010; Paul & Moores, 2010）。Chute（2012）认为，听障大学生对大学学习的看法对他们大学的参与和成功有很大的影响；然而，几乎没有关于他们的学习观如何影响学习方式的研究。

此外，大学经历也影响着听障大学生的学业和社会发展。Antia、Jones、John、Kreimeyer 和 Reed（2011）进行了为期五年的纵向研究，在主流教育背景下调查了听障大学生的社会技能和问题行为。结果表明，他们的社交技能和问题行为没有明显变化，听障大学生对课堂交流和课外活动的参与，可以持续预测他们的社会结果。此外，他们的大学经历也会影响听障大学生的学习方式；例如，听障大学生学业成绩与有意义学习正相关，而与无意义学习呈负相关（John & Fleming, 2004）。

关于生活满意度，研究表明，良好的个人变量，如性格乐观和一致感，与更高的生活满意度有关（例如，Antonovsky, 1987; Scheier & Carver, 1987），消极的环境变量与较低的生活满意度相关。例如，最佳亲子关系和同伴关系与生活满意度呈正相关（例如，Cartledge, Paul, & Cochran, 1991; Ita, 1999），而学校和人际困难则与生活满意度呈负相关（如，Israelite, Ower, & Goldstein, 2002）。然而，现有的大多数研究都是与健康相关的生活满意度，而不是对学校/大学生活的满意度，并将重点放在小学生或中学生而不是大学生。

在效能感方面，Jepson（2006）发现，积极的和以学生为中心的学习活动对听障大学生科学效能感和职业决策效能感有积极的影响。Miller（1997）发现，失聪女孩融入学校的程度与她们的效能感密切相关，她们参加课外活动的程度与他们的学业效能感高度相关。这两项研究显示，积极的环境（例如，积极的和以学生为中心的学习活动）和个人因素（例如，课外活动参与的程度）与较高的自我效能感有关。然而，对听障大学生效能感的研究主要集中

第二章 文献回顾与综述

于学业和职业决策效能感;很少有人关注大学效能感。

三 听障大学生的测试调整

听障大学生语言能力有限,因此更适合非语言评估。然而,考虑到大多数评估都是以语言为载体的,而非语言评估只能获取关于听障大学生心理特征的有限信息,对听障大学生进行口头评估通常是必要的,也是不可避免的。

当对听障大学生进行口头评估时,强烈推荐测试调整,因为它们可以节省测试的成本,并且便于对健听大学生和听障大学生进行比较心理研究。此外,调适研究可以为跨文化验证、跨语言验证和量表发展提供实证支持或相关启示(Cawthon,2011;Steger,2006)。

Tindal 和 Fuchs(1999)指出,有效的调整为残疾学生提供了与健听大学生一样参与标准测试的可能(p.7)。换句话说,通过消除由这些变量引起的结构无关的差异,保持了残疾学生测量的初始信度和效度(Kettler,Elliott,& Beddow,2009)。

关于调整的研究取得了不一致的结果(Cawthon,Winton,Garberoglio,& Gobble,2011)。Cawthon(2007)指出,测试实现一个积极的效果是困难和复杂的。Kettler,Elliott 和 Beddow(2009)提出了一种适用于调整研究的五步范式:(1)评估测量工具减少结构无关变量的来源,并记录相应调整;(2)实施前测;(3)对被试进行评估后访谈(后测);(4)进一步减少无关变量;(5)进一步测试修订后的测量工具。

必须指出的是,Kettler、Elliott 和 Beddow(2009)范式最初是通过修改带有心理测量特性的问题,开发替代评估,使现有测试更适用于残疾学生。基于以下三个原因,这种修正范式也适用于本书。第一,类似于 Kettler,Elliott,以及 Beddow(2009),本书通过实施测试调整,修正现有的 TSI-R2,开发了一套评估听障大学生智力风格的工具;第二,采用替代评估和适应评估来增加考试的无障碍程度,并更准确地评估残疾学生的属性;第三,在不改变测量结构的情况下，提高评估的可靠性与准确性，这与本书中测试调整的目的是一致的。

调整可以分为六个方面：方向；设置；时间；呈现形式；回应形式；以及其他相关方面（Johnson & Mitchell，2008）。研究现状只有指导测试和语言调整；前者涉及用手语进行口头测试指导（Cawthon & Online Research Lab，2006），后者指简化评估语言。通过删除双重否定句和具有多种含义的词汇（Beck, Steer, & Brown，1996），或删除抽象和隐喻的句子（Richardson & Woodley，2001）。

四 关于听障大学生文化适应的研究

文化适应的经典定义来自人类学家 Redfield 等人，他们认为：由个体组成，且具有不同文化的两个群体之间，发生持续的、直接的文化接触，导致一方或双方原有文化模式发生变化（Redfield, Linton, & Herskovits, 1936, p. 149）。Berry（1990）认为，尽管文化适应常常被假定发生在任何一个群体或两群体中，它实际上导致一个群体的变化大于另一个群体。文化适应是二维的，这意味着适应化的个人更多使用他们主导文化的行为方式、态度和价值观（在目前情况下，健听群体的文化），同时仍然保持着他们自己的传统文化（Ryder, Alden, & Paulhus, 2000；Schwartz & Zamboanga, 2008）。

由于跨文化接触（在主流学校中，主流文化和聋人文化相接触），听障大学生之间会发生文化适应。虽然聋人文化可以追溯到17世纪中叶。只是在过去的30年里，研究者开始关注聋人文化。Reagan（1995）认为，与其他文化群体一样，聋人文化的特点是一种共同的语言（即手语），一种共同的意识、聋人群体的历史知识、自愿设立的团体社会组织（如聋人俱乐部和聋体育协会）、特色文化产品（如专门为听障人士设计的电话或电视解码器）、不同的行为规范和模式（面部表情、手势和眼神接触）。Padden 和

Humphries（2005）将聋人文化定义为聋人的文化信仰和习惯，并且研究者倾向于认为，"聋人文化"一词仅适用于以手语为主的听障群体（例如，Lane，1992；Padden & Humphries，2005；Reagan，1995）。

五　中国高校听障高等融合教育实践

中国残疾人高等教育起步于 20 世纪 80 年代中后期，于 1987 年 9 月成立的长春大学特殊教育学院是中国第一所招收聋人的高等院校。目前中国聋人高等教育方式主要有两种，一种是通过高考进入普通高校的合适专业，一种是通过单考单招进入高校设置招收聋人的特教学院、系或专业。第一种方式是通常意义上的融合教育，但不是主体形式。聋人高等教育的主要途径是第二种方式，即在特教学院、系或专业独立编班学习，即所谓的"大融合小隔离"。目前以第二种方式招收聋人的本专科院校有 20 余所，由于受高等院校二级学院办聋人高等教育这一模式的局限，专业设置范围狭窄，基本以计算机科学与技术、艺术设计两大传统专业为主，专业的可选择性小，难以满足学生的受教育需要，不利于激发聋人大学生的潜能，造成部分学生厌学、辍学现象的发生。

聋人大学生在普通高校内的院系或专业就读，受环境限制较少，具备与健听大学生共享优质教育资源的融合条件，部分高等特殊教育院校已进行了辅修专业、融合专业的积极探索，并取得了一定的成果。天津理工大学聋人工学院是世界第四所、中国唯一一所开办聋人本科高等工科教育的高校。1991 年面向听障生招生，2011 年进行全纳教育模式研究，2013 年通过项目验收。2013 年开始在 5 个原仅面向健听生招生的本科专业（自动化、电子信息工程、工程造价、财务管理、环境设计）招收听障生，在全国首次开展听障本科生全纳教育实践。目前，聋人工学院共开设 9 个专业（含单独面向听障生开设的计算机科学与技术、网络工程、产品设计、服装与服饰设计 4 个本科专业）。天津理工大学听障本科生全纳教育模式属全国首创，从普教和特教融合的视角为推动中国特殊高等教育的发展及特殊教育理论研究提供了实践依据。

长春大学特殊教育学院于2016年起开设工商管理融合教育专业，招收具有一定听说能力的聋人大学生。南京特殊教育师范学院于2016年起开设特殊教育、公共事业管理及教育技术学融合教育专业。融合教育专业的开设，大多基于在聋人大学生辅修专业方面的积极尝试所取得的经验。北京联合大学特殊教育学院自2012级开始，聋生可以选修全校范围的辅修专业，并有学生取得会计学专业的学位证书。

郑州工程技术学院在中国中西部地区率先开办听障者高等教育，在"随专业就读"的模式下，通过手语翻译员的支持，专职辅导员的管理服务，充分利用大学优质专业教育资源，先后为听障学生开设了装潢艺术设计、古建筑绘画、摄影、动漫艺术设计、计算机技术应用、机电一体化、电子商务、食品加工技术、特殊教育等9个专业，在校听障学生人数最多达到600多人。学校以"特教特办"为原则，最多时设置27个手语翻译岗位，13位专职辅导员，聘用了7名听障者教师，形成了具有学校特色的听障学生"融合教育"，这种融合模式曾经深受国内听障学生、家长和社会的高度认可。

广州大学市政技术学院是华南地区一所招收听障学生的全日制高职院校，在校大学生约4000人，其中听障大学生约170人。170名听障学生分别在信息与人文系的计算机专业和建筑艺术系的电脑美术专业学习，他们和其他健听学生共享相同的学习和生活环境。在学生活动方面，有班级层面的各类班级活动、系层面的团学活动（包括组织开展的班级各类文体比赛活动）以及学院层面的各类学生活动（如组织开展的丰富多彩的知识竞赛、技能竞赛、体育比赛乃至文艺汇演等各类活动），延伸开来还包括各类学生社团组织开展的各类学生活动。对于各类学生活动的开展，听障大学生都可以根据自己的特点和兴趣参与其中，和健听学生交流合作甚至竞争。

第七节　概念模型、研究问题和假设

一　概念模型

上述概念模型（见图2.1）包括两组预测因子：能力和学习观（作为个人因素）以及大学经历（作为环境因素），也包括三个标准变量：智力风格；大学效能感；以及大学生活满意度（详见图2.1）。

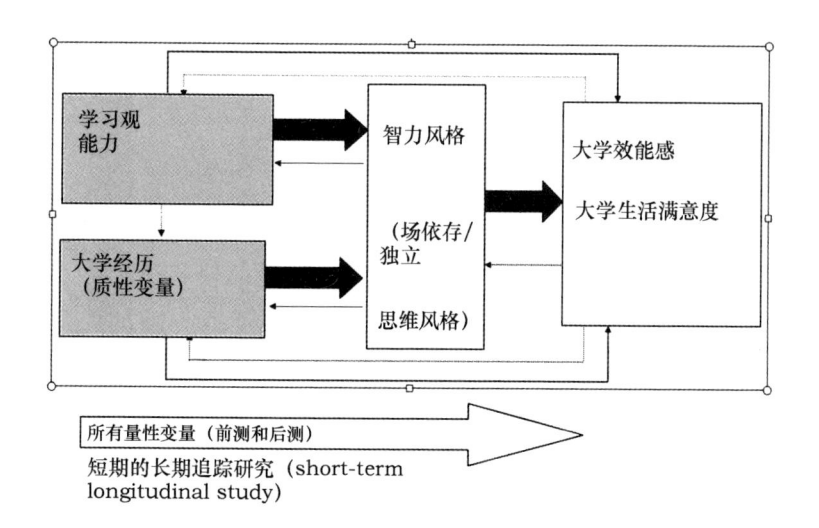

图2.1　理论模型

场依存/独立风格与思维风格之间的关系可以探讨风格重叠问题。此外，关于智力风格在大学效能感和大学生活满意度中的作用的研究结果也可以说明风格是有价值的。此外，关于个人因素（能力和学习观）和环境因素（大学经历）对智力风格影响的研究结果也可说明风格可塑性问题。最后，在控制了智力风格以后，关于个人因素对大学结果变量（大学效能感和大学生活满意度）影响的研究结果，可以用来说明智力风格的中介作用。

这里有两点值得注意。首先，概念框架中包含的六个虚线箭头表示在每对变量之间可能存在相互影响，然而，这些虚线箭头所表示的关系不是本书的重点。其次，由于本书在本质上是纵向的，所有研究变量（定量）都在一个学年内测试了两次。

二 研究问题和假设

在文献综述和概念模型的基础上，提出了五个主要问题。所有这些都是通过量化方法检验的，但问题3.4除外，问题3.4是采用质性方法。应注意的是，对于听障或健听大学生，没有关于Ⅲ类风格（即内倾、外倾、寡头型和无政府主义型）的具体假设，这些风格更依赖于情境和任务。

问题1：思维风格是否与场依存/独立风格有关？

假设1：思维风格理论（即心理自我管理理论）将认知中心、人格中心和活动中心三种方法结合起来进行研究。场依存/独立风格属于以认知为中心。以往的文献表明，思维风格和场依存/独立风格与认知中心风格的建构有着共同的差异，因此认为，思维风格与场依存性/独立风格有关。此外，基于 Zhang 和 Sternberg（2005）的三重智力风格模型，场独立风格被归为Ⅰ类，而场依存风格被归为Ⅱ类。因此提出假设，Ⅰ类思维风格与场独立风格呈正相关，Ⅱ类思维风格与场依存风格呈正相关。

问题2：智力风格对大学效能感和大学生活满意度有显著影响吗？

问题2.1：智力风格能显著地预测大学效能感吗？

假设2.1：基于三重智力风格模型，Ⅰ类智力风格往往与更理想的个人特征（例如，较高的自尊水平）相关。Ⅱ类风格往往与不太理想的个人特质（例如，较低的自尊水平）有关。因此，预测Ⅰ类智力风格将与自我效能感呈正相关，Ⅱ类智力风格与大学效能感呈负相关。

问题2.2：智力风格是否显著地预测了大学生活满意度？

假设2.2：基于智力的三重模型，Ⅰ类智力风格学生偏爱更有创造性、结构更少、更复杂的任务，而Ⅱ类智力风格学生偏爱规范，更有条理，更简单化的任务。理论和实证研究都表明，当个体的风格与周围环境的要求相一致，他们更满意（Betorett，2007；Holland，1997）。

在这两所参与的大学，学生必须在第一个学年学习通识课程，并遵守大学的规章制度；换句话说，Ⅱ类风格更受大学重视。然而，在他们的第二个学年，学生需要学科，并且有更多的自由去做他们喜欢做的事情；因此，Ⅰ类风格更受重视。据此预测，在第一个学年，Ⅱ类智力风格学生的大学生活满意度会更高，而Ⅰ类智力风格学生在第二个学年的生活满意度更高。

如上所述，这项调查最初是在学期初进行的，有一年级和二年级学生参加。对于大一学生，第二次测试是在大二学期初进行的。然而，考虑到大二学生需要在大三学期初实习和工作，所以他们在第二学年学期末接受了第二次测试。

在一个新的学年开始时，学生们并不熟悉他们的新环境，还没有适应新环境的挑战。因此，当进行第一次测试时，刚来的一年级大学生仍然非常像高中生，学校为他们提供具有结构化的学习（重视Ⅱ类风格），而第二学年的学生有效地延续他们的第一个学年（重视Ⅱ类风格）。因此，预测所有Ⅱ类风格学生在大学生活满意度上得分都会更高。

此外，当进行第二次测试时，二年级学生处于第二学年，而一年级的学生在他们的第二个学年学期初。因此，在第二次测试时，具有Ⅱ类风格的一年级学生在大学生活满意度上的得分会更高，具有Ⅰ类风格的二年级学生的得分也会更高。

问题3：在一个学年后，听障和健听大学生的智力风格是否会有变化？如果是，有什么变化？为什么会发生这些变化？

问题3.1：智力风格会随着时间的推移而改变吗？

假设3.1.1：在大学，专业在塑造学生的思维和行为方式以及决定学生的兴趣、态度和能力方面发挥着积极作用（Smart, Feldman, & Ethington, 2000; Zhang, 2013），考虑到艺术设计专业鼓励发展Ⅰ类风格（Demirbas & Demirkan, 2007; Munsterberg & Mussen, 1953），因此，预测健听大学生在艺术设计专业学习一年后，在Ⅰ类风格上得分较高，在Ⅱ类中得分较低。

假设3.1.2：文献指出，文化适应意味着听障大学生的智力风格有可塑性，这是由于受主流文化（健听世界）和聋人文化（听障世界）两种因素的影响。此外，主流大学艺术设计专业强调的是Ⅰ类风格，而Ⅱ类风格则在听障群体中更受重视。因此，预测在艺术设计专业学习一个学年后，听障大学生在Ⅰ类和Ⅱ类风格上得分都会更高。

问题3.2：学生智力风格是否因性别和大学年级的不同而不同？

假设3.2.1：根据现有文献（Zhang, 2013），预测学生智力风格的变化将因性别而异。

假设3.2.2：一些研究表明，大学年级水平在大学生的智力风格中起着重要作用（如Pascarella & Terenzini, 1991; Zhang & Sachs, 1997）。与新生相比，更多的高年级学生倾向于在他们的思维中更加抽象、批判、复杂和反思（Pascarella & Terenzini, 1991）。Northedge和McArthur（2009）指出，智力风格在大学年级上的差异部分是由于在某一特定学科的学习包括学习这一学科的特定思维方式。为了思考和了解特定学科，大学新生通常需要学习特定学科的基本知识，熟悉学科价值观和信念，而高年级学生则需要掌握更高级的专业技能，并以建构思维方法运用所学知识（Hounsell & Anderson, 2009）。因此，预测学生智力风格因大学年级的不同而不同。

问题3.3：个人因素（即学习能力和学习观）是否可以预测学生智力风格的变化？

假设3.3：根据Bronfenbrenner和Morris（1998）的观点，在

个人未来发展过程中，以下三个类型的个人特征是最重要的变量：（a）行为信念倾向；（b）能力、经验、知识和技能；（c）需求特征。因此，个人因素（能力和学习观）可以预测学生智力风格的变化。

问题3.4：大学经历是否影响学生的智力风格？

假设3.4：基于横向和纵向研究均显示风格随大学经历的变化而变化（例如，Zebers，2001；Walker等人，2010），因此预测大学经历会对学生的智力风格产生重大影响。

问题4：智力风格是否在个人因素（能力和学习观）预测大学效能感和大学生活满意度方面发挥了中介作用？

问题4.1：能力和学习观能否显著地预测智力风格？

问题4.1.1：能力能否显著预测智力风格？

假设4.1.1：基于现有文献（见第二章第三节第二小节），预测能力将显著预测智力风格。

问题4.1.2：学习观能否显著预测智力风格？

假设4.1.2：基于Biggs（1987）学习模型的实证研究表明，质性学习观与深层学习法有关，量化学习观与表层学习法有关。此外，以往的研究表明，具有质性学习观的个体在根据任务需求选择学习策略时具有更大的灵活性（Entwistle & Peterson，2004；Peterson，Brown，& Irving，2010）。因此，人们预测，质性学习观（理解、个人变化、持续、社会能力和责任）将显著正向预测广泛的智力风格，以及量化的学习观（获取信息）将显著地预测Ⅱ类智力风格，并与Ⅰ类智力风格呈显著负相关。

问题4.2：智力风格是否在能力和学习观与大学效能感和大学生活满意度的关系之间发挥了中介作用？

假设4.2：根据Biggs的3P模型和实证研究（见第一章第二节第四小节），预测在控制个人因素后，智力风格对大学效能感和大学生活满意度有特别的影响。

问题5：智力风格和上述变量之间的关系是否因被调查人群和

时间的不同而不同？

问题 5.1：听障大学生和健听大学生的智力风格上有差异吗？

假设 5.1：从理论的角度来看，Hofstede（1980）的文化模型表明，来自主流文化的个体倾向于采用 I 类风格，而来自少数民族文化的个体则倾向于采用 II 类风格（Zhang，2013）。此外，以往的实证研究表明，与健听大学生相比，听障大学生在 II 类风格得分更高（如 Fiebert，1967；Janet，Barbara，& Long，2000；John & Fleming，2004）。因此提出假设，听障大学生在 II 类风格上得分高于健听大学生，在 I 类风格上得分低于健听大学生。

问题 5.2：上述关系会因听障和健听大学生之间的差异而不同吗？

假设 5.2：没有足够的文献资料，很难预测听障大学生与健听大学生在上述关系中的具体差异，但可以预测智力风格的变化的潜在差异（详见第三章第一节第一小节和第三章第一节第二小节）。

问题 5.3：随着时间的推移，变量之间的关系是否保持稳定？

假设 5.3：时间越长，各变量之间的关系越稳定。以往的文献表明，所研究的变量在不同的背景下以相似的方式相互联系。列举了两个例子来支持这一论点：一个是关于学习观与智力风格之间的关系，另一个是能力与智力风格之间的关系。

关于前者，在不同文化背景下的中学生和大学生的实证研究表明质性学习观与深层学习法显著相关。而量化学习观则与浅层学习法显著相关（如 Dart 等，2000；Van Rossum & Schenk，1984）。关于后者，研究者认为，风格与能力和个性都不同，而风格介于能力和个性之间（Sternberg，1997；Zhang & Sternberg，2006）。此外，实证研究持续表明，风格对能力外的表现有着独特的影响。

第三章 研究方法设计

为了实现这一研究目的,我们进行了三项研究:(1)预测(量化研究);(2)主测(量化和短期的纵向研究),两次测试时间间隔为一学年;(3)一项质性研究。因此,本书可以认为,采用了混合研究方法。混合研究方法有几个优点,比如拥有量化和质性研究的优势,同时克服它们的缺点(见 Johnson & Onwuegbuzie,2004)。

Johnson 和 Onwuegbuzie(2004)认为,研究方法的选择应以需求为基础,换言之,应以研究目标为依据。

本书的第一个目的是验证所有量表在听障和健听的中国学生中的效度。由于大多数量表几乎没有在中国进行检验,因此需要进行一项预测,来确定这些量表在选定的被试中是可靠和有效的。

本书的第二个目的是探讨所有被调查变量之间的相互关系,以及个人因素(能力和学习观)如何影响智力风格的变化。量化研究有利于验证研究假设,获取进行质性分析的数据资料(Johnson & Onwuegbuzie,2004,p.19)。此外,纵向研究在识别行为变化方面优于横向研究(James,Fred,& Ketan,2008)。因此,进行了短期的量化研究。

本书的第三个主要目的是探讨哪些环境因素(大学经历)会导致智力风格的改变。质性研究有利于理解和描述个人生活经历和判断相关背景信息。因此,我们采用了一项质性研究(半结构式访谈),探讨大学经历如何影响智力风格的变化。

这项研究已获香港大学非临床学院人类研究伦理委员会批准。

由于这项研究的所有被试都在 18 岁以上，每名被试会收到书面知情同意书。知情同意书反映了研究的目的（即探讨智力风格的发展及其对学生发展的影响），以及完成研究所需的预计时间。它强调参与完全是自愿的，被试有权在任何时候拒绝参加或退出，而不必担心任何负面后果。此外，它还告知被试，本书中获得的所有信息都将严格保密，仅用于合法的研究。向学生赠送小礼物（笔记本），作为参与的奖励。

被试来自两所中国大学，以招收来自全国各地的听障和健听大学生而闻名。其中一所大学位于郑州，另一个在南京。一所是综合性大学，另一所是师范院校。在这两所大学里，大约有 500 位听障在校大学生和 500 名在校健听大学生。听障或健听大学生学制为三年，并在两个不同的学院学习相同的艺术设计专业。大部分听障大学生有中度或重度的听力损失（听力损失超过 81 分贝），通过手语相互交流，并曾在聋人中学接受教育。

本章对本书进行了详细的介绍，重点介绍了本书的三个主要部分：预测、主测和质性研究。每个部分都重点介绍整个研究的具体方面是如何进行的。

第一节　预测

本书主要从三个方面对主测中使用的问卷的信度和效度进行了检验。

第一，学习观量表第三版、大学生活满意度量表和大学效能感量表是在西方语境中发展起来的，并已广泛应用于西方的研究中（见第二章）；这些量表需要被翻译成中文，对被试（听障和健听的中国大学生）进行测试，并在主测中被采用。

第二，思维风格（Sternberg, Wagner, & Zhang, 2007）和团队镶嵌图形测验（Witkin, Oltman, Raskin, & Karp, 1971）在中国环境中对大学生进行了测试。在实施主测之前，需要在大学生中验证，以找出可能存在的问题。

第三，鉴于被试的特点和研究背景，有些量表中的项目需要修订。例如，删除了一些不适用的项目，而对"大学生活满意度测量"中的一些项目进行了修订（见第三章第一节第二小节第五部分）。此外，还缩减了瑞文高级累进矩阵（见第三章第一节第二小节第三部分）。由于这些修订可能影响原始问卷的有效性和可靠性，因此有必要对修订本进行测试。

一　被试

自愿参加的被试有 213 名听障大学生（130 名男性和 83 名女性）和 274 名健听大学生（91 名男性和 183 名女性）。听障大学生的年龄从 18—27 岁不等，其中平均数和中位数都是 22 岁；健听被试年龄在 17—22 岁之间，其中平均数和中位数都是 20 岁。在预测中，考虑到被试学制只有三年，为了把更多被试留到主测验，只选取了大二和大三学生。

二　量表

在前测中，使用了一份人口学变量调查问卷和六份问卷来收集数据。人口学变量调查问卷提供了学生的个人信息（例如，性别、年龄）。对于听障大学生，了解他们的生源地，听力损失的程度和发生时间，与人沟通方式，学校类型，父母听力状况以及助听器的信息。没有收集听障大学生是否有其他类型残疾的资料。采用 6 份调查问卷对被调查变量进行测量。对本书的详细介绍如下。

（一）思维风格调查量表第二次修订版（Sternberg，Wagner，& Zhang，2007）

思维风格调查量表第二次修订版（TSI‑R2）由 65 个语句组成，用于测量 Sternberg 理论中的 13 种思维风格。每个陈述都要求被试按照 7 分的李克特评分标准来打分，在这个分层中的 1 表示非常不同意，7 表示非常同意。两个示例项目为：（1）在讨论或写下想法时，我遵循正式的表述规则（执行风格）；（2）我喜欢在开始工作之前，为我要做的事情制定优先顺序（等级风格）。

思维风格调查量表第二次修订版（TSI-R2）是对思维风格量表—修订版本（TSI-R，Sternberg & Wagner，1992）的进一步修订。TSI-R 的中文版本经过了五步翻译和回译过程（见 Zhang，2007）。在无秩序型量表的五个项目中，有 3 个被改写（Zhang，2009）。先前使用思维风格调查量表第二次修订版（TSI-R2）的中英文版本的研究显示所有量表具有较好的内部信度（即 Cronbach's alpas 在 0.60 以上）和外部效度（通过测试思维风格的本质与其他相关的结构之间的关系，如元认知和焦虑）（Higgins & Zhang，2009，2010）。

（二）团队镶嵌图形测验（简称 GEFT，Witkin，Oltman，Raskin，& Karp，1971）

团队镶嵌图形测验（GEFT）是一个团队管理和计时纸笔测试，这是一个修改版本的团队镶嵌图形测验。英文版本的团队镶嵌图形测验（GEFT）具有良好的信度和效度，包括测试重测和分半信度，具有良好的信度和效度（见 Zhang & Sternberg，2005）。

Chen、Yang 和 Gao（1989）重建了中文版的团队镶嵌图形测验（GEFT）（Witkin 等人，1971），将 25 个项目分为三个不同难度级别的分量表：最低难度（项目 1—8 和项目 17）、中等难度（项目 9、11、12、15、16、19、20 和 22）和高难度（项目 10、13、14、18、21、24 和 25）。在三个子量表中正确定位一个项目的个体分别得分 1 分、6 分和 7 分。前七项需要两分钟完成，而其余 18 项需要 9 分钟。中文版的团队镶嵌图形测验（GEFT）也显示了良好的可靠性（总体 α 指 0.85）和对学业成绩预测的有效性（Zhang，2004）。本书采用中文版的团队镶嵌图形测验（GEFT）。

（三）瑞文高级累进矩阵简版（Arthur & Day，1994）

瑞文高级累进矩阵（APM）是一套被广泛接受的测试高阶一般智力（G）、分析流体智力或教育能力的工具（如，Carpenter，

Just, & Shell, 1990; Raven 等人, 1993）。虽然最初的 APM （Raven, & Court, 1998）已被证明具有良好的信度和效度（见 Bors & Stokes, 1998; Fan, 2006），但它至少需要 40 分钟才能完成。

Arthur 和 Day（1994）在一系列的三项研究中探讨了短版本 APM 的心理测量学特性。发现它具有与原测试相同的整体渐进性、因子结构、可接受的内部可靠性和测试重测可靠性；此外，测试结果显示，它具有相似的心理测量特性（Arthur, Tubre, Paul, & Sanchez-Ku, 1999），大约需要 15 分钟才能完成。本书采用了 Arthur 和 Day 开发的 APM 的简略版。

（四）学习观量表第三版（Peterson, Brown, & Irving, 2010）

学习量表Ⅲ（Peterson 等人, 2010）是以 Purdie 和 Hattie（2002）的学习量表为基础发展起来的一种新量表。这是 6 点式李克特量表（1 表示强烈不同意，6 表示强烈同意），由 29 项组成，分为 6 个子量表：理解、个人变化、社会能力、持续、获取信息和责任。Peterson 等人进行的三项研究（2010）显示，该量表具有良好的信度、结构效度和外部效度（见 Peterson 等人, 2010）。然而，学习观量表第三版还没有在中国使用过。

（五）大学生活满意度量表（Sirgy, Grzeskowiak, & Rahtz, 2007）

大学生活满意度量表（Sirgy 等人, 2007）是专为大学生设计的 70 项自我报告问卷。它包括四个维度：对大学整体生活的满意度、对大学学术方面的满意度、对大学社交方面的满意度，以及对大学设施和服务的满意度。第一种是指学生对自己在大学的经历的总体满意度，如一般情况下，你对学院/大学整体有多满意？你对你个人的整体生活有多满意。对大学学术方面的满意度包括对教师、教学方法和课堂环境等方面的满意度等维度。大学社交方面的满意度包括学生对校内住房、国际项目和服务、心理咨询和服务的满意度等维度。对大学设施的满意度包括对图书馆服务、交通和停车服务以及保健服务等方面的满意度等维度。

对所有满意度测量都采用5点式评级进行评定，其中1表示"非常不满意"，5表示非常满意。Sirgy等人进行的一系列研究显示了大学生活满意度量表有良好的信效度（详见Sirgy, Grzeskowiak, & Rahtz, 2007；Sirgy等人, 2010）；然而，该量表还没有在中国测试过。

根据被试高校的实际情况，对大学生活满意度量表中的项目进行了两方面的修订。第一，不适用于被试高校的项目，比如那些提到学术多样性的、国际计划和服务、心理计划和服务等都被删除；第二，由于学生组织和聚会在中国大学中很受欢迎，关于"俱乐部和聚会的项目"被修改为面向学生的组织和聚会。修订后，仍有46项。

（六）大学效能感量表（Solberg, O'Brien, VillarReal, Kennel, & Davis, 1993）

大学效能感量表（Solberg等人, 1993）是一份包括22个项目的问卷，用于评估学生对成功完成大学相关任务的能力的信心。它有四个维度：室友效能感、课程效能感、社交效能感和社交融合效能感。室友效能感包括与室友相处以及和室友分担家务的项目；课程效能感包括研究论文并理解教材；社交效能感包括"参与课堂讨论"和"在课堂提问"；社交融合效能感包括"加入一个校内运动队"和"在你想要的时候获得一个约会"。

在本书中，为了方便被试，并根据所采用的其他量表，将9点式评分表改为7点式等，其中1表示非常不自信，7表示非常自信。虽然以前的研究表明大学效能量表有很好的可靠性和有效性（例如，Solberg等人, 1993, 1998；Solberg & Villarreal, 1997），但该量表还没有在中国测试过。

三 研究步骤

在预测中，被试被要求在研究者和他们的班长在场的情况下对上面提到的人口学变量调查纸和六份问卷作出回答，整个过程大约需要两个小时。

这里需要提出三点。第一，由于三份使用的量表，即学习观量表第三版（Peterson，Brown，& Irving，2010），大学生活满意度量表（Sirgy，Grzeskowiak，& Rahtz，2007）和大学效能感量表（Solberg，O'Brien，VillarReal，Kennel，& Davis，1993）还没有在中国使用过，我们邀请英语专业的研究生对这些量表进行翻译和回翻；第二，由于听障大学生有回答量表的经验，此外，这些量表从未在听障大学生中测试过，因此尚未对量表内容做出调整；第三，考虑到不适当的测量指导可能导致测试偏差，并妨碍与听障大学生的交流（Elliott，Kratochwill，& McKevitt，2001）。本书采用了测试指导调整，即主修手语的学生通过打手语来告诉被试问卷的指导语。

（一）数据分析

使用 Cronbach's alpha 系数检验问卷的信度；用探索性因子分析法（EFA）和斜交旋转主成分分析来分析问卷的效度。正如 Pett，Lackey 和 Sullivan（2003）所指出的那样，探索性因子分析方法应该根据它们的统计和理论意义来选择；选择特定的探索性因子分析法（EFA）应该最主要依据因素的可解释性和有用性。因此，对于大学生活满意度的测量，特别选择了斜交旋转的主成分分析，而大学效能感量表特别选择了方差最大旋转的主成分分析。

此外，保留的因素主要是基于先验理论模型和筛分模型；每个量表都有自己的理论模型，而筛分检验则经常使用在本征值 >1 的情况中。之所以报告因子模式矩阵，是因为它比结构矩阵更容易解释，并显示出高负荷和低负荷之间的明显的差异（Tabachnick & Fidell，2001）。考虑因素解决方案的概念清晰性（Cudeck & O'Dell，1994），思维风格调查量表第二次修订版（TSI – R2）采用了 0.30 因子负荷的标准，而其他 5 类量表采用了 0.20 因子负荷的标准。

第二节 主测

主测目的有三个。第一，进一步检验修定问卷的信度和效度；

第二，检验研究问题中提出的所有变量间的关系；第三，用思维风格调查量表第二次修订版（TSI – R2）（Sternberg 等人，2007）和团队镶嵌图形测验（GEFT）（Witkin 等人，1971）来检验在一学年内第一次测试和第二次测试之间，智力风格可能发生的变化。

一 抽样

在第一次测试中，自愿参与被试为 366 名听障大学生（185 名男性和 181 名女性）和 467 名健听大学生（117 名男性和 350 名女性）。听障大学生的年龄从 16—27 岁不等，其中 21 岁为均值和中位数，健听大学生的年龄为 16—24 岁，20 岁为平均年龄和中位数。在选定的被试中，454 人为一年级学生，379 人为二年级学生。

在第二次测试中，在最初的 366 名听障大学生中，只有 256 名（137 名男性和 119 名女性）和最初的 467 名健听大学生中的 286 名（56 名男性和 230 名女性）进行再次测验。听障被试的年龄为 16—27 岁，平均年龄为 22 岁，而健听被试年龄为 17—22 岁，平均年龄为 21 岁。在这些重新获得的被试中，277 名为一年级至二年级学生（最初的一年级学生），265 名为二年级学生（最初的二年级学生）。因此，听障大学生的流失率为 30.1%，健听大学生为 38.8%。学生流失的主要原因是辍学，或暂时离开去度假以及实习或处理个人事务。在第一次测试和第二次测试时，被试的大学、姓名、学号都是被试需要回答的。

二 量表

在主测中使用了预测所使用的人口学变量调查表的修订版本，修改后包括其他信息，如大学和学号。此外，预测中使用的所有问卷（经相应修订）均用于主测，在预测之后，所有的量表都作了修订。而思维风格调查量表第二次修订版（TSI – R2）在第 1 次实施主测后再次修订，修订的细节在以下两节中进行了描述。应当注意的是，尽管思维风格调查量表第二次修订版（TSI – R2）在听障大学生中被修改两次，但是，在第一次测试和第二次测试中，健听大学生都使用了本书对 TSI – R2 的第一次修订版。

（一）量表的第一次修订

预测结果显示，思维风格调查量表第二次修订版（TSI – R2）在听障大学生的效度较差。因此，对该量表进行了修改；结果表明，其他量表的效度是较高的，因此只对思维风格调查量表第二次修订版（TSI – R2）量表的用语进行了修订。

1. 第一次修订的思维风格调查量表第二次修订版

第一次修订主要基于一次集体访谈，涉及三名听力受损程度和语言能力水平不同的听障大学生。第一，三位学生指出一些他们难以理解的单词，建议用替换词，例如，项目 19 中的"连接"替换成"关系"，在第 5 项中"策略"代替成"决定"。第二，简化复杂的句子（例如，带有从句的句子），例如，第 15 项"当我试图作出决定时，我依靠我自己对形式的判断"改为"我根据自己对形势的判断作出决定"。因为听障的学生主要用手语来交流，第 2 项改为"在讨论（手语表达）或写想法时，我更愿意一次专注于一个想法"。此外，通过检查文字来完成翻译。

2. 学习观量表第三版的修订

根据预测的结果，33 项中有 12 项需要重新修订。在预测中，第 6、7、10、17、18、20、23、25、26、27 及 31 项意外地负载在理论范围外其他因素上，而第 29 项的因子载荷系数低于 0.30；因此，对 12 项进行了检查。发现第 6、18、20、23、25、26、27、29 和 31 项的因子载荷系数可以接受，因此，没有对这些项作进一步修订；第 7、10 和 17 以及（在其他词核对后）22 项的用词也有所改变。这四项修订如下：

（1）第 7 项：当我学习的时候，我试着真正地理解我自己的材料。

预测用词：当我学习的时候，我试着总结自己所学的东西。

主测用词：当我学习的时候，我试着自己对所学东西进行归纳和总结。

（2）第 10 项：当我学习的时候，我觉得我已经获得了一些有价值的东西。

预测用词：当我学会某些知识的时候，我觉得自己掌握了有价值的东西。

主测用词：当我学习的时候，我觉得自己掌握了有价值的东西。

（3）第 17 项：通过学习，我开始与不同的人产生不同的联系。

预测用词：通过学习，我开始和不同的人建立关系。

主测用词：通过学习，我开始和其他人建立各种关系。

（4）第 22 项：我每天都学到一些新东西。

预测用词：我每天都学习新的东西。

主测用词：我每天都学习新的知识。

第 7 项被修改为强调自我的重要性，而第 17 项则被重新修订以强调这种关系是不同的。对第 22 项作了修改，以具体说明学习内容。对第 10 项进行了修改，以更准确地反映学习的英文含义。

3. 大学生活满意度量表的修订

对大学生活满意度量表进行了以下三项的修订：

（1）第 7 项：对在课堂上使用的技术的满意程度。

预测用词：对教室中所使用的技术的满意程度。

主测用词：对教室中技术使用的满意程度。

（2）第 19 项：对校内住宿的维护和保养的满意程度。

预测用词：对校内学生住宿的维护和保养的满意程度。

主测用词：对校内学生住宿维护和保养的满意程度。

（3）项目 34：对大学的整体医疗保健服务的满意程度。

预测用语：对大学的整体医疗保健服务的满意程度。

主测用词：对校医院整体医疗保健服务的满意程度。

对第 7 项作了修订，以更准确地揭示"技术的使用"的英文含义。删除"的"使第 19 项更加紧凑和可读性更强。第 34 项的用词被修改使其更符合中国的情况。此外,还合并了第 41 项(对技术系统的满意度)和第 42 项(对通信的满意度),合并为"对校园网的满意度"。

4. 大学效能感量表的修订

虽然大学效能感量表中大多数项目的用词被认为是合适的,但第 4、6、8、14 和 15 项需要修改。下面是三个例子。

(1)第 4 项:与其他人分担家务。

预测用词:和室友分配寝室杂务。

主测用词:和室友分配寝室杂活。

(2)第 8 项:当你想要一次约会的时候,获得一个约会。

预测用词:想约会的时候随时都可以约会。

主测用词:想约会的时候就去约会。

(3)第 14 项:考试考得好。

预测用词:考试表现出色。

主测用词:考试成绩不错。

修订过的第 4 项更准确反映了"家务"的含义。对第 8 项进行了修订,使翻译更加简洁。第 14 项强调了考试成绩的优异性。

(二)第二次修订量表

第一次主测结果显示,学习观量表第三版、大学生活满意度量表、大学效能感量表等均有较好的效度。虽然修订过的思维风格调查量表第二次修订版(TSI – R2)的效度有所提高,但仍然不太好,因此,在三位教师的访谈的基础上进行了进一步的修订。教师指出,简洁明确的句子更容易被听障大学生理解。根据这些标准,对思维风格调查量表第二次修订版(TSI – R2)进行了如下修订:第一,长句改为短句。例如,第 61 项"在谈论或写下想法时,我喜欢表达我的想法的范围和依据,即总体情况"改为"我喜欢全面表达我的想法";第二,复杂的句子或词被简化。例如,第 11 项"我谨慎地使用适当的方法来解决任何问题"改为"我用适当的方法仔细解决任何问题"；第三，一些句子被修改，使其更加明确。例如，第1项"我更喜欢处理需要处理很多细节的问题"改为"我更喜欢处理的问题是需要处理很多细节的问题"。

三 研究步骤

作为一项短期的纵向研究，主测包括两次测试。在学期初时，采用根据预测结果修订的人口学变量调查表和六份量表对被试进行测试。在第一次测试后的第二个学年，相同的被试需要再次回答问卷。对于一年级的学生来说，第二次测试是在二年级开始时进行的，但是，由于二年级学生需要去实习和找工作，第二次测试实际上是在他们的第二学年年底（第一次测量后的七个月）。被试在两次测试都需要回答学校和学号。

在主测中，被试被要求在研究者及其班长在场的情况下，对上述人口统计表和六份问卷作出回答，全过程大概两个小时。具体来说，被试需要在26分钟内完成团队镶嵌图形测验（团队镶嵌图形测验）（GEFT）（Witkin, Oltman, Raskin, & Karp, 1971）和简版瑞文高级累进矩阵（APM）（Arthur & Day, 1994）并归还给研究者。被试用剩余时间（大约一个半小时）完成其他四个问卷。必须注意的是，在对听障大学生的主测中既进行了测试指导语调整，又进行了语言调整。特别是在第一次测试，从学生的角度调整TSI－R2的指导语和用词；在第二阶段，研究者从教师的角度调整TSI－R2的指导语和用词。

四 数据分析

由于信度特定于样本（Waltz, Strickland, & Lenz, 2005），因此使用Cronbach（1951）alphhas对主测采用量表的信度进行了两次报告。研究表明，对TSI－R2进行了两次探索性因子分析，因为这份量表在第一次和第二次测试都进行了修改，而且由于样本量太小，无法进行验证性因素分析（Bentler, 1995）。此外，其他五份量表的效度只在第一次测试进行了检验。

验证性因子分析法只是针对三份成熟完善的量表（GEFT，简略版 APM 和大学效能感量表），原因有两个。第一，这些量表的理论上有意义的因素结构是在预测中通过探索性因子分析法（EFA）得到的，下一步是通过评估这些模型与新样本中数据的匹配度来验证结构（Worthington & Whittaker，2006）；第二，样本量足够大，足以满足验证性因子分析（CFA）的需要。

EFA 和 CFA 都适用于两个相对新的量表（学习观量表第三版和大学生活满意度量表），原因有两个。第一，预测中的样本量对于探索性因子分析法（EFA）来说相对较小，因此容易产生不稳定的结果（Devellis，2003）；第二，样本量足够大，足以满足验证性因子分析（CFA）和探索性因子分析法（EFA）的需要。

验证性因子分析（CFA）模型拟合通过绝对拟合指数进行评估，即：χ^2拟合优度检验（the chi-square goodness-of-fit）、拟合优度指数（GFI）、调整拟合度指数（AGFI）、近似误差的均方根（RMSEA）和标准均方根（SRMR）和递增拟合指数，即比较拟合指数（CFI）、规范拟合指数（NFI）和非规范拟合指数（NNF）。这些拟合指数的可接受值为：$1.50 < \chi^2/df < 5.00$；$0.06 < RMSEA < 0.10$；SRMR（< 0.08）；GFI、AGFI、CFI、NFI 和 NNFI（约 .90）（Byrne，1989；Bentler & Bonnett，1980；Browne & Cudeck，1993；Hu & Bentler，1999）。递增拟合指数在识别模型错误方面往往优于绝对拟合指数，且样本大小不易受影响（Jackson，Gillaspy，& Purc-Stephenson，2009）。因此，在本书中，采用 χ^2/df，RMSEA，SRMR，CFI，NFI，和 NNFI 对 CFA 模型的拟合程度进行了评估。

此外，多变量方差分析（MANOVA）被用来检验人口统计变量在关键变量上的差异，并进行零阶相关来揭示关键变量之间的初步关系。此外，还进行了多次回归，以表明个人因素对智力风格的影响以及个人因素和智力风格对大学效能感和大学生活满意度的影响。最后，采用 PROCESS 探讨了智力风格对个人因素与结果变量之间关系的中介作用。基于路径分析的中介分析的计算工具，使用普通的方法估计非标准化的模型系数、标准误差、t 值和 p 值。置信区间采用普通最小二乘回归，在中介模型中产生直接和间接的影响。PROCESS 也能够处理多个中介变量（Hayes，2013）。由于在第二次测试中，一年级和二年级学生分别进行了测试，上述所有统计分析都是在这两个大学年级的学生中分别进行的。

这里需要提出两点。第一，对听障大学生来说，过去的研究（Marschark & Hauser, 2003）指出了人口学变量（例如，听力损失程度、沟通方式）和被试的背景资料（例如，高中类型、父母听力状况）对智力风格的可能影响。在进行 2（时间）×2（性别）测试之前，使用了一系列重复测量方差分析来探讨这些变量对思维风格的变化是否有显著的影响。没有发现有统计学意义的影响。

第二，本书还采用了三种不同的效应指标：Cohen's d、Pearson r 和偏 Eta 平方。这三种指标的小、中、大效应值分别是：Cohen's d 为 0.20、0.50 和 0.80；Pearson r 为 0.10、0.30 和 0.50；偏 Eta 平方为 0.01、0.06 和 0.16（Cohen，1988，1992）。

第三节 质性研究

质性研究的主要目的是探讨听障与健听大学生的大学经历（如学科和大学年级水平的差异）对学生风格变化的影响，并部分验证了关于风格变化的量化研究的结论。鉴于大学经历已被证明会影响智力风格、学习观、大学生活满意度和大学效能感，质性资料也用于解释关于上述变量之间的相互关系的意外发现。

一 被试

在半结构化的访谈选取了 36 名被试（有听障大学生 16 人，健听大学生 20 人），他们在第一次测试和第二次测试的相应智力风格的考试成绩的绝对值之和最大。其中，16 名听障大学生，来自南京某大学的有 3 名一年级学生（first-to-second-year）和 3 名二年级学生，来自郑州的有 5 名一年级学生，5 名二年级学生。20 名健听大学生，来自南京某大学的有 8 名一年级学生和 4 名二年级学生，来自郑州的有 7 名一年级学生，1 名二年级学生。

二 访谈提纲

面试集中于以下几个问题："在过去的一学年，你是否注意到自己的任何变化，特别是在你感知信息和处理任务（智力风格）的方式方面的变化？""如果是，它们是什么？""你认为是什么因素导致了你智力风格的改变？"为了激发对相关问题的讨论，在访谈中会提出一些问题（如"学科对你的智力风格的变化有什么影响吗？为什么？"）和（"大学学习对你的智力风格的变化有什么影响吗？为什么？"）。半结构化访谈提纲的细节见附录 G。

三 研究步骤

半结构化访谈针对的是智力风格发生了重大变化的被试。半结构化访谈是一种简单的对话，在谈话中你知道自己在做什么，所以有一组问题要问，并且很好地知道要讨论什么话题，但是，谈话是自由灵活的，而且很可能在不同的部分之间发生很大的变化（Fylan，2005，p. 66）。之所以选择半结构化访谈，主要是因为它们非常适合问"为什么的问题"。每一次访谈都有录音记录，并持续了大约 60 分钟。

每次访谈开始时，研究者将他们主测的反馈报告（关于他们的智力风格）告知了被试，然后对风格进行定义以确保被试正确理解这个概念。然后，研究者提出了一些问题，以进行相关问题的讨论。访谈用普通话进行。由于听障大学生在口头表达和听力方面有困难，所以在访谈过程中，邀请了手语翻译来促进交流。为确保访谈质量，手语翻译须将访谈结果通过手语反馈给听障学生，以确保他们完全明白听障大学生所说的内容，然后说出访谈内容；同时，听障大学生被要求写下来他们想说的话。

四 数据分析

将录音内容转录成书面文档，然后进行处理，主要通过内容分析。内容分析是从文本（或其他有意义的事项）到其使用环境的可复制和有效推理的研究方法（Krippendorff，2004，p.18）。该方法非常灵活，可以作为一种独立的方法或与其他方法相结合来解决许多问题（Deng，2003）。最后，通过系统编码，保证了数据的有效性，使研究者能够科学地分析和解释数据（Moretti 等人，2011）。

内容分析一般分为两类：量化内容分析和质性内容分析，本书采用质性内容分析。这个过程包括提出问题、研究背景、对数据进行编码，然后对编码数据进行分析（White，Marilyn Domas，Marsh，& Emily，2006）。本书主要集中在一个主要的研究问题上：学生的智力风格是如何变化的，尤其是大学经历是如何影响这些变化的。在定量驱动的混合方法研究设计中，质性研究仅用于补充主要的定量纵向研究的结果，因此，质性研究的结果与主测的结果放在一起讨论。

第四章 智力风格的重叠、价值和变化

本章共分为六个部分。第一部分是关于在预测和主测中使用的所有量表的信效度。接下来的五部分报告主测的结果：第二部分涉及描述性统计；第三部分和第四部分主要集中在六个变量之间的相互关系，旨在探讨风格的重叠与价值问题及风格的中介作用。第五、六部分涉及智力风格的变化。

第一节 所有量表的信效度

第一部分在第一小节中报告了信度，在第二小节中报告了效度。考虑到对听障大学生 TSI – R2 做的一系列修订，在第三小节中分别报告了该量表的信度和效度的结果。

一 信度

在本书中，根据 George 和 Mallery（2003）引用的标准，研究结果显示了所有能力、场依存/独立风格（FDI）、学习观、大学生活满意度、大学效能感等量表的信度（见表4.1）。对于一年级健听大学生，GEFT 1 量表的信度相对较低（0.56）。然而，中位数（0.72）和平均值（0.67）表明信度是可以接受的。

表 4.1 听障和健听大学生的所有五份量表的信度（TSI – R2 除外）

量表	听障 p	健听 p	听障 m1	健听 m1	听障 m2 1to2	健听 m2 1to 2	听障 m2 1 to 2	健听 m2 1 to 2
能力	0.76	0.82	0.78	0.81	0.81	0.79	0.81	0.79
场依存/独立								
GEFT1	0.72	0.86	0.60	0.71	0.76	0.56	0.65	0.73
GEFT6	0.82	0.94	0.81	0.83	0.77	0.75	0.84	0.83
GEFT7	0.72	0.89	0.76	0.82	0.73	0.72	0.82	0.82
总体	0.87	0.94	0.86	0.89	0.86	0.83	0.89	0.89
学习观								
理解	0.86	0.77	0.86	0.79	0.88	0.79	0.87	0.81
个人变化	0.80	0.84	0.80	0.83	0.78	0.81	0.83	0.83
社会能力	0.75	0.77	0.76	0.75	0.83	0.71	0.84	0.69
连续	0.81	0.85	0.77	0.83	0.85	0.78	0.82	0.80
获取信息	80	0.81	78	0.79	0.76	0.78	0.82	0.76
责任	0.83	0.73	0.83	0.72	0.89	0.78	0.82	0.73
满意度								
S 总体	0.76	0.79	0.70	0.79	0.77	0.80	0.65	0.84
S 学术	0.89	0.86	0.87	0.9	0.93	0.90	0.88	0.89
S 社交	0.85	0.84	0.86	0.83	0.90	0.84	0.87	0.78
S 设施和服务	0.93	0.92	0.94	0.91	0.90	0.92	0.94	0.90
大学效能感								
课程	0.80	0.83	0.85	0.85	0.86	0.84	0.85	0.85
室友	0.71	0.82	0.71	0.74	0.74	0.78	0.71	0.72
社交	0.77	0.78	0.75	0.83	0.78	0.80	0.77	0.87
社交融合	0.72	0.63	0.69	0.61	0.75	0.71	0.75	0.65

备注：GEFT 是团队镶嵌图形测验小组内嵌数字测试的英文简称。P 指主测，m1 指主测的第一次测试，m2 指主测的第二次测试。1to 2 指一年级学生，2to 3 指二年级学生。个人变化指学习是个人变化，社会能力指学习作为社会能力，获取信息指学习是获取信息的过程。S 总体指对大学总体生活的满意，S 学术指对大学学术方面的满意，S 社交指对大学的社会方面感到满意，S 设施和服务指对大学的设施和服务感到满意。

二 效度

本节报告了 EFA 和 CFA 关于以下五项量表的结果：团队镶嵌图形测验（GEFT）、瑞文高级累进矩阵（APM）、学习观量表第三版、大学生活满意度量表和大学效能感量表。为节省空间，表 4.7 综合了适用于所有量表的 CFA 模型的结果。

（一）团队镶嵌图形测验

在预测中，对听障和健听大学生而言，KMO（Kaiser-Meyer-Olkin）检验统计量分别为 0.85 和 0.95，而 EFA 结果表明，这两个提取因子分别占 42.73% 和 64.70%。最初属于 GEFT 6 和 GEFT 7 的项目一起负载在第 1 因子上，而最初属于 GEFT 1 的项目负载在第 2 因子上。此外，属于 GEFT 1 的项目 8 和 17 意外负载到因子 1 上。这一结果普遍支持 Zhang 和 Sternberg（2005）提出的理论分类。将场依存/独立风格分为 I 类智力风格（场独立）和 II 类智力风格（场依存），以及先前的研究结果。

表 4.2.a 听障和健听大学生团队镶嵌图形测验因素分析的模式矩阵

项目	听障 因子 1	听障 因子 2		健听 因子 1	健听 因子 2
场依存/独立 1		0.22			0.375
场依存/独立 2		0.94			0.833
场依存/独立 3		0.78			0.829
场依存/独立 4		0.71			0.877
场依存/独立 5		0.71			0.877
场依存/独立 6		0.93			0.897
场依存/独立 7		0.83			0.833
场依存/独立 8	0.26			0.76	
场依存/独立 9	0.66			0.74	

续表

项目	听障 因子1	听障 因子2	健听 因子1	健听 因子2
场依存/独立 10	0.49		0.62	
场依存/独立 11	0.69		0.84	
场依存/独立 12	0.49		0.79	
场依存/独立 13	0.50		0.87	
场依存/独立 14	0.53		0.74	
场依存/独立 15	0.52		0.85	
场依存/独立 16	0.66		0.79	
场依存/独立 17	0.70		0.88	
场依存/独立 18	0.72		0.61	
场依存/独立 19	0.63		0.81	
场依存/独立 20	0.68		0.81	
场依存/独立 21	0.55		0.85	
场依存/独立 22	0.69		0.83	
场依存/独立 23	0.52		0.85	
场依存/独立 24	0.60		0.81	
场依存/独立 25	0.57		0.81	

备注：提取方法：主成分分析法；旋转方法：Kaiser 归一化 Oblimin。省略小于0.20的因子负载。场依存/独立指场依存/独立风格。

在主测中，双因子模型提供了一个可接受的数据拟合（见表4.7）。标准参数估计见表4.2.b。

表4.2.b　听障和健听大学生 GEFT 双因子模型的标准化参数

项目	听障 因子1	听障 因子2	健听 因子1	健听 因子2
场依存/独立 1		0.24		0.23
场依存/独立 2		0.49		0.69

第四章　智力风格的重叠、价值和变化

续表

项目	听障 因子1	听障 因子2	健听 因子1	健听 因子2
场依存/独立 3		0.68		0.72
场依存/独立 4		0.63		0.77
场依存/独立 5		0.63		0.74
场依存/独立 6		0.47		0.84
场依存/独立 7		0.45		0.82
场依存/独立 8	0.43		0.56	
场依存/独立 9	0.44		0.61	
场依存/独立 10	0.61		0.58	
场依存/独立 11	0.60		0.61	
场依存/独立 12	0.53		0.57	
场依存/独立 13	0.57		0.59	
场依存/独立 14	0.62		0.68	
场依存/独立 15	0.44		0.33	
场依存/独立 16	0.53		0.55	
场依存/独立 17	0.53		0.73	
场依存/独立 18	0.52		0.58	
场依存/独立 19	0.54		0.74	
场依存/独立 20	0.70		0.72	
场依存/独立 21	0.56		0.69	
场依存/独立 22	0.68		0.67	
场依存/独立 23	0.67		0.72	
场依存/独立 24	0.52		0.73	
场依存/独立 25	0.44		0.61	

备注：场依存/独立指场依存/独立风格。

（二）简略版瑞文高级累进矩阵

在预测中，听障和健听大学生的 KMO 分别为 0.78 和 0.87，而 EFA 结果显示，提取因子分别占能力观测变异的 28.01% 和 34.24%。这些结果与以前的研究结果是一致的（例如，Arthur & Day，1994；Arthur 等人，1999；Bors & Stokes，1998）。

表4.3.a 听障和健听大学生瑞文高级累进矩阵的因子载荷矩阵

项目	听障因子	健听因子
能力1	0.36	0.52
能力2	0.60	0.64
能力3	0.61	0.70
能力4	0.63	0.76
能力5	0.63	0.51
能力6	0.27	0.41
能力7	0.56	0.51
能力8	0.56	0.47
能力9	0.59	0.67
能力10	0.59	0.66
能力11	0.40	0.55
能力12	0.43	0.54

在主测中，双因子模型提供了一个可接受的数据拟合（见表4.7）。标准参数估计见表4.3.b。

表4.3.b 听障和健听大学生瑞文高级累进矩阵
单因子模型的标准化参数

项目	听障因子	健听因子
能力1	0.38	0.49
能力2	0.64	0.46

第四章　智力风格的重叠、价值和变化

续表

项目	听障因子	健听因子
能力3	0.75	0.57
能力4	0.63	0.65
能力5	0.58	0.52
能力6	0.24	0.38
能力7	0.41	0.43
能力8	0.33	0.45
能力9	0.36	0.63
能力10	0.43	0.53
能力11	0.39	0.52
能力12	0.47	0.55

（三）学习观量表第三版

学习观量表第三版有六个理论维度：理解（项目1—8）、个人变化（项目9—14）、社会能力（项目15—18）、连续（项目19—23）、获取信息（项目24—28）和责任（项目29—33）。在预测中，听障和健听大学生的KMO分别为0.92和0.89，而探索性因子分析（EFA）结果显示，6个提取因子分别占学习观观测变异的62.29%和58.90%。

对于听障大学生，六个提取的因子中有四个（2、4、5、6），对应四个理论维度（责任，社会能力，持续和理解）。其余两个提取因子（1和3）分别为新的，暂定命名为"使用和态度"，"过程和证据"。例如，在因子1中，第12项（"如果我真的学到了什么，我可以用不同的方式看到它"）表示学习的使用，而第27项（"学习是吸收事实和信息"）揭示了学习的态度。同样，在因子3中，第7项（"当我学习时，我试图就我所学到的东西得出我自己的结论"）表示学习的过程，而第10项（"当我学习时，我觉得我已经获得了一些有价值的东西")揭示了学习的证据。

对于健听大学生来说，六个提取的因子中有五个（1—5）分别对应五个理论维度（连续、责任、理解、个人变化和社会能力）。剩下的提取因子6是新的，暂时命名为"过程"。第6项（"当我学习时，我试图寻找主题之间的联系"）和第8项（"当我学习时，我试着真正理解这些材料"）都是指学习的过程。

此外，还有意想不到的项目负载。例如，对于听障大学生，理解维度中的第7项和第8项负载在第3因子上，而对于健听大学生，第6项、第7项和第8项则负载在第6因子上（见表4.4.a和4.4.b）。

综上所述，对听障和健听大学生而言，预测得到的因子结构与以往的研究基本一致。然而，一些结果与以前的结果有偏差，由于学习观量表第三版是最近开发的一份量表，从未在中国大学生中进行过测试，更不用说在中国听障大学生中测试，所以应利用主测中收集的数据进一步检验因子结构。

表4.4.a　　　　学习观量表第三版的模式矩阵

项目	因子1	因子2	因子3	因子4	因子5	因子6
学习观1			0.26		0.32	−0.45
学习观2						−0.67
学习观3				0.38		−0.70
学习观4			0.21			−0.57
学习观5			0.46			−0.48
学习观6	0.51				0.38	
学习观7			0.71		0.42	−0.20
学习观8		0.22	0.67			
学习观9	0.24		0.64			
学习观10			0.39	0.28		−0.33
学习观11	0.64					−0.21

续表

项目	因子1	因子2	因子3	因子4	因子5	因子6
学习观12	0.51		0.24	0.27		
学习观13				0.74		
学习观14				0.69		
学习观15				0.71		
学习观16				0.59		-0.28
学习观17	0.51		0.34			
学习观18	0.32			0.35		
学习观19	0.23	0.25			0.33	
学习观20	0.43		-0.25		0.42	-0.20
学习观21					0.80	
学习观22		0.23			0.60	
学习观23	0.39				0.43	
学习观24	0.74					
学习观25	0.36				0.45	
学习观26		0.53			0.34	0.28
学习观27	0.49				0.35	
学习观28			0.25	0.22	0.69	
学习观29		0.23		0.26		-0.30
学习观30		0.67		0.23		
学习观31	-0.31	0.58			0.29	
学习观32		0.69				
学习观33		0.86				

备注：提取方法：主成分分析法；旋转方法：Kaiser归一化Oblimin。省略小于0.20的因子负载。

表 4.4.b　健听大学生中学习观量表第三版的模式矩阵

项目	因子1	因子2	因子3	因子4	因子5	因子6
学习观1			0.63			0.28
学习观2			0.77			
学习观3			0.73			
学习观4	0.29		0.39			0.29
学习观5	-0.21	0.22	0.56			0.28
学习观6						0.70
学习观7				0.21		0.72
学习观8						0.71
学习观9				0.77		0.26
学习观10				0.70		
学习观11				0.74		
学习观12				0.51		
学习观13	0.24		0.22	0.49		
学习观14	0.49			0.28	-0.26	
学习观15	0.39				-0.33	
学习观16	0.27			0.22	-0.59	
学习观17					-0.86	
学习观18	-0.21				-0.84	
学习观19	0.52					0.32
学习观20	0.88					
学习观21	0.83					
学习观22	0.41				-0.33	
学习观23	0.76					
学习观24		0.61				
学习观25	0.29	0.37		0.38		
学习观26		0.52			-0.22	
学习观27		0.46			-0.34	
学习观28	0.31	0.30			-0.35	

第四章 智力风格的重叠、价值和变化

续表

项目	因子1	因子2	因子3	因子4	因子5	因子6
学习观29	0.45		0.23			0.29
学习观30		0.38	0.24			
学习观31		0.56				
学习观32		0.72				
学习观33		0.82				

备注：提取方法：主成分分析法；旋转方法：Kaiser归一化Oblimin。省略小于0.20的因子负载。

在主测中，听障和健听大学生的KMO分别为0.94和0.92，而EFA结果显示，6个提取因子分别占学习观观测变异的59.35%和57.13%。虽然有意料之外的项目负荷，但这六个被提取的因子在很大程度上对应于六个理论维度（因子1—6）——个人变化、责任、持续、社会能力、理解和获取信息（听障大学生）；个人变化、获得信息、持续、理解、社会能力和责任（健听大学生）。

表4.4.c　**听障大学生中学习观量表第三版的模式矩阵**

项目	因子1	因子2	因子3	因子4	因子5	因子6
学习观1					-0.63	
学习观2					-0.71	
学习观3					-0.66	
学习观4					-0.47	
学习观5		0.36			-0.50	
学习观6	0.44				-0.40	
学习观7	0.63					
学习观8		0.52				
学习观9		0.66				

续表

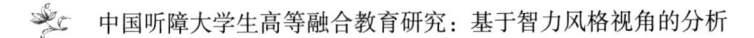

项目	因子1	因子2	因子3	因子4	因子5	因子6
学习观10	0.39		0.37			
学习观11	0.54		0.34			
学习观12			0.35			
学习观13			0.76			
学习观14			0.67			
学习观15			0.84			
学习观16			0.59			
学习观17			0.31			
学习观18	0.37		0.41			
学习观19			0.48			
学习观20			0.81			
学习观21				0.38	0.35	
学习观22				0.37	0.33	
学习观23				0.56		
学习观24				0.59		
学习观25					0.55	
学习观26					0.83	
学习观27					0.77	
学习观28					0.38	
学习观29	0.43		0.37			
学习观30	0.65					
学习观31	0.80					
学习观32	0.76					
学习观33	0.81					

备注：提取方法：主成分分析法；旋转方法：Kaiser 归一化 Oblimin，省略小于0.20的因子负载。

表 4.4.d. 健听大学生中学习观量表第三版的模式矩阵

项目	因子1	因子2	因子3	因子4	因子5	因子6
学习观1				0.57		
学习观2				0.83		
学习观3				0.76		
学习观4		-0.31		0.32		0.31
学习观5		0.33		0.45		
学习观6	0.74					
学习观7	0.83					
学习观8	0.69					
学习观9	0.38				-0.30	
学习观10	0.36					
学习观11	0.44				-0.35	
学习观12	0.40				-0.55	
学习观13					-0.59	
学习观14					-0.60	
学习观15			-0.31		-0.49	
学习观16					-0.64	
学习观17					-0.70	
学习观18		0.37			-0.54	
学习观19			-0.36			
学习观20			-0.80			
学习观21			-0.82			
学习观22			-0.50			
学习观23			-0.77			
学习观24		0.63				
学习观25		0.34	-0.55			
学习观26		0.55				
学习观27		0.57				
学习观28		0.49				

续表

项目	因子1	因子2	因子3	因子4	因子5	因子6
学习观29	0.39					
学习观30	0.37	0.45				
学习观31		0.53				0.36
学习观32						0.80
学习观33						0.78

备注：提取方法：主成分分析法；旋转方法：Kaiser归一化Oblimin，省略小于0.20的因子负载。

六因子模型通过CFA提供了一个可以接受的数据拟合（见表4.7）。标准化参数估计见表4.4.e和4.4.f。

表4.4.e 听障大学生中学习观量表第三版的模式标准化参数

项目	理解	改变	社会能力	持续	获取信息	责任
学习观1	0.65					
学习观2	0.75					
学习观3	0.63					
学习观4	0.63					
学习观5	0.65					
学习观6	0.63					
学习观7	0.65					
学习观8	0.71					
学习观9		0.64				
学习观10		0.65				
学习观11		0.61				
学习观12		0.67				
学习观13		0.55				
学习观14		0.71				

续表

项目	理解	改变	社会能力	持续	获取信息	责任
学习观 15			0.64			
学习观 16			0.77			
学习观 17			0.69			
学习观 18			0.66			
学习观 19				0.71		
学习观 20				0.61		
学习观 21				0.59		
学习观 22				0.59		
学习观 23				0.68		
学习观 24					0.57	
学习观 25					0.76	
学习观 26					0.60	
学习观 27					0.71	
学习观 28					0.69	
学习观 29						0.71
学习观 30						0.75
学习观 31						0.77
学习观 32						0.75
学习观 33						0.59

备注：六类学习观分别指"学习即理解"，"学习即个人改变"，"学习即社会能力"，"学习即持续"，"学习即获取信息"，"学习即责任"。

表 4.4.f 健听大学生中学习观量表第三版的模式标准化参数估计

项目	理解	改变	能力	持续	获取信息	责任
学习观 1	0.49					
学习观 2	0.57					
学习观 3	0.48					

续表

项目	理解	改变	能力	持续	获取信息	责任
学习观 4	0.57					
学习观 5	0.47					
学习观 6	0.69					
学习观 7	0.65					
学习观 8	0.71					
学习观 9		0.62				
学习观 10		0.58				
学习观 11		0.61				
学习观 12		0.70				
学习观 13		0.74				
学习观 14		0.80				
学习观 15			0.74			
学习观 16			0.76			
学习观 17			0.68			
学习观 18			0.54			
学习观 19				0.61		
学习观 20				0.77		
学习观 21				0.83		
学习观 22				0.59		
学习观 23				0.80		
学习观 24					0.59	
学习观 25					0.70	
学习观 26					0.69	
学习观 27					0.64	
学习观 28					0.67	
学习观 29						0.54

第四章 智力风格的重叠、价值和变化

续表

项目	理解	改变	能力	持续	获取信息	责任
学习观30						0.60
学习观31						0.70
学习观32						0.54
学习观33						0.51

备注：六类学习观分别指"学习即理解"，"学习即个人改变"，"学习即社会能力"，"学习即持续"，"学习即获取信息"，"学习即责任"。

（四）大学生活满意度

大学生活满意度量表（满意度）有四个理论维度：对整个大学生活的满意度（第1—3项）；对大学学术方面的满意度（第4—17项，包括对教师的满意度、教学方法、课堂环境、学生作业量和学术声誉）；大学（第18—27项，包括对校内住宿、俱乐部及派对及娱乐活动的满意程度）及对大学设施及服务的满意度（第28—46项，包括对图书馆服务、卫生服务、书店、通信和娱乐中心的满意度）。因为大学生活满意度量表是分层的，第1—3项属于对大学整体生活维度的满意程度，项目1—3可被视为与其他三个维度的子维度比如对教师的满意度以及对学术方面的满意度有相同的水平。

在预测中，对听障和健听大学生的KMO分别为0.89和0.88，而EFA结果显示，这四种提取的因子分别占大学生活满意度变异量的44%和43%。对听障大学生而言，四个提取的因子中有两个（1和2）对应两个理论维度：对大学学术方面的满意度和对大学设施和服务的满意度。第三个因子初步命名为"对校内住宿满意度"，包括校内住宿维度中所有项目。第四个因子暂定为"娱乐活动和服务的满意度，包括娱乐中心的项目以及通信和娱乐活动维度的项目（详见表4.5.a）。

表 4.5.a 听障大学生中大学生活满意度量表的模式矩阵

项目	因子 1	因子 2	因子 3	因子 4
满意度 1	0.67			
满意度 2	0.55			
满意度 3	0.43			
满意度 4	0.66			
满意度 5	0.67			
满意度 6	0.57			
满意度 7	0.37			
满意度 8	0.36		0.20	-0.46
满意度 9	0.34			
满意度 10	0.37			
满意度 11	0.33			
满意度 12	0.42			
满意度 13	0.45			
满意度 14	0.42			
满意度 15	0.41			
满意度 16	0.52			
满意度 17	0.42			
满意度 18	0.30		-0.36	
满意度 19		-0.32	-0.40	-0.22
满意度 20	0.24		-0.53	
满意度 21	0.33		-0.54	
满意度 22				-0.58
满意度 23				-0.46
满意度 24				-0.52
满意度 25				-0.58
满意度 26		-0.21		-0.47
满意度 27		-0.40		
满意度 28		-0.71		

第四章 智力风格的重叠、价值和变化

续表

项目	因子1	因子2	因子3	因子4
满意度29		-0.66		
满意度30		-0.75		
满意度31		-0.73		
满意度32		-0.79		
满意度33		-0.64		
满意度34	0.30	-0.45	0.35	
满意度35	0.25	-0.51	0.38	
满意度36	0.24	-0.52	0.32	
满意度37	0.30	-0.43	0.24	
满意度38		-0.50		
满意度39		-0.53		
满意度40		-0.36		-0.23
满意度41	0.22	-0.24		-0.30
满意度42				-0.26
满意度43				-0.63
满意度44				-0.76
满意度45				-0.78
满意度46				-0.69

备注：提取方法：主成分分析法；旋转方法：Kaiser 归一化 Oblimin。省略小于0.20的因子负载。

对于健听大学生来说，四个提取的因子中有两个（1和2）对应两个理论维度：对大学学术方面的满意度和对大学设施和服务的满意度。第三个因子暂定为"对娱乐活动和图书馆服务的满意度"，包括俱乐部和聚会中的所有项目，以及图书馆服务和通信服务。第四个因子被暂定为"对课堂环境的满意度"，包括理论维度的第9、10和11项，即对大学学术方面的满意度。

综上所述，对听障和健听大学生而言，预测得到的因子结构与以往的研究结果基本一致。考虑到这是一个相对较新的量表，在中国大学生特别是听障大学生中还没有被测试过，应该使用在主测中收集到的数据进行进一步的测试。

表4.5.b 健听大学生的大学生活满意度量表的模式矩阵

项目	因子1	因子2	因子3	因子4
满意度1	0.65			
满意度2	0.65			
满意度3	0.66			
满意度4	0.66			
满意度5	0.52			
满意度6	0.47			
满意度7	0.35		-0.31	0.21
满意度8	0.49			
满意度9				0.56
满意度10		-0.20		0.53
满意度11			-0.21	0.38
满意度12	0.28			0.22
满意度13	0.56			
满意度14	0.48			
满意度15	0.54			0.25
满意度16	0.58			
满意度17	0.56	-0.22		
满意度18	0.49		-0.26	-0.29
满意度19	0.46		-0.29	-0.33
满意度20	0.46		-0.31	-0.29
满意度21	0.29		-0.29	
满意度22		-0.21	-0.23	

续表

项目	因子1	因子2	因子3	因子4
满意度23			-0.26	
满意度24		-0.47		
满意度25	0.21	-0.48		
满意度26		-0.45		
满意度27		-0.50		
满意度28			-0.77	
满意度29			-0.75	
满意度30			-0.82	
满意度31			-0.60	
满意度32			-0.61	
满意度33			-0.46	0.27
满意度34		-0.55		0.21
满意度35		-0.68		
满意度36		-0.73		
满意度37		-0.40		
满意度38		-0.60		
满意度39		-0.51	-0.25	
满意度40			-0.71	
满意度41			-0.76	
满意度42			-0.52	
满意度43			-0.76	
满意度44			-0.80	
满意度45			-0.76	
满意度46			-0.70	

备注：提取方法：主成分分析法；旋转方法：Kaiser归一化Oblimin。省略小于0.20的因子负载。

鉴于量表比项目更稳定（Gorso，1997），主测采用量表水平因子分析，而不是项目水平因子分析。听障和健听大学生 KMO 分别为 0.92 和 0.91，而 EFA 结果显示，四个提取因子分别占大学生活满意度量表（QUOL）观测变异的 65.09% 和 65.45%。

对听障大学生来说，四个提取的因子（1—4）对应于四个理论维度：对大学设施和服务的满意度；对整个大学生活的满意度；对大学学术和社交生活的满意度。对大学的学术方面；对大学的社会方面感到满意。对娱乐活动的满意度（在理论层面上，对大学社交方面的满意度）出乎意料地负载在第一个因子上。

对健听大学生而言，四个提取的因子中有三个（1—3）对应三个理论维度：对大学整体生活的满意度；对大学学术方面的满意度；以及对大学设施和服务的满意程度。第四个因子暂定为"对学术服务的满意度"，包括对图书馆服务的满意度和对书店的满意度，两者都属于理论范畴。对俱乐部和聚会的满意度，以及娱乐活动，在理论层面上对大学社交方面的满意度，出乎意料地负载在第二个因子上（见表 4.5.c 和 4.5.d）。总括而言，无论是听障还是健听大学生，主测得到的因子结构与理论结构基本一致。

表 4.5.c　　**听障大学生的大学生活满意度量表的因子分析的模式矩阵**

项目	因子 1	因子 2	因子 3	因子 4
F1		0.77		
F2		0.70		
F3		0.79		
教师		0.44	−0.47	
教学方法		0.32	−0.42	
教室环境			−0.56	
学业负担			−0.87	
学术声誉			−0.81	

第四章 智力风格的重叠、价值和变化

续表

项目	因子1	因子2	因子3	因子4
校园住宿				0.58
俱乐部和派对				0.58
娱乐活动	0.49			0.36
图书馆服务	0.70			
健康服务	0.77			
书店	0.87			
通信	0.81			
娱乐中心	0.85			0.39

备注：F1 指对大学生活总体满意度，F2 指学生对大学生活本身的满意度，F3 指学生对同龄人的大学生活满意度的感知。提取方法：主成分分析法；旋转方法：Kaiser 归一化 Oblimin。省略小于 0.20 的因子负载。

表 4.5.d　　健听大学生的大学生活满意度量表的因子分析的模式矩阵

项目	因子1	因子2	因子3	因子4
F1	0.82			
F2	0.88			
F3	0.73			
教师		0.76		
教学方法		0.76		
教室环境		0.73		
学业负担		0.78		
学术声誉		0.73		
校园住宿	0.40		0.41	
俱乐部和派对		0.45	0.43	
娱乐活动		0.48	0.39	
图书馆服务				0.82

续表

项目	因子1	因子2	因子3	因子4
健康服务		0.33	0.37	
书店			0.49	0.53
通信			0.77	
娱乐中心			0.89	

备注：F1指对大学生活总体满意度，F2指学生对大学生活本身的满意度，F3指学生对同龄人的大学生活满意度的看法。提取方法：主成分分析法；旋转方法：Kaiser归一化Oblimin。省略小于0.20的因子负载。

理论上的四因子CFA模型为数据提供了一个可接受的拟合（见表4.7），在主测得到的四因子模型（见表4.5.d）（X^2（df=98，N=466）=449.08，P<0.01，RMSEA=0.085，SRMR=0.06，GFI=0.90，AGFI=0.86，NFI=0.95，NNFI=0.95，CFI=0.96）。由于理论是选择合适的模型时最重要的考虑因素（Rthington & Whittaker, 2006），本书采用了四因子理论模型，标准化参数估计见表4.5.e和4.5.f。

表4.5.e **听障大学生大学生活满意度量表的四因子模型的标准化参数**

项目	S设施和服务	S总体	S学术	S社交
F1		0.71		
F2		0.74		
F3		0.55		
教师			0.77	
教学方法			0.68	
教室环境			0.76	
学业负担			0.60	

第四章 智力风格的重叠、价值和变化

续表

项目	S 设施和服务	S 总体	S 学术	S 社交
学术声誉			0.61	
校园住宿				0.65
俱乐部和派对				0.73
娱乐活动				0.78
图书馆服务	0.75			
健康服务	0.76			
书店	0.75			
通信	0.79			
娱乐中心	0.75			

备注：F1 指对大学生活总体满意度，F2 指学生对大学生活的满意度，F3 指学生对同龄人的大学生活满意度的看法。S 总体指对大学总体生活的满意，S 学术指对大学学术方面的满意，S 社交指对大学的社会方面感到满意，S 设施和服务指对大学的设施和服务感到满意。

表 4.5.f **健听大学生大学生活满意度量表的四因子模型的标准化参数**

项目	S 设施和服务	S 总体	S 学术	S 社交
F1		0.79		
F2		0.86		
F3		0.62		
教师			0.79	
教学方法			0.75	
教室环境			0.77	
学业负担			0.71	
学术声誉			0.71	
校园住宿				0.60
俱乐部和派对				0.57

续表

项目	S设施和服务	S总体	S学术	S社交
娱乐活动				0.75
图书馆服务	0.53			
健康服务	0.68			
书店	0.72			
通信	0.77			
娱乐中心	0.74			

备注：F1指对大学生活总体满意度，F2指学生对大学生活的满意度，F3指学生对同龄人的大学生活满意度的看法。S总体指对大学总体生活的满意，S学术指对大学学术方面的满意，S社交指对大学的社会方面感到满意，S设施和服务指对大学的设施和服务感到满意。

（五）大学效能感量表

大学效能感量表有四个理论维度：课程效能感（第3、5、7、11、14、16、17和22项）；室友效能感（第4、10、13和20项）；社交效能感（第1、2、9、15、19和21项）；社交融合效能感（第6、8、12和18项）。在预测中，听障和健听大学生的KMO分别为0.88和0.90，而EFA结果显示，这四种提取因子分别占大学效能感观测变异的43%和51%。

对听障大学生，这四个提取因子（1—4）对应于四个理论维度：社交融合效能感；课程效能感；社交效能感；室友效能感。然而，也有意想不到的项目负载；例如，项目17（最初属于课程效能感）意外地负载到第三个因子上（见表4.6.a）。对于健听大学生来说，1、2和4这三个提取因子对应三个理论维度：课程效能感、社交效能感和室友效能感。第三个因子暂时命名为"基础学习自我效能感"，包括最初属于课程效能的第16、17和22项，以及最初属于社交效能的第19和21项（参见表4.6.b）。对听障和健听大学生，在预测中获得的因子结构与以前的研究基本一致

（Solberg 等人，1998）。

表4.6.a　　听障大学生中大学效能感四因子模型的标准化参数估计

项目	因子1	因子2	因子3	因子4
大学效能感1		0.42		
大学效能感2		0.39	0.35	
大学效能感3		0.59		0.31
大学效能感4		0.38		0.44
大学效能感5	0.34	0.66		
大学效能感6	0.63			
大学效能感7	0.48			
大学效能感8	0.43	0.32		
大学效能感9		0.32	0.54	
大学效能感10				0.65
大学效能感11	0.33	0.53		
大学效能感12	0.44			0.4
大学效能感13				0.62
大学效能感14		0.42	0.33	0.33
大学效能感15	0.37		0.47	
大学效能感16				
大学效能感17			0.61	
大学效能感18	0.6			
大学效能感19			0.71	
大学效能感20	0.39			0.59
大学效能感21	0.5			
大学效能感22	0.38	0.31		

备注：提取方法：主成分分析法；旋转方法：Kaiser 归一化 Oblimin。省略小于0.20的因子负载。

表4.6.b　　健听大学生的大学效能感的旋转因子矩阵

项目	因子1	因子2	因子3	因子4
大学效能感1	0.38	0.35		0.34
大学效能感2		0.67		
大学效能感3	0.54			
大学效能感4	0.55			0.44
大学效能感5	0.69			
大学效能感6	0.37	0.53		
大学效能感7	0.5	0.32		
大学效能感8		0.37		
大学效能感9		0.64	0.34	
大学效能感10	0.56			0.41
大学效能感11	0.77			
大学效能感12	0.43	0.33	0.31	
大学效能感13	0.45			0.55
大学效能感14	0.55	0.46		
大学效能感15		0.62	0.31	
大学效能感16			0.45	
大学效能感17			0.63	
大学效能感18		0.45	0.44	0.32
大学效能感19		0.6	0.6	
大学效能感20			0.38	0.69
大学效能感21		0.37	0.56	
大学效能感22	0.36		0.58	

提取方法：主成分分析法；旋转方法：Kaise归一化Oblimin。省略小于0.20的因子负载。

在主测中，四因子模型为数据提供了一个可接受的拟合（详见表4.7）。标准化参数见表4.6.c和4.6.d。

表4.6.c　听障大学生大学效能感四因子模型的标准化参数估计

项目	课程	室友	社交	社交融合
大学效能感3	0.61			
大学效能感5	0.64			
大学效能感7	0.7			
大学效能感11	0.71			
大学效能感14	0.63			
大学效能感16	0.58			
大学效能感17	0.58			
大学效能感22	0.68			
大学效能感4		0.47		
大学效能感10		0.61		
大学效能感13		0.78		
大学效能感20		0.58		
大学效能感1			0.51	
大学效能感2			0.62	
大学效能感9			0.64	
大学效能感15			0.58	
大学效能感19			0.7	
大学效能感21			0.66	
大学效能感6				0.59
大学效能感8				0.42
大学效能感12				0.74
大学效能感18				0.68

表4.6.d　健听大学生大学效能感四因子模型的标准化参数估计

项目	课程	室友	社交	社交融合
大学效能感3	0.66			
大学效能感5	0.68			
大学效能感7	0.66			
大学效能感11	0.61			
大学效能感14	0.67			

续表

项目	课程	室友	社交	社交融合
大学效能感16	0.6			
大学效能感17	0.61			
大学效能感22	0.69			
大学效能感4		0.58		
大学效能感10		0.6		
大学效能感13		0.73		
大学效能感20		0.64		
大学效能感1			0.6	
大学效能感2			0.75	
大学效能感9			0.67	
大学效能感15			0.69	
大学效能感19			0.75	
大学效能感21			0.76	
大学效能感6				0.54
大学效能感8				0.24
大学效能感12				0.71
大学效能感18				0.62

表4.7　听障和健听大学生中除思维风格调查量表第二次修订版的其他五类量表的拟合指数

	χ^2/df	RMSEA	SRMR	CFI	NFI	NNFI
场依存/独立听障	2.5	0.06	0.06	0.93	0.9	0.93
场依存/独立健听	3.6	0.08	0.06	0.95	0.93	0.94
能力听障	3.3	0.08	0.06	0.91	0.88	0.89
能力健听	4.3	0.09	0.06	0.91	0.89	0.89
学习观听障	3.5	0.08	0.06	0.95	0.93	0.95
学习观健听	4.3	0.08	0.07	0.93	0.92	0.93
满意度听障	3.4	0.07	0.04	0.98	0.97	0.97
满意度健听	4.6	0.09	0.06	0.96	0.95	0.95

第四章 智力风格的重叠、价值和变化

续表

	χ2/df	RMSEA	SRMR	CFI	NFI	NNFI
大学效能感_{听障}	4.1	0.1	0.06	0.93	0.92	0.92
大学效能感_{健听}	4.3	0.09	0.06	0.95	0.94	0.94

备注：团队镶嵌图形测验（GEFT）、瑞文高级累进矩阵（APM）、学习观量表第三版、大学生活满意度量表（QOUL）和大学效能感（USE）量表。

三 思维风格调查量表第二次修订版

（一）信度

总的来说，本书的结果表明，所有思维风格量表（见表 4.8）信度都是可以接受的，与文献中所描述的基本一致（例如，Higgins & Zhang，2009；Zhang，2009，2010）。根据 George 和 Mallery（2003）引用的标准，预测和主测的结果表明 13 种思维风格分量表，具体而言，听障大学生信度为 0.61 - 0.82，健听大学生为 0.47 - 0.81，平均值为 0.65 - 0.70，中位数为 0.63 - 0.71。

表 4.8　　　　思维风格调查量表第二次修订版的信度

维度	听障$_p$	健听$_p$	听障$_{m1}$	健听$_{m1}$	听障$_{m2}$ 1to2	健听$_{m2}$ 1to 2	听障$_{m2}$ 2 to3	健听$_{m2}$ 2 to 3
立法的	0.70	0.54	0.69	0.71	0.73	0.75	0.66	0.67
执行的	0.73	0.59	0.73	0.63	0.75	0.60	0.73	0.75
司法的	0.64	0.60	0.69	0.69	0.68	0.74	0.67	0.71
全局的	0.57	0.57	0.63	0.52	0.63	0.56	0.62	0.56
局部的	0.69	0.62	0.62	0.60	0.64	0.47	0.72	0.60
自由的	0.77	0.79	0.75	0.81	0.76	0.81	0.76	0.79
保守的	0.75	0.66	0.71	0.61	0.69	0.66	0.71	0.76
等级的	0.77	0.75	0.69	0.78	0.67	0.66	0.71	0.78
无政府主义的	0.68	0.54	0.63	0.54	0.86	0.77	0.82	0.74
内倾的	0.62	0.52	0.69	0.71	0.62	0.72	0.66	0.69
外倾的	0.77	0.70	0.65	0.74	0.72	0.73	0.65	0.79

续表

维度	听障$_p$	健听$_p$	听障$_{m1}$	健听$_{m1}$	听障$_{m2}$ 1to2	健听$_{m2}$ 1to2	听障$_{m2}$ 2to3	健听$_{m2}$ 2to3
专制的	0.75	0.52	0.64	0.56	0.61	0.59	0.61	0.63
寡头政治的	0.76	0.69	0.68	0.58	0.74	0.69	0.68	0.70

备注：P 指预测，m1 指主测的第一次测试，m2 指主测的第二次测试。1to2 指一年级学生，2to3 指二年级学生。

（二）效度

三重模型将思维风格分为三类：Ⅰ类（包括立法、司法、全面、自由和等级结构）；Ⅱ类（执行型）；Ⅲ类（寡头政治型、无政府主义型、内倾型和外倾型）。

对听障大学生来说，预测的 KMO 是 0.952。第一个因子主要由Ⅱ类风格负载（执行型风格、保守型风格和局部型风格）以及外倾型（Ⅲ类）、等级型（Ⅰ类）、无政府主义型（Ⅲ类）和立法型风格（Ⅰ类）。第二个因子由内倾（Ⅲ类）和立法风格（Ⅰ类）负载，而第三个因子由寡头（Ⅲ类）负载、专制型（Ⅱ类）、自由型（Ⅰ类）和全局型（Ⅰ类）风格。如图所示，Ⅰ类风格在提取的因子中被分割，第一个因子是等级风格和司法风格，第二个因子是立法风格，第三个因子是自由型和全局型风格。因子分析的结果与以往的研究和理论结构（如张，2002 a，2002 b，2004）都有很大不同。因此，根据对听障大学生的访谈，本书对主测中该量表进行了修改。

同样地，在主测的第一次测试，因子 1 主要反映了Ⅱ类风格的特点，而因子 2 主要反映了Ⅰ类风格；因子 3 是Ⅲ类风格负载的。但是，仍然有一些令人困惑的发现；例如，保守风格（Ⅱ类）意外地负载到第一个因子上（它是由Ⅰ类风格所主导的）。在对听障大学生的访谈基础上，对该量表作了进一步的修订。在主测的第二次测试，因子分析的结果与以往的研究和理论建构的结果基本一致。（例如，Zhang，2002 a，2002 b，2004）（见表 4.9）。

第四章 智力风格的重叠、价值和变化

表4.9 听障大学生的思维风格量表修订第二版的因子分析模式矩阵

维度	F1p	F2p	F3p	F1m1	F2m1	F3m1	一年级学生 F1m2	一年级学生 F2m2	一年级学生 F3m2	Second-year students F1m2	Second-year students F2m2	Second-year students F3m2
立法的	0.52	0.55			0.69		0.50	0.50		0.68		0.63
执行的	0.52	0.55		0.75			0.89			0.83		
司法的	0.58			0.66			0.35			0.63	0.46	0.34
全局的	0.69		0.44	0.93					0.52	0.72	0.73	
局部的				0.78	0.74		0.85		0.85	0.45	0.37	
自由的	0.70	0.31	0.45									
保守的				0.68	0.72		0.81		0.77	0.45	0.69	0.65
等级的	0.93			0.61			0.86			0.70	0.44	
专制的		0.40	0.53	0.44	0.37		0.43	-0.31	0.41	0.43	0.57	0.49
寡头政治的			0.91			0.80			0.71	0.66		0.47
无政府主义的	0.78	0.75		0.90				0.80	0.82	0.38	0.62	
内倾的											0.34	
外倾的	0.99				0.86		0.70			0.56	0.64	0.79

备注：p指预测，m1指主测的第一次测试，m2指主测的第二次测试。1to2指一年级学生，2to3指二年级学生。

表4.10.a 第一次测试中听障和健听大学生关键变量的描述性统计

维度	范围	听障 均值	标准差	偏度	峰度	范围	健听 均值	标准差	偏度	峰度
场依存/独立	0—112	87.34	25.77	-1.31	1.23	5—112	96.90	23.13	-2.46	6.07
能力	0—12	3.32	2.72	0.66	-0.32	0—12	5.58	3.17	0.05	-0.84
思维风格										
立法的	2.4—6.8	4.60	0.94	0.00	-0.76	2—7	4.96	0.96	-0.17	0.24
执行的	2—6.8	4.59	0.96	0.06	-0.47	1.6—7.0	5.00	0.91	-0.38	0.12
司法的	1.2—6.6	4.45	0.95	-0.01	0.15	1.4—7.0	4.31	1.04	0.08	-0.18
全局的	1.6—6.6	3.85	0.88	0.21	0.05	1.8—7.0	4.09	0.91	0.18	0.07
局部的	1.6—7.0	4.28	0.87	0.18	-0.06	1.6—6.8	4.28	0.99	-0.12	-0.18
自由的	2.2—7.0	4.50	1.00	0.11	-0.46	1.6—7.0	4.58	1.11	0.00	-0.42
保守的	2.0—7.0	4.32	0.94	0.22	-0.23	1.6—7.0	4.18	0.95	0.00	-0.37
等级的	2.0—7.0	4.59	0.92	0.07	-0.36	1.0—7.0	4.14	1.13	-0.30	-0.17
专制的	1.4—7.0	4.46	0.91	-0.12	-0.12	1.8—7.0	4.40	0.96	-1.00	-0.05
寡头政治的	2.0—7.0	4.45	0.93	-0.14	-0.35	1.8—6.6	4.62	0.91	-0.42	0.17
无政府主义的	2.0—6.8	4.36	0.90	0.21	-0.45	2.0—6.8	4.19	0.93	0.15	-0.05
内倾的	1.8—6.6	4.25	0.97	0.15	-0.30	1.2—6.8	4.03	1.07	0.07	-0.29
外倾的	2.2—7.0	4.84	0.94	-0.03		1.6—7.0	5.02	1.05	-0.26	-0.35
学习观 理解	14—48	36.36	5.65	-0.42	0.33	12—48	36.92	5.58	-0.74	1.75

第四章 智力风格的重叠、价值和变化

续表

维度	听障					健听				
	范围	均值	标准差	偏度	峰度	范围	均值	标准差	偏度	峰度
个人改变	13—36	27.48	4.30	-0.28	-0.06	11—36	28.37	4.53	-0.55	0.44
社会能力	12—24	19.23	3.06	-0.46	-0.36	6—24	18.85	3.20	-0.60	0.72
连续	12—30	23.44	3.86	-0.32	-0.22	8—30	25.26	3.72	-0.95	1.20
获取信息	15—30	23.50	3.96	-0.30	-0.23	9—30	23.84	4.04	-0.53	0.18
责任	10—30	24.06	3.89	-0.62	0.22	9—30	22.58	3.85	-0.24	0.04
大学生活满意度										
S总体	3—15	9.92	1.76	-0.23	0.67	3—15	9.54	2.11	-0.18	0.87
S学术	30—64	46.81	6.43	-0.02	-1.00	14—70	47.61	7.74	-0.38	1.61
S社交	14—48	32.37	5.93	-0.19	0.25	10—50	32.18	5.89	-0.16	0.81
S设施和服务	18—90	60.63	11.31	-0.59	1.13	18—90	58.07	10.49	-0.13	0.69
大学效能感										
课程	20—56	41.22	6.46	-0.18	0.06	19—56	42.25	6.89	-0.46	0.34
室友	7—28	20.97	3.62	-0.47	0.34	9—28	22.67	3.50	-0.73	0.66
社交	15—42	30.35	4.70	-0.16	-0.04	11—42	29.51	5.90	-0.33	-0.03
社交融合	8—28	20.69	3.52	-0.28	-0.12	4—28	19.84	3.67	-0.56	-0.53

备注：S总合指大学总体生活满意度，S学术指大学学术方面的满意度，S社交指大学社交方面的满意度，S设施和服务指大学设施和服务方面的满意度。

表4.10.b 第二次测试中一年级听障和健听大学生关键变量的描述性统计

维度	听障 范围	听障 均值	听障 标准差	听障 偏度	听障 峰度	健听 范围	健听 均值	健听 标准差	健听 偏度	健听 峰度
场依存/独立	5—112	95.79	22.82	-1.87	3.38	6—112	98.93	20.23	-2.75	8.27
能力	0—12	3.33	2.89	1.00	0.41	0—11	5.52	3.10	-1.00	-0.94
思维风格										
立法的	2.4—6.6	4.49	0.91	0.37	-0.28	2.0—7.0	4.85	0.92	-0.25	0.35
执行的	2.4—7.0	4.44	0.89	0.27	-0.33	2.6—6.6	4.84	0.85	-0.19	-0.44
司法的	2.4—6.2	4.24	0.86	0.07	-0.52	1.4—6.2	4.44	0.96	-0.48	-0.10
全局的	1.4—5.8	3.89	0.78	-0.08	0.01	2.2—6.0	4.19	0.90	-0.01	-0.80
局部的	2.8—6.6	4.28	0.81	0.50	0.00	2.0—6.4	4.37	0.82	-0.07	-0.25
自由的	2.3—6.6	4.45	0.91	0.07	-0.01	1.4—7.0	4.50	1.03	0.00	-0.31
保守的	1.2—6.6	4.42	0.89	-0.52	0.44	2.2—6.4	4.31	0.89	-0.25	-0.55
等级的	2.4—6.8	4.63	0.83	0.09	-0.13	2.0—6.6	4.73	0.87	-0.26	-0.32
专制的	2.2—6.4	4.38	0.85	0.07	-0.13	1.6—6.6	4.53	0.89	-0.13	-0.08
寡头政治的	1.2—6.6	4.50	0.95	-0.21	0.51	1.2—6.6	4.55	0.90	-0.52	0.49
无政府主义的	1.6—7.0	4.24	1.02	0.21	-0.23	2.0—6.6	4.15	1.04	-0.12	-0.17
内倾的	1.4—6.2	4.04	0.88	0.00	0.07	2.0—6.6	4.18	0.99	-0.15	-0.27
外倾的	3.0—6.8	4.68	0.89	0.31	-0.45	2.0—6.6	4.81	0.94	-0.38	-0.18
学习观										
理解	10—48	34.11	6.00	-0.78	2.19	20—48	35.85	5.31	-0.39	0.06

第四章 智力风格的重叠、价值和变化

续表

维度	听障					健听				
	范围	均值	标准差	偏度	峰度	范围	均值	标准差	偏度	峰度
个人改变	11—36	26.65	4.20	-0.59	1.22	14—36	28.26	4.33	-0.55	0.27
社会能力	4—24	18.72	3.26	-1.04	2.69	11—24	18.82	3.26	-0.34	-0.16
连续	5—30	22.63	4.22	-0.92	1.79	14—30	24.94	3.57	-0.62	-0.03
获取信息	5—30	22.76	3.83	-0.72	2.48	11—30	23.78	3.97	-0.40	-0.08
责任	5—30	22.89	4.51	-1.17	2.93	12—30	22.19	3.99	-0.11	-0.68
大学生活满意度										
S总体	3—15	9.82	1.97	-0.46	1.32	3—15	9.78	2.15	0.06	0.13
S学术	14—70	46.74	8.34	-0.48	-1.51	30—70	49.08	7.23	0.49	1.17
S社交	11—50	31.58	6.89	-0.17	0.64	20—49	32.30	5.77	0.46	-0.29
S设施和服务	23—88	59.88	10.96	-0.42	1.14	24—90	59.54	10.90	0.28	0.37
大学效能感										
课程	16—49	35.42	6.02	-0.59	0.51	16—49	36.18	5.87	-0.67	1.07
室友	10—27	20.34	3.67	-0.56	0.08	9—28	22.45	3.63	-0.97	1.36
社交	14—42	30.08	4.72	-0.13	0.47	13—42	29.82	5.22	-0.59	0.61
社交融合	4—28	20.12	3.57	-0.95	3.08	8—28	19.18	4.10	-0.18	-0.36

备注：S总体指大学总体生活满意度，S学术指大学学术方面的满意度，S社交指大学社交方面的满意度，S设施和服务指大学设施和服务方面的满意度。

表4.10.c 第一次测试二年级听障和健听大学生关键变量的描述性统计

维度	听障 范围	听障 均值	听障 标准差	听障 偏度	听障 峰度	健听 范围	健听 均值	健听 标准差	健听 偏度	健听 峰度
场依存/独立	7—112	95.80	24.71	-2.11	4.10	6—112	98.72	20.69	-2.67	8.13
能力	0—12	3.79	3.27	1.05	0.11	0—15	6.24	3.08	0.08	-0.42
思维风格										
立法的	2.8—6.6	4.73	0.78	0.00	0.06	2.4—7.0	4.83	0.88	-0.11	0.06
执行的	2.6—6.4	4.67	0.84	-0.13	-0.10	1.0—6.8	4.75	0.98	-0.45	-0.65
司法的	3.0—6.4	4.43	0.75	0.37	-0.27	1.6—7.0	4.33	0.96	-0.17	-0.12
全局的	2.4—6.6	3.96	0.82	0.66	0.53	1.0—6.6	4.01	0.90	-0.10	0.47
局部的	2.4—6.8	4.57	0.83	0.21	-0.22	1.9—7.0	4.26	0.77	-0.14	1.30
自由的	2.4—7.0	4.61	0.98	0.23	-0.50	2.0—7.0	4.42	0.95	-0.09	0.36
保守的	2.6—6.8	4.60	0.84	0.26	-0.02	1.0—6.6	4.15	0.96	-0.04	0.33
等级的	3.2—7.0	4.80	0.82	0.20	-0.21	1.8—7.0	4.67	1.05	-0.30	0.32
专制的	2.8—6.6	4.50	0.80	0.28	-0.41	1.6—6.8	4.34	0.95	-0.20	0.27
寡头政治的	2.4—6.8	4.50	0.81	0.18	-0.23	1.9—6.8	4.51	0.91	-0.28	0.03
无政府主义的	2.2—6.8	4.48	0.97	0.05	-0.47	1.4—6.2	4.14	1.03	-0.25	-0.28
内倾的	2.0—7.0	4.19	0.95	0.47	0.35	1.7—7.0	4.10	0.97	0.29	0.19
外倾的	3.0—6.6	4.81	0.80	0.22	-0.38	1.8—7.0	4.98	1.08	-0.41	-0.08
学习观										
理解	24—48	35.65	5.04	0.20	-0.34	8—48	36.32	5.73	-1.25	3.91

第四章 智力风格的重叠、价值和变化

续表

维度	听障					健听				
	范围	均值	标准差	偏度	峰度	范围	均值	标准差	偏度	峰度
个人改变	19—36	27.59	4.04	0.16	-0.74	6—36	28.74	4.59	-1.25	3.66
社会能力	12—24	18.76	2.92	-0.19	-0.71	4—24	19.09	2.80	-1.38	5.42
连续	16—30	22.81	3.60	0.16	-0.78	5—30	25.83	3.57	-1.92	7.74
获取信息	14—30	23.18	3.47	0.00	-0.39	5—30	24.25	4.20	-0.94	2.24
责任	14—30	23.44	3.30	-0.11	-0.14	5—30	22.54	4.40	-0.61	1.06
大学生活满意度										
S总体	8—21	15.79	2.42	-0.65	0.83	8—21	15.22	2.99	-0.49	-0.34
S学术	31—58	45.29	5.81	-0.09	-0.55	14—65	46.71	8.07	-0.53	1.25
S社交	16—45	31.42	6.17	-0.04	0.20	10—47	31.51	5.70	-0.15	1.73
S设施和服务	37—83	58.42	9.08	0.17	0.09	18—90	61.21	9.13	-0.84	6.01
大学效能感										
课程	20—56	41.48	6.04	-0.60	0.96	23—56	39.28	6.65	-0.24	-0.47
室友	13—28	21.52	3.54	-0.21	0.59	15—28	23.36	3.06	-0.47	-0.24
社交	13—41	30.43	4.58	-0.44	1.01	14—42	29.22	5.53	-0.35	0.10
社交融合	9—28	20.87	3.53	-0.55	0.58	6—28	19.70	3.52	-0.45	0.70

备注：S总体指大学总体生活满意度，S学术指大学学术方面的满意度，S社交指大学社交方面的满意度，S设施和服务指大学设施和服务方面的满意度。

同样，对健听大学生来说，预测和主测的因子分析结果基本上支持理论分类，并与以前的研究一致（如，Zhang，2002 a，2002 b，2004）。考虑到现有大量实证研究证明了健听人群思维风格量表的效度（Fan & Zhang，2009），在这里没有给出 TSI - R2 在健听大学生中的效度的详细信息（有关 TSI - R2 因子结构的详细描述，请看 Fan & Zhang，2009）。

第二节　描述性统计

这一部分由三个部分组成。第一小节报告了六个研究变量的描述性统计数据，而第二小节则重点介绍了听障和健听大学生在智力风格上的差异。第三小节涉及六个研究变量的统计显著性差异，作为人口统计学变量的函数。

一　六个关键变量的均值

六个关键变量的描述性统计主要以变量范围、均值、标准差、偏度和峰度值表示。偏度低于 2.00 和峰度低于 7.00 可视为正态分布（Byrne，1998）。除场依存/独立风格（FDI）外，所有关键变量均接近正态分布（见表 4.10a、4.10b 和 4.10c）。场依存/独立风格的非正态分布可能反映了以下事实：选择的被试（来自艺术设计专业）倾向于场独立（Xu，Xu，Shi，& Ma，2006）。

二　听障与健听大学生智力风格之比较

在第一次测试，听障大学生的平均场依存/独立风格（FDI）分数显著高于健听大学生（见表 4.11），这表明健听大学生与听障大学生相比更加倾向于场独立，这支持假设 5.1，即听障大学生在 Ⅱ 类风格上得分更高，在 Ⅰ 类风格上得分低于健听大学生。同样，在第二次测试，尽管健听大学生场依存/独立风格分数没有显著高于听障大学生，也支持了假设 5.1。

第四章 智力风格的重叠、价值和变化

表4.11 第1次测试时听障和健听大学生场依存/独立风格的独立T检验

	听力障碍	均值	标准差	t	P	效应值
场依存/独立	是 否	87.34 96.90	256.77 23.13	-5.54	0.00**	0.05
场依存/独立1年级	是 否	95.85 98.97	24.71 20.19	-1.20	0.23	0.13
场依存/独立2年级	是 否	95.80 98.72	24.71 20.69	-1.05	0.30	0.12

备注：**p<0.01。场依存/独立1年级指一年级学生场依存/独立思维风格得分，场依存/独立2年级指二年级学生场依存/独立思维风格得分。

表4.12 第1次测试时听障和健听大学生思维风格的独立T检验

	听力障碍	均值	标准差	t	P	效应值
立法的	是	4.45	0.93	-2.57	0.01*	0.17
	否	4.61	0.91			
执行的	是	4.59	0.96	-6.21	0.00**	0.44
	否	5.00	0.91			
司法的	是	4.45	0.95	2.02	0.04*	0.14
	否	4.31	1.04			
全局的	是	3.85	0.79	-3.84	0.00**	0.28
	否	4.09	0.91			
保守的	是	4.32	0.94	2.08	0.04*	0.15
	否	4.18	0.95			
等级的	是	4.59	0.92	-2.09	0.04*	0.15
	否	4.74	1.13			
寡头政治的	是	4.45	0.93	-2.57	0.01*	0.18
	否	4.62	0.91			
无政府主义的	是	4.36	0.90	2.54	0.01*	0.19
	否	4.19	0.93			

续表

	听力障碍	均值	标准差	t	P	效应值
内倾的	是	4.25	0.97	3.02	0.00**	0.22
	否	4.03	1.07			
外倾的	是	4.84	0.94	-2.50	0.01*	0.18
	否	5.02	1.05			

备注：**$p<0.01$，*$p<0.05$。

表4.12显示，在三种I类风格（立法、全局和等级）、一种II类风格（执行）和两种III类风格（寡头和外倾型风格）上，听障大学生显著低于健听大学生，但在一种I类风格（司法）、一种II类风格（保守）和两种III类风格（无政府主义型和内部型）上明显较高。换句话说，与健听大学生相比，听障大学生II类风格得分更高，I类风格得分更低，这支持假设5.1。然而，也有例外，与假设相反，听障大学生在执行型（II类）和司法型风格（I类）上的得分明显低于健听大学生。关于以III类风格为中心的结果，与先前未指明的假设有关，听障大学生倾向于在无政府主义和内倾型风格上得分更高，在寡头政治型风格和外倾型风格上得分低于健听大学生。

第二次测试的结果证实了第一次的发现，并表明：（1）听障大学生在II类风格得分高于健听大学生，I类风格得分低于健听大学生；（2）听障大学生在执行型风格得分低于健听大学生；（3）听障大学生在无政府主义型风格上得分高于健听大学生（见表4.13和4.14）。

表4.13 第2次测试时一年级听障和健听大学生思维风格的独立T检验

	听力障碍	均值	标准差	t	P
立法的	是	4.49	0.91	-3.23	0.00**
	否	4.85	0.92		
执行的	是	4.44	0.89	-3.82	0.00**
	否	4.84	0.85		
全局的	是	3.89	0.78	-2.94	0.00**
	否	4.19	0.90		

备注：**$p<0.01$。

第四章 智力风格的重叠、价值和变化

表4.14 第2次测试时二年级听障和健听大学生思维风格的独立T检验

	听力障碍	均值	标准差	t	P
局部的	是	4.57	0.83	3.17	0.00**
	否	4.26	0.77		
保守的	是	4.60	0.84	4.02	0.00**
	否	4.15	0.96		
无政府主义的	是	4.48	0.97	2.81	0.00**
	否	4.14	1.03		

备注：** $p<0.01$。

三 人口统计学中关键变量的差异

多变量方差分析（MANOVA）研究了六个关键变量中的四个变量（思维风格、学习观、大学生活满意度和大学效能感）可能存在的差异。根据人口统计（例如，年龄和性别），进行了单因子分析，以检验其余两个研究变量（能力和场依存/独立风格）可能存在的差异。结果见表4.15a和4.15b。

表4.15.a 第一次测试时关键变量的人口统计学差异

自变量	因变量	df	df error	F	η2	p
听障						
性别	思维风格	13	352	2.73	0.09	0.00
年级	思维风格	13	350	1.86	0.06	0.03
听力损失程度	学习观	18	1071	1.89	0.03	0.01
大学	大学生活满意度	4	361	6.02	0.06	0.00
年级	大学生活满意度	4	359	4.32	0.05	0.00
性别	大学效能感	4	361	6.78	0.07	0.00
大学	能力	1	355	25.58	0.07	0.00

续表

自变量	因变量	df	df error	F	η2	p
听障							
听力损失程度	能力	1	355	3.89	0.03	0.01
健听							
大学	思维风格	13	449	3.94	0.10	0.00
大学	学习观	6	456	2.54	0.03	0.02
性别	学习观	6	456	2.99	0.04	0.01
大学	大学生活满意度	4	458	17.18	0.13	0.00
性别	大学生活满意度	4	458	3.22	0.03	0.01
性别	大学效能感	4	458	4.79	0.04	0.00
大学	场依存/独立	1	447	5.57	0.01	0.02
年级	场依存/独立	1	447	5.97	0.01	0.01

表4.15.b. 第2次测试时关键变量的人口统计学差异

自变量	因变量	df	df error	F	η2	P
听障 一年级学生							
性别	能力	1	117	4.21	0.04	0.03
学校类型	能力	1	117	4.90	0.04	0.03
二年级学生							
性别	思维风格	13	113	2.22	0.20	0.01
耳聋开始年龄	学习观	6	116	2.61	0.12	0.02
父母听力状况	学习观	6	106	2.83	0.14	0.01
性别	大学效能感	4	122	5.50	0.15	0.00
大学	能力	1	110	8.58	0.07	0.00

续表

自变量	因变量	df	df error	F	η2	P
交流方式	能力	2	110	3.22	0.06	0.04
父母听力状况	能力	1	110	5.89	0.05	0.02

健听
一年级

大学	思维风格	13	134	4.21	0.29	0.00
性别	思维风格	13	134	2.02	0.16	0.02
大学	学习观	6	141	6.14	0.21	0.00
大学	大学生活满意度	4	143	8.19	0.19	0.00
性别	大学效能感	4	143	2.74	0.07	0.03

二年级

大学	能力	1	135	14.21	0.10	0.00
性别	能力	1	135	6.45	0.05	0.01

第三节 六个关键变量之间的相互关系

通过零阶相关和独立 T 检验，探讨了场依存/独立风格与思维风格的关系。本书还采用了零阶相关的方法研究了个人因素（学习能力和学习观）、智力风格和大学结果变量（大学生活满意度和大学效能感）之间的关系。通过简单线性回归和分层回归，检验个人因素对智力风格的影响，以及智力风格对大学结果变量的影响。

一 场依存/独立风格（FDI）与思维风格的关系

采用整体场依存/独立量表作为一组变量，思维风格量表作为另一组变量进行零阶相关分析。通过 T 检验，研究了在场依存/独立得分较高的学生与得分较低的学生在思维风格上是否存在显著性差异。如上文所述，场依存/独立是一个连续体，场独立和场依存是两个极端；一些研究确定了一个中间点，称为场混合（FM）

(Liu & Reed, 1994)。为了排除与本书无关的场混合（FM），在场依存/独立风格量表得分前 1/3 和倒数 1/3 的学生被选为 T 检验的两个比较组。

第一次测试，零阶相关系数显示，思维风格与场依存/独立风格都显著相关（见表 4.16）。通过 T 检验，发现场依存/独立得分较高和较低的听障大学生在思维风格上存在着六种显著差异，在健听大学生中发现一种显著差异（见表 4.17 和 4.18）。结果表明，正如假设 1 所预测的，场独立风格与一种I类（全局型）风格呈显著正相关，而场依存风格与一种II类（专制型）风格呈显著正相关。

表 4.16　第一次测试时听障和健听大学生场依存/独立风格和思维风格之间的 Pearson 相关系数

思维风格	场依存/独立听障	效应值1	场依存/独立健听	效应值2
全局的	0.12*	0.12	−0.08	−
局部的	0.18**	0.18	−0.08	−
自由的	0.07	−	−0.12**	−0.12
专制的	0.07	−	−0.09*	−0.09
内倾的	0.11*	0.11	−0.08	−
无秩序的	0.12*	0.12	−0.11*	−0.11

备注：*p<0.05，**p<0.01。效应值1指听障大学生的效应值，效应值2指健听大学生的效应值。

表 4.17　第一次测试时场依存/独立风格得分高和低的听障大学生的思维风格的 T 检验的差异

思维风格	场依存/独立	均值	标准差	t	p	效应值
全局的	低	3.70	0.89	−1.99	0.05*	0.26
	高	3.92	0.82			
局部的	低	4.07	0.81	−3.12	0.00**	0.40
	高	4.41	0.89			

续表

思维风格	场依存/独立	均值	标准差	t	p	效应值
内倾的	低	4.07	0.89	-2.07	0.01**	0.35
	高	4.39	0.96			
专制的	低	4.33	0.82	-0.51	0.04*	0.26
	高	4.56	0.95			
寡头政治的	低	4.31	0.91	-2.07	0.02*	0.27
	高	4.58	0.92			
无政府主义的	低	4.17	0.89	-2.07	0.04*	0.26
	高	4.40	0.86			

备注：* $p<0.05$，** $p<0.01$。

表4.18 第一次测试时场依存/独立风格得分高和低的听障大学生的思维风格的T检验的差异

思维风格	场依存/独立	均值	标准差	t	p	效应值
司法的	低	4.47	1.09	2.49	0.01*	0.28
	高	4.19	0.93			

备注：* $p<0.05$。

然而，也有一些意想不到的发现。听障大学生场独立风格与两种Ⅱ类（局部型和专制型）风格呈显著正相关，但听障大学生场独立风格与两种Ⅰ类（自由和司法）风格呈显著负相关。场独立风格也与内倾型风格、寡头政治型风格和无政府主义型风格（假设未预测的Ⅲ类风格）呈正相关，但与健听大学生的无政府主义型风格呈负相关。

在第二次测试，尽管在T检验中没有发现场依存/独立风格分数较高和较低的二年级学生在思维风格上存在显著差异，但发现，一年级学生存在显著差异（见表4.21和4.22）。此外，零阶相关系数的结果表明，思维风格与场依存/独立风格显著相关（见表4.19和

4.20)。因此，正如在假设1中所预测的那样，在听障大学生中场独立和I类风格（等级型和立法型）呈显著正相关，而在健听大学生中，场依存风格和一种II类（保守型）风格呈显著正相关。唯一与假设不同的是，在健听大学生中，场独立风格与一种I类风格（全局型）显著负相关。关于III类风格（先前未提出关于它的假设），在健听大学生中，I类风格与寡头政治型和无政府主义型风格呈负相关。

综上所述，第一次和第二次的研究结果表明，在听障大学生中，场独立风格与I类思维风格呈显著正相关，而在健听大学生中场依存风格与II类思维风格呈显著正相关，这些发现为假设1提供了部分支持，即I类思维风格与场独立风格呈正相关，II类思维风格与场依存风格呈正相关。

表4.19　第二次测试一年级听障和健听大学生场依存/独立风格和思维风格之间的 Pearson 相关系数

思维风格	场依存/独立听障	效应值1	场依存/独立健听
全局的	−0.04	−	−0.17*
等级的	0.20*	0.20	−0.09
寡头政治的	−0.07	−	−0.21*
无政府主义的	0.04	−	−0.22**

备注：*p<0.05，**p<0.01。效应值1指听障大学生的效应值，效应值2指健听大学生的效应值。

表4.20　第二次测试二年级听障和健听大学生场依存/独立风格和思维风格之间的 Pearson 相关系数

思维风格	场依存/独立听障	效应值1	场依存/独立健听	效应值2
保守的	0.02	−	−0.29**	−0.29
无政府主义的	−0.12	−	−0.26**	−0.26

备注：*p<0.05，**p<0.01。效应值1指听障大学生的效应值，效应值2指健听大学生的效应值。

表4.21 第一次测试时场依存/独立风格得分较高和较低的一年级听障大学生的思维风格的T检验的差异

思维风格	场依存/独立	均值	标准差	T	p	效应值
立法的	低	4.31	0.90	-2.06	0.04*	0.45
	高	4.73	0.95			
等级的	低	4.41	0.82	-2.36	0.02*	0.50
	高	4.80	0.73			

备注：* p<0.05。

表4.22 第一次测试时场依存/独立风格得分较高和较低的一年级健听大学生的思维风格的T检验的差异

思维风格	场依存/独立	均值	标准差	T	p	效应值
全局的	低	4.32	0.85	2.03	0.05*	0.41
	高	3.94	0.99			
寡头政治的	低	4.76	0.82	2.61	0.01*	0.53
	高	4.28	0.99			
无政府主义的	低	4.29	1.08	2.20	0.03*	0.45
	高	3.82	1.03			

备注：* p<0.05。

二 能力与智力风格之间的关系

零阶相关系数表明，听障与健听大学生的思维风格与能力之间存在显著的相关关系（见表4.23.a、4.23.b和4.23.c）。在第一次测试，简单回归分析显示，能力显著正向预测听障大学生 $\{F(3, 362) = 6.91$，独特贡献为6%，$\beta = 0.23$，$p < 0.01\}$。此外，能力显著正向预测场独立风格 $\{F(3, 447) = 14.14$，独特贡献为6%，$\beta = 0.25$，$p < 0.01\}$，并显著地负面预测保守风格 $\{F(3, 447) = 5.65$，独特贡献为1%，$\beta = -0.12$，$P <$

0.05}。类似地,在第二次测试中,能力显著正向预测一年级学生的场独立风格{F(3,123)=5.14,独特贡献为8%,β=0.30,p<0.01},显著地正向预测了听障大学生内倾型风格{F(3,123)指5.14,独特贡献为3%,β=0.24,p<0.05}。此外,能力显著正向预测健听大学生的场独立型风格{F(3,144)=3.07,独特贡献率为5%,β=0.24,p<0.01}。对于二年级学生,能力显著正向预测听障大学生场独立风格{F(3,134)=4.32,独特贡献为10%,β=0.35,p<0.01},除了显著地正向预测场独立风格{F(3,134)=4.32,独特的贡献是8%,β=0.31,p<0.01},而显著负向预测保守型风格{F(3,134)=4.56,独特贡献为6%,β=-0.28,p<0.01}。

总之,能力在听障和健听大学生中显著正向预测场独立(Ⅰ类)风格,在健听大学生中显著负向预测保守型(Ⅱ类)风格。这些发现支持假设4.1.1,该假设认为,能力将显著预测智力风格。

三 学习观与智力风格之间的关系

在第一次和第二次测试中,如假设预测的那样,零阶相关系数表明,学习观与智力风格之间存在显著的正相关关系。详细结果见表4.23.a、4.23.b和4.23.c。

第一次测验中,对听障大学生,分层多元回归结果显示,学习观量表的六个概念中有五个(除学习是连续的)显著地预测了智力风格(除了一些可以被听力损失程度、性别、年级解释)。学习观的贡献在1%—33%之间,中位数为25%。最主要的预测因子是"学习是个人的变化"。表4.24a显示了特定的学习观对13类思维风格的独特贡献。如图所示,质性学习观显著正向预测了各类思维风格。例如,理解显著正向预测了两种Ⅰ类(司法和等级)风格,所有四种Ⅱ类风格和三种Ⅲ类风格(寡头政治型、外倾型和无政府主义型），同时对场独立风格有显著的负向预测作用。此外，量化学习观（获取信息）显著地正向预测了两种Ⅰ类风格（自由型和立法型）和一种Ⅱ类风格（局部型）。因此，正如所预测的那样，质性学习观显著正向地预测了听障大学生各类思维风格，而定量的学习观（获取信息）则是显著正向预测了一种Ⅱ类风格（局部型）。

在第一次测试中，学习观对健听大学生的智力风格的贡献为2%—22%不等（中位数为12%），"将学习作为一种责任"作为主要的预测因子。表4.24b显示了特定学习观对13类思维风格的独特贡献。结果显示，质性学习观显著正向预测了多种的思维风格。例如，责任显著正向预测了两种Ⅰ类（司法和等级型），三种Ⅱ类（执行，局部和专制型）和三种Ⅲ类（寡头，外倾和无政府主义型）风格。因此，对于健听大学生来说，质性学习观是显著正向预测了广泛的思维风格，部分支持假设4.1.2，该假设认为，质性学习观（理解、个人变化、持续、社会能力和责任）将显著正向预测各类的智力风格，量化学习观（获取信息）将显著正向预测Ⅱ类智力风格，而负向预测Ⅰ类智力风格。

在第二次测试中，如预期的那样，质性学习观显著正向预测了听障和健听大学生各类思维风格。学习观对思维风格的贡献率，在听障大学生（主要的预测因子是个人的变化）中为10%—38%，在健听大学生中为6%—38%（主要的预测因子是学习是理解）。第二次测试时，量化学习观（获取信息）显著负向地预测了一种Ⅰ类风格（立法型）。

表 4.23.a 第一次测试时听障和健听大学生学习观、能力和智力风格的关系

	听障							健听						
	理解	个人改变	社会能力	持续	获取信息	责任	能力	理解	个人改变	社会能力	持续	获取信息	责任	能力
立法的	0.34**	0.30**	0.29**	0.24**	0.26**	0.26**	—	0.26**	0.24**	0.24**	0.21**	0.28**	0.33**	
司法的	0.46**	0.47**	0.42**	0.40**	0.42**	0.41**	—	0.32**	0.31**	0.31**	0.26**	0.26**	0.31**	
全局的	0.29**	0.31**	0.22**	0.26**	0.30**	0.23**	0.13*	0.14**	0.15**	0.13**	0.15**	0.09	0.15**	
自由的	0.44**	0.49**	0.36**	0.42**	0.48**	0.34**	—	0.34**	0.39**	0.30**	0.29**	0.23**	0.29**	0.09*
等级的	0.53**	0.47**	0.41**	0.41**	0.42**	0.42**	—	0.43**	0.42**	0.34**	0.33**	0.32**	0.38**	
执行的	0.47**	0.50**	0.41**	0.35**	0.42**	0.37**	—	0.36**	0.34**	0.25**	0.30**	0.29**	0.32**	
保守的	0.37**	0.34**	0.27**	0.19**	0.30**	0.28**	—	0.13*	0.12*	0.17**	0.09*	0.15**	0.16**	−0.12*
局部的	0.53**	0.49**	0.38**	0.36**	0.46**	0.40**	—	0.26**	0.29**	0.29**	0.20**	0.28**	0.31**	0.10*
专制的	0.46**	0.43**	0.34**	0.36**	0.38**	0.35**	0.12*	0.30**	0.26**	0.23**	0.23**	0.2**	0.32**	
内倾的	0.28**	0.35**	0.27**	0.25**	0.28**	0.29**	—	0.11*	0.13**	0.12**	0.16**	0.12**	0.10*	
外倾的	0.48**	0.45**	0.46**	0.38**	0.40**	0.33**	—	0.35**	0.35**	0.29**	0.30**	0.24**	0.30**	
寡头政治的	0.34**	0.30**	0.29**	0.24**	0.26**	0.26**	0.23**	0.26**	0.24**	0.24**	0.21**	0.28**	0.33**	
场依存/独立	0.01	0.11*	0.07	0.08	0.04	0.02		−0.06	−0.05	−0.10*	−0.05	−0.03	−0.14**	0.24*

备注：* $p<0.05$，** $p<0.01$。"理解"指学习是理解的过程，"个人改变"指学习是个人改变的过程，"社会能力"指学习视为社会能力，"持续"将学习视为持续的过程，"获取信息"指学习是获取信息的过程，"责任"指学习是责任，"能力"将学习视为个人能力。

第四章 智力风格的重叠、价值和变化

表4.23.b 第二次测试时一年级听障和健听大学生学习观、能力和智力风格的关系

	听障							健听					
	理解	个人改变	社会能力	持续	获取信息	责任	能力	理解	个人改变	社会能力	持续	获取信息	责任	能力
立法的	0.26**	0.36**	0.21*	0.22*	0.16	0.05	—	0.45**	0.45**	0.28**	0.34**	0.35**	0.32**	—
司法的	0.37**	0.43**	0.21*	0.34**	0.27**	0.27**	—	0.50**	0.32**	0.31**	0.26**	0.41**	0.39**	—
全局的	0.47**	0.50**	0.28**	0.21*	0.38**	0.34**	—	0.25**	0.16*	0.17*	0.02	0.12	0.22**	—
自由的	0.51**	0.62**	0.34**	0.34**	0.43**	0.45**	—	0.44**	0.30**	0.32**	0.26**	0.37**	0.35**	—
等级的	0.46**	0.54**	0.39**	0.33**	0.40**	0.45**	—	0.64**	0.50**	0.33**	0.38**	0.47**	0.39**	—
执行的	0.46**	0.51**	0.38**	0.34**	0.42**	0.40**	—	0.51**	0.47**	0.36**	0.35**	0.41**	0.35**	—
保守的	0.51**	0.54**	0.41**	0.40**	0.44**	0.47**	—	0.38**	0.31**	0.25**	0.15	0.28**	0.32**	—
局部的	0.52**	0.59**	0.36**	0.39**	0.40**	0.40**	—	0.33**	0.24**	0.26**	0.12	0.31**	0.26**	—
专制的	0.43**	0.52**	0.34**	0.31**	0.33**	0.31**	—	0.42**	0.36**	0.30**	0.27**	0.32**	0.30**	—
内倾的	0.13	0.24**	0.15	0.16	0.11	0.05	0.21*	0.32**	0.23**	0.28**	0.20*	0.25**	0.35**	—
外倾的	0.40**	0.55**	0.47**	0.34**	0.39**	0.30**	—	0.54**	0.42**	0.32**	0.30**	0.22**	0.18*	—
寡头政治的	0.41**	0.40**	0.25**	0.18*	0.32**	0.35**	—	0.41**	0.33**	0.34**	0.20*	0.38**	0.32**	—
无秩序的	0.32**	0.46**	0.26**	0.21*	0.28**	0.23**	0.31**	0.24**	0.15	0.25**	0.02	0.22**	0.29**	—
场依存/独立	0.02	0.15	0.09	0.05	0.07	0.07	—	0.12	0.10	-0.01	0.16	0.00	-0.05	0.24*

备注：* p<0.05，** p<0.01。"理解"指学习是理解的过程，"个人改变"指学习是个人改变的过程，"社会能力"是学习是社会能力，"持续"指学习是获取信息的过程，"获取信息"是学习是获取信息，"责任"指学习是责任，"能力"将学习作为个人能力。

表 4.23.c 第二次测试时二年级听障和健听大学生的学习观、能力和智力风格之间的相互关系

	听障						健听					
	理解	个人改变	社会能力	持续	获取信息	责任	能力	理解	个人改变	社会能力	持续	获取信息	责任	能力
立法的	0.35**	0.34**	0.32*	0.13	0.06	0.31**	–	0.37**	0.36**	0.27**	0.23**	0.21*	0.22*	–
司法的	0.48**	0.43**	0.48**	0.32**	0.27**	0.27**	–	0.28**	0.22*	0.09	-0.01	0.16	0.21*	–
全局的	0.30**	0.37**	0.30**	0.19	0.25**	0.27**	–	0.32**	0.26**	0.22*	0.18*	0.10	0.19**	–
自由的	0.52**	0.54**	0.45**	0.27**	0.39**	0.39**	–	0.26**	0.24**	0.19*	0.00	0.12	0.10	–
等级的	0.57**	0.51**	0.43**	0.41**	0.36**	0.40**	–	0.35**	0.20**	0.22**	0.12	0.24**	0.31**	–
执行的	0.47**	0.51**	0.46**	0.39**	0.33**	0.33**	–	0.19**	0.16	0.12	0.07	0.17*	0.12	–
保守的	0.36**	0.32**	0.39**	0.21**	0.24**	0.40**	–	0.21**	0.11	0.13	0.17**	0.26**	0.26**	-0.30**
局部的	0.50**	0.49**	0.51**	0.43**	0.29**	0.30**	–	0.25**	0.14	0.15	0.10	0.19**	0.26**	–
专制的	0.37**	0.45**	0.47**	0.32**	0.35**	0.36**	–	0.18**	0.14	0.20**	0.19*	0.15	0.23**	–
内顾的	0.29**	0.36**	0.30**	0.19**	0.22**	0.34**	–	0.28**	0.31**	0.27**	0.15	0.18**	0.18**	–
外顾的	0.54**	0.54**	0.49**	0.35**	0.40**	0.36**	–	0.26**	0.11	0.10	0.14	0.18*	0.14	–
寡头政治的	0.31**	0.36**	0.38**	0.27**	0.22*	0.33**	–	0.26**	0.26**	0.35**	0.36**	0.28**	0.25**	–
无秩序的	0.46**	0.49**	0.46**	0.25**	0.39**	0.42**	–	0.14	0.07	0.13	0.02	0.12	0.05	-0.19*
场依存/独立	0.11	0.10	0.08	0.06	0.06	0.19*	0.34*	-0.15	-0.12	-0.12	-0.04	-0.11	-0.14	0.26**

备注：* p<0.05，** p<0.01。"理解"指学习是理解的过程，"个人改变"指学习是个人改变的过程，"获取信息"指学习是获取信息的过程，"社会能力"是学习是社会能力，"能力"将学习作为个人能力，"持续"指学习是责任。

第四章 智力风格的重叠、价值和变化

表4.24. a 控制性别、听力损失程度和年级这些变量，第一次测试中听障大学生学习观预测思维风格

思维风格	立法的	司法的	全局的	自由的	等级的	执行的	局部的	保守的	专制的	寡头政治的	内倾的	外倾的	无政府主义	场依存/独立
R^2 人口学	−0.01	−0.01	0.00	0.02	−0.01	0.00	0.00	0.00	0.00	0.01	0.01	0.00	0.00	0.01
R^2 学习观	0.22	0.28	0.12	0.32	0.32	0.28	0.33	0.16	0.25	0.14	0.14	0.28	0.25	0.02
β 学习观$_1$	0.29**$_{信息}$	0.16*$_{理解}$	0.18*$_{改变}$	0.29**$_{改变}$	0.30**$_{改变}$	0.27**$_{改变}$	0.28**$_{改变}$	0.23**$_{改变}$	0.26**$_{改变}$	0.18*$_{理解}$	0.27**$_{改变}$	0.24**$_{理解}$	0.15*$_{理解}$	−0.18*$_{理解}$
β 学习观$_2$	0.20*$_{信息}$	0.18*$_{改变}$	—	0.30**$_{信息}$	0.12*$_{责任}$	0.17*$_{理解}$	0.21*$_{改变}$	16*$_{改变}$	0.18*$_{改变}$	—	0.14*$_{责任}$	0.21*$_{能力}$	0.23*$_{改变}$	0.21*$_{改变}$
β 学习观$_3$	—	0.15*$_{责任}$	—	—	—	—	0.16*$_{信息}$	—	—	—	—	—	0.14*$_{责任}$	—
F	11.32**	18.01**	6.30**	21.80**	21.20**	16.90**	20.41**	8.84**	16.15**	8.46**	8.18**	18.20**	15.82**	2.15*
Df	(9, 352)	(9, 352)	(9, 352)	(9, 352)	(9, 352)	(9, 352)	(9, 352)	(9, 352)	(9, 352)	(8, 353)	(8, 353)	(8, 353)	(8, 353)	(9, 352)

备注. * $p < 0.05$, ** $p < 0.01$, 人口学指包括性别、听力损失程度、年级的人口学变量，"理解" 指学习是理解的过程，"改变" 指学习是个人改变的过程，"责任" 指学习是责任，"信息" 指学习是获取信息的过程，"能力" 是学习是社会能力。

· 135 ·

表 4.24.b　第一次测试时控制大学这一变量，健听大学生学习观预测思维风格

TS	立法的	司法的	自由的	等级的	执行的	局部的	保守的	专制的	寡头政治的	内倾的	外倾的	无政府主义的	场依存/独立
R^2 大学	0.00	0.00	0.01	0.01	0.01	0.00	0.02	0.00	0.00	0.00	0.01	0.01	0.01
R^2 总体	0.16	0.15	0.16	0.22	0.16	0.12	0.03	0.12	0.12	0.02	0.15	0.09	0.02
β 学习观$_1$	0.18**改变	0.14*理解	0.22**改变	0.21**理解	0.19**理解	0.15*责任	0.13*能力	0.22**责任	0.22**责任	0.12*持续	0.16*理解	0.18**改变	−0.18**责任
β 学习观$_2$	0.20**持续	0.14**责任	0.12*理解	0.17**责任	0.15*责任	—	—	—	—	—	0.12*责任	0.16**责任	0.13**信息
β 学习观$_3$	—	—	—	0.14*改变	—	—	—	—	—	—	—	—	—
F	15.69**	14.35**	14.23**	24.57**	16.17**	9.92**	5.40**	11.74**	11.88**	2.77**	15.35**	9.06**	3.03**
Df	(6, 456)	(6, 456)	(7, 455)	(6, 456)	(6, 456)	(7, 455)	(6, 456)	(6, 456)	(6, 456)	(6, 456)	(6, 456)	(7, 455)	(7, 455)

备注：　* $p<0.05$，** $p<0.01$。人口学指着性别，听力损失程度，年级的人口学变量，"理解"指学习是理解的过程，"持续"指学习是持续的过程，"改变"指学习是个人改变的过程，"责任"指学习责任，"信息"指学习是获取信息的过程，"能力"是学习社会能力。

第四章 智力风格的重叠、价值和变化

表4.25. a 第二次测试时一年级听障大学生学习观预测思维风格

思维风格	立法的	司法的	全局的	自由的	等级的	执行的	局部的	传统的	专制的	外倾的	无政府主义的
R^2 学习观	0.10	0.20	0.26	0.38	0.28	0.25	0.35	0.30	0.25	0.31	0.20
B学习观[1]	0.43**改变	0.41*改变	—	0.65**改变	0.43**改变	0.33*改变	0.50**改变	0.28*改变	0.48**改变	0.50**改变	0.61**改变
B学习观[2]	—	−0.23*能力	0.45**改变	—	—	—	—	—	—	—	—
F	4.72**	8.96**	11.98**	20.47**	13.12**	11.56**	18.21**	14.48**	11.60**	15.08**	8.99**
Df	(4, 124)	(4, 124)	(4, 124)	(4, 124)	(4, 124)	(4, 124)	(4, 124)	(4, 124)	(4, 124)	(4, 124)	(4, 124)

备注：* $p<0.05$，** $p<0.01$。"改变"指学习是个人改变的过程，"能力"是学习是社会能力。

· 137 ·

表4.25.b 第二次测试时控制大学和性别这两个变量，一年级听障大学生学习观预测思维风格

思维风格	立法的	司法的	全局的	自由的	等级的	执行的	保守的	专制的	外倾的	无政府主义的
R^2 大学+性别	0.01	0.00	0.01	0.03	0.03	0.03	-0.01	0.00	0.01	0.04
R^2 学习观	0.20	0.28	0.08	0.18	0.38	0.22	0.17	0.15	0.29	0.12
B 学习观$_1$	0.26* 改变	0.46** 理解	0.24* 责任	0.34* 理解	0.53** 理解	0.32* 理解	0.24* 理解	0.31* 理解	0.60** 理解	0.26* 责任
B 学习观$_2$	—	0.19* 责任	—	—	—	—	0.20* 责任	—	—	—
B 学习观$_3$	—	—	—	—	—	—	—	—	—	—
F	6.47**	9.13**	2.79*	5.79**	13.64**	7.22**	4.90**	4.72**	8.79**	5.06*
df	(7, 140)	(7, 140)	(8, 139)	(8, 139)	(8, 139)	(8, 139)	(7, 140)	(7, 140)	(8, 139)	(7, 140)

备注：* $p<0.05$，** $p<0.01$。"理解"指学习是理解的过程，"持续"指学习是持续的过程，"改变"指学习是个人改变的过程，"责任"指学习是责任，"信息"指学习是获取信息的过程，"能力"是学习是社会能力。

第四章 智力风格的重叠、价值和变化

表4.26.a 第二次测试时控制性别、耳聋开始年龄和父母听力状况这三个变量，二年级健听大学生学习观预测测思维风格

思维风格	立法的	司法的	全局的	自由的	等级的	局部的	保守的	专制的	寡头政治的	无政府主义的	内倾的	外倾的
R² 人口学	0.05	-0.01	-0.02	0.00	0.04	0.01	0.00	-0.01	-0.02	0.06	0.01	-0.01
R² 学习观	0.22	0.28	0.15	0.37	0.32	0.30	0.23	0.25	0.17	0.29	0.13	0.36
B 学习观₁	-0.41**信息	0.32*能力	0.46**改变	-0.26*持续	0.34**理解	0.25*理解	0.30*能力	0.32*能力	0.27*能力	0.24*能力	0.24*责任	0.27*理解
B 学习观₂	0.23*责任	0.33*理解	—	0.28*理解	—	0. —	0.32*责任	—	0.24*责任	0.32*改变	0.37*改变	0.37*改变
B 学习观₃	0.36*改变	—	—	0.42*改变	—	—	—	—	—	—	—	—
F	5.99**	6.53**	3.21*	9.81**	9.42**	7.83**	5.11**	5.69**	3.40**	8.99**	3.25**	9.15**
df	(9, 112)	(8, 113)	(8, 113)	(8, 113)	(8, 113)	(8, 113)	(9, 112)	(8, 113)	(9, 112)	(8, 113)	(9, 112)	(8, 113)

备注：* $p<0.05$，** $p<0.01$。人口学指性别 + 耳聋开始年龄 + 父母听力状况。"责任"指学习是责任，"信息"指学习是获取信息的过程，"改变"指学习是个人改变的过程，"能力"指学习是能力，"理解"指学习是理解的过程，"持续"指学习是持续的过程，"是学习社会能力。

表4.26.b　第二次测试时，二年级健听大学生学习观预测思维风格

思维风格	司法的	全局的	等级的	局部的
$R^2_{总体}$	0.12	0.11	0.13	0.06
$B_{学习观1}$	$-0.31^*_{持续}$	$-0.35^{**}_{持续}$	$0.35^{**}_{理解}$	$0.22^*_{责任}$
$B_{学习观2}$	—	—	$0.22^*_{责任}$	—
F	4.62**	4.41**	5.23**	2.78*
df	(5, 132)	(5, 132)	(5, 132)	(5, 132)

备注：* $p<0.05$，** $p<0.01$。"理解"指学习是理解的过程，"持续"指学习是持续的过程，"责任"指学习是责任。

综上所述，第一次和第二次的研究结果表明，质性学习观显著正向地预测了听障和健听大学生多种思维风格。这些研究结果为假设4.1.2提供了部分支持，即质性学习观（理解、个人变化、持续、社会能力和责任）显著正向预测多种智力风格，而量化学习观（获取信息）将显著正向预测Ⅱ类智力风格，负向预测Ⅰ类智力风格。然而，也有一些意外的发现。具体来说，在第一次测试，与假设相反，在听障大学生中，量化学习观（获取信息）显著正向预测Ⅰ类风格（自由型和立法型），而健听大学生中，质性学习观（理解）则显著负向预测场独立思维风格。对健听大学生而言，量化学习观（获取信息）对场独立（FI）风格有显著的正向预测作用，质性学习观（责任）对FI风格有显著的负向预测作用。在第二次测试，与假设相反的是，社会能力对一年级学生的一种Ⅰ类风格（司法）有显著的负向预测作用，而持续性对二年级学生的一种Ⅰ类风格（自由型）有显著的负向预测作用（见表4.25.a、4.25.b、4.26.a和4.26.b）。最后，对二年级健听大学生，连续性显著负向预测Ⅰ类风格（司法和全局型）。

四　智力风格与大学生活满意度的关系

在第一次测试和第二次测试中，零阶相关分析表明了在听障和健听大学生中，大学生活满意度和思维风格之间的显著关系，就像

所假设的那样。详细结果见表4.27.a、4.27.b和4.27.c。值得注意的是，第一次测试确定的关系数量大于第二次测试，而第二次测试的关系强度高于第一次测试。第一次测试和第二次测试之间的差异可能是由于被调查变量（思维风格或大学生活满意度）的变化或被试流失所致。

表4.27.a 第一次测试中听障与健听大学生之间的思维风格与大学生活满意度的零阶相关系数

思维风格	听障 $S_{总体}$	$S_{学术}$	$S_{社交}$	$S_{设施和服务}$	健听 $S_{总体}$	$S_{学术}$	$S_{社交}$	$S_{设施和服务}$
立法的	0.17**	0.25**	0.16**	0.20**	0.04	0.11*	0.07	-0.02
司法的	0.13*	0.19**	0.10	0.14*	0.15**	0.18**	0.11*	0.07
自由的	0.08	0.18**	0.13*	0.14*	0.12*	0.16**	0.13**	0.02
等级的	0.16**	0.27**	0.18**	0.24**	0.10*	0.14**	0.10*	0.10*
全局的	0.14**	0.26**	0.12*	0.14*	0.06	0.09	0.05	0.05
保守的	0.14**	0.24**	0.17**	0.21**	0.14**	0.11*	0.13**	0.16**
专制的	0.14*	0.27**	0.18**	0.21**	0.13*	0.11*	0.12*	0.06
局部的	0.14**	0.26**	0.18**	0.21**	0.19**	0.14**	0.14**	0.07
执行的	0.15**	0.25**	0.18**	0.23**	0.09	0.10*	0.08	0.02
内倾的	0.18**	0.28**	0.23**	0.21**	0.03	-0.01	0.04	0.05
外倾的	0.07	0.16**	0.08	0.14*	0.13*	0.16**	0.11*	0.06
寡头政治的	0.16**	0.19**	0.14*	0.11*	0.07	0.08	0.07	0.05
无政府主义的	0.16**	0.25**	0.17**	0.21**	0.18**	0.13**	0.11*	0.09*

备注：* p<0.05，** p<0.01。

表4.27.b 第二次测试中一年级听障与健听大学生的思维风格与大学生活满意度的零阶相关系数

思维风格	听障 $S_{总体}$	$S_{学术}$	$S_{社交}$	$S_{设施和服务}$	健听 $S_{总体}$	$S_{学术}$	$S_{社交}$	$S_{设施和服务}$
立法的	0.17	0.29**	0.10	0.20*	0.17*	0.16	0.08	0.12
司法的	0.13	0.27**	0.10	0.21*	0.29**	0.29**	0.26**	0.28**

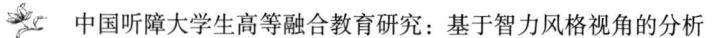

续表

思维风格	听障 $S_{总体}$	听障 $S_{学术}$	听障 $S_{社交}$	听障 $S_{设施和服务}$	健听 $S_{总体}$	健听 $S_{学术}$	健听 $S_{社交}$	健听 $S_{设施和服务}$
自由的	0.22*	0.27**	0.12	0.20*	0.17*	0.16	0.18*	0.12
等级的	0.23*	0.26**	0.05	0.15	0.26**	0.22*	0.25**	0.19*
全局的	0.21*	0.37**	0.17	0.23*	0.15	0.20*	0.25**	0.21*
保守的	0.21*	0.35**	0.20*	0.28**	0.16	0.27**	0.25**	0.27**
专制的	0.24*	0.35**	0.10	0.14	0.21*	0.23*	0.18*	0.18*
局部的	0.19*	0.28**	0.13	0.20*	0.27**	0.23**	0.24**	0.28**
执行的	0.20*	0.33**	0.06	0.14	0.22*	0.26**	0.20*	0.19*
内倾的	0.03	0.07	0.07	0.10	0.08	0.21*	0.13	0.20*
外倾的	0.35**	0.35**	0.22*	0.26**	0.23*	0.09	0.08	0.10
寡头政治的	0.21*	0.26**	0.10	0.17*	0.18*	0.20*	0.19*	0.26**
无政府主义的	0.28**	0.31**	0.12	0.19*	0.22*	0.15	0.24**	0.27**

备注：* $p<0.05$，** $p<0.01$。

表4.27.c 第二次测试时二年级听障与健听大学生的思维风格与大学生活满意度的零阶相关系数

思维风格	听障 $S_{总体}$	听障 $S_{学术}$	听障 $S_{社交}$	听障 $S_{设施和服务}$	健听 $S_{总体}$	健听 $S_{学术}$	健听 $S_{社交}$	健听 $S_{设施和服务}$
立法的	0.24*	0.18*	0.09	0.21*	0.23*	0.21*	0.10	0.16
司法的	0.28**	0.24*	0.00	0.11	0.39**	0.20*	0.07	0.06
自由的	0.33**	0.23*	0.08	0.16	0.35**	0.08	−0.06	−0.13
分层的	0.41**	0.25*	0.08	0.14	0.38**	0.22*	0.16	0.14
全局的	0.31**	0.32**	0.19*	0.18*	0.02	0.16	0.13	0.09
保守的	0.31**	0.27**	0.20*	0.29**	0.11	0.19*	0.17*	0.18*
专制的	0.33**	0.30**	0.06	0.17	0.14	0.14	0.07	0.08
局部的	0.28**	0.16	0.05	0.08	0.21*	0.30**	0.12	0.11
执行的	0.38**	0.23*	0.07	0.22*	0.24*	0.10	−0.02	0.01
内倾的	0.18*	0.12	0.08	0.13	0.07	0.07	0.05	0.08

续表

思维风格	听障				健听			
	$S_{总体}$	$S_{学术}$	$S_{社交}$	$S_{设施和服务}$	$S_{总体}$	$S_{学术}$	$S_{社交}$	$S_{设施和服务}$
外倾的	0.36**	0.33**	0.12	0.21*	0.33**	0.23**	0.07	0.01
寡头政治的	0.35**	0.31**	0.12	0.22*	0.19*	0.21**	0.07	0.13
无政府主义的	0.35**	0.26**	0.17	0.24*	0.11	0.03	0.10	−0.02

备注：* p<0.05，** p<0.01。

分层多元回归的结果表明，在第一次测试中，除了大学、性别、年级所致的差异外，听障大学生思维风格显著地预测了大学生活满意度。特定思维风格对满意度量表的独特贡献如下。

对听障大学生来说，第一，一种Ⅱ类（专制型）风格和一种Ⅰ类（自由型）风格在大学学术方面的满意度的观测变异为9%，大学生活的学术满意度正向预测了专制型风格（β=0.16，p<0.05），负向预测了自由型风格（β=−0.16，p<0.05）。第二，内倾型风格显著正向预测大学社交生活的满意度（独特贡献为3%，β=0.15，p<0.05）。

对于健听大学生来说，第一，一种Ⅱ类风格（保守型）和内倾型风格占大学学术方面满意度的观测变异的4%，大学生活的学术满意度正向预测保守型风格（β=0.15，p<0.05），负向预测了内倾型风格（β=−0.17，p<0.05）。第二，一种Ⅱ类（保守型）风格对大学生活总体满意度（独特贡献为4%，β=0.13，p<0.05）和对大学设施和服务的满意度均有显著正向预测作用独特的贡献为1%，β=0.14，p<0.05）；因此，如假设的那样，在第一次测试时，具有Ⅱ类风格的听障和健听大学生大学生活满意度更高。

同样地，在第二次测试中，特定的思维风格对大学生活满意度（QUOL）量表也做出了独特的贡献。对于一年级听障大学生来说，第一，Ⅱ类风格（局部型）和两个Ⅲ类风格（内倾型和外倾型）在大学生活总体满意度的观测变异为14%，大学生活的总体满意度显著负向预测一种Ⅱ类（局部型）风格和内倾型风格，显著正向预测外倾型风格。其次，一种Ⅰ类（全局型）和两种Ⅲ类（内倾和外倾型）占大学学术满意度观测方差的20%，大学学术满意度显著正向预测一种Ⅰ类（全局型）风格（β=0.24，P<0.05）和外倾型风格（β=0.37，P<0.05），而显著负向预测内倾型风格（β=0.30，p<0.05）。对于二年级听障大学生来说，一种Ⅰ类（等级型）风格显著正向预测大学生活的总体满意度（独特贡献为18%，β=0.30，p<0.05），一种Ⅰ类风格（全局型）对大学社交生活的满意度有显著的正向预测（其独特贡献为2%，β=0.27，p<0.05）。

对一年级健听大学生来说，一种Ⅰ类（等级型）风格对大学生活的社交方面的满意度有显著的正向预测（其独特贡献为9%，β=0.33，p<0.05）。对二年级健听大学生来说，第一，Ⅰ类风格（司法、自由和等级）占大学生活总体满意度观测变异的21%，大学生活总体满意度显著正向预测了这三类风格（$β_{司法}$=0.23，P<0.05；$β_{自由}$=0.20，P<0.05；$β_{等级}$=0.18，P<0.05）。第二，Ⅱ类风格（局部型和执行型）占大学生活的学术方面满意度的观测变异的11%，大学生活的学术方面满意度显著正向预测局部型（Ⅱ类）风格（β=0.31，p<0.05），显著负向预测执行型风格（Ⅱ类）（β=-0.25，p<0.05）。第三，一种Ⅰ类风格（等级型）和一种Ⅱ类风格（执行型）在观察到的对大学生活的社交方面的满意度差异中占7%，大学生活社交方面的满意度对等级型风格（Ⅰ类）有显著正向预测作用（β=0.27，p<0.05），对执行型风格（Ⅱ类）有显著负向预测作用（β=-0.27，p<0.05）。第四，Ⅰ类风格（立法、等级和自由）占对大学设施和服务满意度观测方差的9%，大学设施和服务满意度对Ⅰ类风格有显著的正向预测（立法型：β=0.23，P<0.05；等级：β=0.22，P<0.05），对Ⅰ类自由型风格有显著负向预测作用（P<0.32，P<0.05）。

因此，正如预测的那样，在第二次测试时，具有Ⅰ类风格的听障和健听大学生的大学生活满意度更高。然而，也有意外的发现，对于一年级听障大学生来说，Ⅱ类（局部型）风格对大学生活总体满意度有显著负向预测作用，而Ⅰ类（全局型）风格对大学生活的学术方面的满意度有显著正向预测作用。对于一年级健听大学生来说，Ⅰ类等级型风格对大学生活的社交方面的满意度有显著正向预测，Ⅱ类局部型风格对大学生活的学术方面的满意度有显著正向预测，而另一种Ⅰ类风格（自由型）对大学设施和服务的满意度有显著负向预测作用。

总之，如假设2.2所述，对于听障和健听大学生而言，有Ⅱ类风格的学生在第一学年的大学生活满意度更高，而有Ⅰ类风格的学生在第一学年的大学生活满意度更高。Ⅱ类风格的学生在第二学年对大学生活更满意。以Ⅲ类风格为中心的结果如下（先前未提出关于它的假设）。对听障大学生而言，在第一次测试时，内倾型风格对大学生活社交方面的满意度有正向预测作用，而对大学整体满意度和大学学术方面的满意度有负向预测作用。第二次测试时，外倾型风格正向预测大学生活总体满意度和学业满意度。在健听大学生中，第一次测试时，内倾型风格对大学生活的学术方面的满意度有负向预测作用。值得注意的是，上述发现没有涉及场依存/独立。

五　智力风格与大学效能感的关系

在第一次测试和第二次测试时，作为假设，零阶相关系数显示，思维风格与大学效能感之间存在显著的关系。详细结果请看表4.28.a、4.28.b和4.28.c。

表4.28.a　第一次测试时听障与健听大学生的思维风格与大学效能感的零阶相关系数

思维风格	听障				健听			
	课程	室友	社交	社交融合	课程	室友	社交	社交融合
立法的	0.45**	0.27**	0.43**	0.32**	0.23**	0.21**	0.26**	0.15**
司法的	0.44**	0.32**	0.41**	0.30**	0.27**	0.21**	0.28**	0.19**

续表

思维风格	听障 课程	听障 室友	听障 社交	听障 社交融合	健听 课程	健听 室友	健听 社交	健听 社交融合
自由的	0.42**	0.35**	0.41**	0.31**	0.28**	0.24**	0.38**	0.25**
等级的	0.50**	0.34**	0.39**	0.36**	0.37**	0.24**	0.37**	0.28**
全局的	0.33**	0.26**	0.28**	0.31**	0.07	0.04	0.10	0.08
保守的	0.38**	0.21**	0.40**	0.30**	0.13**	0.06	0.06	0.07
专制的	0.43**	0.27**	0.35**	0.31**	0.22**	0.08	0.22**	0.17**
局部的	0.45**	0.33**	0.42**	0.33**	0.33**	0.21**	0.32**	0.24**
执行的	0.47**	0.30**	0.46**	0.29**	0.23**	0.22**	0.21**	0.13*
内倾的	0.42**	0.24**	0.36**	0.30**	0.14**	0.03	0.15**	0.10*
外倾的	0.41**	0.39**	0.40**	0.37**	0.26**	0.33**	0.36**	0.30**
寡头政治的	0.30**	0.27**	0.31**	0.35**	0.17**	0.13*	0.19**	0.18**
无政府主义的	0.44**	0.32**	0.46**	0.34**	0.18**	0.14**	0.22**	0.15**

备注：* $p<0.05$，** $p<0.01$。课程指课程效能感，室友指室友效能感，社交指社交效能感，社交融合指社交融合效能感。

表 4.28.b 第二次测试时一年级听障和健听大学生的思维风格与大学效能感的零阶相关系数

思维风格	听障 课程	听障 室友	听障 社交	听障 社交融合	健听 课程	健听 室友	健听 社交	健听 社交融合
立法的	0.30**	0.33**	0.23*	0.09	0.39**	0.39**	0.43**	0.21*
司法的	0.30**	0.30**	0.26**	0.19*	0.36**	0.29**	0.34**	0.28**
自由的	0.33**	0.31**	0.28**	0.23*	0.38**	0.23*	0.34**	0.31**
等级的	0.33**	0.24*	0.32**	0.22*	0.49**	0.38**	0.44**	0.38**
全局的	0.36**	0.22**	0.32**	0.24*	0.18*	0.08	0.25**	0.25**
保守的	0.50**	0.26**	0.43**	0.40**	0.35**	0.31**	0.34**	0.20*
专制的	0.29**	0.23*	0.26**	0.12	0.31**	0.33**	0.27**	0.25**
局部的	0.38**	0.32**	0.39**	0.31**	0.30**	0.31**	0.31**	0.25**

第四章 智力风格的重叠、价值和变化

续表

思维风格	听障				健听			
	课程	室友	社交	社交融合	课程	室友	社交	社交融合
执行的	0.41**	0.29**	0.37**	0.27**	0.39**	0.42**	0.34**	0.15
内倾的	0.19*	0.23*	0.05	0.10	0.29**	0.18*	0.27**	0.19*
外倾的	0.30**	0.37**	0.40**	0.21*	0.29**	0.37**	0.30**	0.17*
寡头政治的	0.34**	0.18*	0.31**	0.34**	0.27**	0.29**	0.32**	0.17*
无政府主义的	0.18*	0.26**	0.20**	0.06	0.28**	0.19*	0.28**	0.25**

备注：* $p<0.05$，** $p<0.01$。课程指课程效能感，室友指室友效能感，社交指社交效能感，社交融合指社交融合效能感。

表4.28.c 第二次测试时二年级听障和健听大学生的思维风格与大学效能感的零阶相关系数

思维风格	听障				健听			
	课程	室友	社交	社交融合	课程	室友	社交	社交融合
立法的	0.39**	0.23*	0.39**	0.34**	0.25**	0.17*	0.25**	0.18*
司法的	0.38**	0.35**	0.39**	0.33**	0.38**	0.29**	0.35**	0.36**
自由的	0.33**	0.30**	0.38**	0.22*	0.32**	0.17*	0.34**	0.22*
等级的	0.43**	0.43**	0.51**	0.32**	0.41**	0.30**	0.38**	0.36**
全局的	0.39**	0.29**	0.41**	0.37**	-0.02	-0.11	0.00	-0.04
保守的	0.47**	0.25*	0.42**	0.47**	0.06	-0.02	0.07	0.05
专制的	0.42**	0.36**	0.43**	0.33**	0.19*	0.04	0.14	0.19*
局部的	0.34**	0.36**	0.36**	0.26*	0.28**	0.18*	0.21*	0.29**
执行的	0.45**	0.40**	0.44**	0.38**	0.25**	0.22*	0.23**	0.22*
内倾的	0.28**	0.18*	0.28**	0.20*	0.14	-0.09	0.15	0.13
外倾的	0.40**	0.43**	0.41**	0.33**	0.32**	0.35**	0.26**	0.29**
寡头政治的	0.49**	0.34**	0.43**	0.46**	0.12	0.16	0.10	0.11
无政府主义的	0.42**	0.28**	0.42**	0.33**	0.10	-0.05	0.11	0.09

备注：* $p<0.05$，** $p<0.01$。

第一次测试时，分层多元回归分析的结果表明，除了大学年级和性别导致的差异外，听障大学生的思维风格对大学效能感有显著正向预测作用。表 4.29a 呈现了特定的思维风格对大学效能感量表的独特贡献。结果表明，Ⅰ类风格显著正向预测了大学效能感。例如，Ⅰ类风格（等级和立法风格）和内倾型风格占课程效能感的观测变异的 29%；这三种风格也显著正向预测了课程效能感。此外，一种Ⅱ类风格（保守型）和外倾型风格占室友效能感的观测变异的 17%，室友效能感对外倾型风格有显著正向预测作用，对保守型风格有显著负向预测作用。因此，对听障大学生来说，正如假设 2.1 中所预测的那样，Ⅰ类智力风格与大学效能感呈正相关，而Ⅱ类智力风格与大学效能感呈负相关。Ⅰ类（等级和立法）风格显著正向预测课程效能感，而Ⅱ类保守风格显著负向预测室友效能感。

表 4.29.a 第一次测试中控制性别和年级，从听障大学生的思维风格预测其大学效能感

大学效能感	课程	室友	社交	社交融合
$R^2_{总体}$	0.29	0.17	0.27	0.18
$R^2_{年级+性别}$	0.00	0.00	0.01	0.01
$R^2_{思维风格}$	0.29	0.17	0.26	0.17
$B_{风格1}$	$0.20^*_{等级}$	$0.21^*_{外倾}$	$0.15^*_{立法}$	$0.19^*_{外倾}$
$B_{风格2}$	$0.15^*_{立法}$	$-0.16^*_{保守}$	$-0.17^*_{全局}$	—
$B_{风格3}$	$0.14^*_{内倾}$		$0.19^*_{无政府主义}$	—
F	11.05**	6.09**	10.00**	6.26**
df	(15, 348)	(15, 348)	(15, 348)	(15, 348)

备注：* $p<0.05$，** $p<0.01$。

同样，对于健听大学生来说，在对性别和大学进行控制后，

第四章 智力风格的重叠、价值和变化

特定思维风格对大学效能感量表的独特贡献如表4.29.b所示。结果显示，Ⅰ类风格显著正向预测了大学效能感。例如，Ⅰ类风格（自由和等级）和外倾型风格占社交效能感的观测变异的21%，社交效能感对这三种风格均有显著正向预测作用。因此，对于健听大学生来说，如假设2.1中所预测的，Ⅰ类风格（等级、立法和自由）显著正向预测大学效能感。然而，与假设相反，听障大学生的全局型风格（Ⅰ类）对其社交效能感有显著负向预测作用，而健听大学生局部型风格（Ⅱ类）对其课程效能感有显著正向预测作用。

至于Ⅲ类风格，先前未明确提出关于它的假设，内倾型风格对课程效能感有显著的正向预测作用，外倾型风格显著正向预测室友效能感和社交融合效能感，无政府主义型风格显著正向预测了社交效能感。对听障大学生而言，外倾风格显著正向预测了大学效能感的三个维度，这些维度可以看作是社会相关行为的效能感。

表4.29.b 第一次测试时控制学校和性别，从健听大学生思维风格预测大学效能感

大学效能感	课程	室友	社交	社交融合
$R^2_{总体}$	0.18	0.15	0.22	0.13
$R^2_{大学+性别}$	0.02	0.02	0.01	0.01
$R^2_{思维风格}$	0.16	0.13	0.21	0.12
$B^{风格1}$	$0.20^{**}_{等级}$	$0.13^{*}_{立法}$	$0.23^{**}_{外倾}$	$0.22^{**}_{外倾}$
$B^{风格2}$	$0.15^{*}_{局部}$	$0.24^{**}_{外倾}$	$0.18^{**}_{自由}$	$0.17^{*}_{等级}$
$B^{风格3}$	—	—	$0.18^{**}_{等级}$	—
F	7.80**	6.22**	9.77**	5.43**
df	(15, 447)	(15, 447)	(15, 447)	(15, 447)

备注：* $p<0.05$，** $p<0.01$。

在第二次测试时，Ⅰ类（等级）显著正向地预测了社交效能

感，而Ⅱ类（局部）则显著负向预测了社交融合效能感。此外，在二年级学生中，寡头政治型风格对课程效能感和社交融合效能感都有显著的正向预测作用。对一年级听障大学生来说，外倾型风格显著正向预测了社交效能感，而内倾型风格和无政府主义型风格对社交效能感和课程效能感具有显著负向预测作用。正如假设预测的，Ⅰ类风格对健听大学生大学效能感有显著正向预测作用，而Ⅱ类风格（执行型）对社交融合效能感有显著负向预测作用。此外，外倾型风格对二年级健听大学生室友效能感和社交融合效能感有显著的正向预测作用。

然而，也有一些意外的发现。保守型风格显著正向预测了一年级听障大学生大学效能感的三个维度，而自由型风格对二年级听障大学生的社交融合效能感和课程效能感均有显著的负向预测作用。对二年级健听大学生来说，全局型风格对课程效能感、社交效能感和社交融合效能感有显著的负向预测作用。

表4.30.a 第一次测试时，从思维风格预测一年级
听障大学生的大学效能感

大学效能感	课程	社交	社交融合
$R^2_{总体}$	0.24	0.22	0.19
$R^2_{思维风格}$	0.24	0.22	0.19
$B_{风格1}$	$0.47^{**}_{保守}$	$0.38^{*}_{保守}$	$0.44^{*}_{保守}$
$B_{风格2}$	$-0.27^{*}_{无政府主义}$	$-0.23^{*}_{内倾}$	-
$B_{风格3}$	-	$0.36^{*}_{外倾}$	-
F	4.05**	3.79**	3.30**
df	(13, 115)	(13, 115)	(13, 115)

备注：* $p<0.05$，** $p<0.01$。

表 4.30.b 第二次测试时控制大学和性别，从思维风格预测一年级健听大学生的大学效能感

大学效能感	课程	社交	社交融合
$R^2_{总体}$	0.26	0.22	0.15
$R^2_{大学+性别}$	0.01	-0.01	0.01
$R^2_{思维风格}$	0.25	0.23	0.14
$\beta_{风格1}$	$0.36^{**}_{等级}$	$0.28^{**}_{立法}$	$0.41^{**}_{等级}$
$\beta_{风格2}$	-	$0.27^{*}_{等级}$	$-0.30^{*}_{执行}$
F	8.28^{**}	7.00^{**}	2.74^{**}
df	(7, 140)	(7, 140)	(15, 132)

备注：* $p<0.05$，** $p<0.01$。大学指在关键变量上的大学差异。

表 4.31.a 第二次测试时控制性别，从思维风格预测二年级听障大学生的大学效能感

大学效能感	课程	社交	社交融合
$R^2_{总体}$	0.32	0.28	0.30
$R^2_{性别}$	0.00	-0.01	-0.01
$R^2_{思维风格}$	0.32	0.29	0.31
$\beta_{风格1}$	$-0.33^{*}_{自由}$	$0.35^{*}_{等级}$	$-0.44^{**}_{自由}$
$\beta_{风格2}$	$0.33^{*}_{寡头政治}$	-	$-0.25^{*}_{局部}$
$\beta_{风格3}$	-	-	$0.38^{**}_{寡头政治}$
F	5.20^{**}	4.55^{**}	4.86^{**}
df	(14, 112)	(14, 112)	(14, 112)

备注：* $p<0.05$，** $p<0.01$。

4.31.b 第二次测试时，从思维风格预测二年级健听大学生的大学效能感

大学效能感	课程	室友	社交	社交融合
$R^2_{总体}$	0.23	0.18	0.20	0.17
$R^2_{思维风格}$	0.23	0.18	0.20	0.17

续表

大学效能感	课程	室友	社交	社交融合
$\beta_{风格1}$	$0.21^*_{司法}$	$0.23^*_{外倾}$	$-0.19^*_{全局}$	$-0.27^*_{全局}$
$\beta_{风格2}$	$-0.21^*_{全局}$	—	$0.21^*_{自由}$	$0.22^*_{司法}$
$\beta_{风格2}$	$0.21^*_{等级}$		$0.20^*_{等级}$	$0.25^*_{外倾}$
F	8.99^{**}	3.37^{**}	7.71^{**}	3.21^{**}
df	(5, 132)	(13, 124)	(5, 132)	(13, 124)

备注：$*p<0.05$，$**p<0.01$。

总之，第一次和第二次测试的结果一致地表明，Ⅰ类等级型风格显著正向预测了听障大学生大学效能感，Ⅰ类等级型风格、立法型风格和自由型风格显著正向预测了大学效能感。此外，在第二次测试时，Ⅱ类局部型风格显著负向预测健听大学生大学效能感。至于Ⅲ类风格，外倾型风格对听障和健听大学生的社会相关行为的自我效能感有显著正向预测作用。应该指出的是，场依存/独立风格没有涉及上述结果。

第四节　智力风格在个人因素与大学结果变量关系中的中介作用

中介变量是一个变量，它可以解释自变量通过什么机制（如，"为什么"和"如何"）影响结果变量（因变量）（Frazier & Barron，2004）。Baron 和 Kenny（1986）描绘了一个路径图来说明中介功能的含义（见图 4.1）。建立中介函数需要满足四个条件（Baron & Kenny，1986；Judd & Kenny，1981；Kenny，Kazy，& Bolger，1998）：第一，自变量应该是显著影响中介变量；第二，在自变量存在的情况下，中介变量应该对因变量有显著的独特影响；第三，在没有中介变量的情况下，自变量对因变量有很大的影响；第四，当将中介变量添加到模型中时，应明显降低自变量和因

第四章 智力风格的重叠、价值和变化

变量之间的关系的强度。

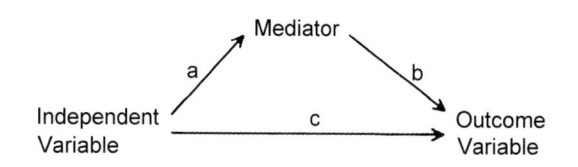

图 4.1 中介模型的路径图（Baron & Kenny，1986，p. 1176）

在此基础上，对中介函数进行了三个层次的多元回归：在自变量上对中介变量进行回归；对自变量进行因变量回归；在自变量和中介变量上对因变量进行回归。

为了排除自变量与介质之间存在多重共线性的可能性，采用近似显著性检验来识别自变量通过中介模型对因变量的间接影响（Sobel 检验，1982，引用于 Baron & Kenny，1986）。如图 4.1 所示，从自变量到中介变量的路径表示为 a（原始回归系数），其标准误差为 Sa，而在自变量存在的情况下，从中介变量到因变量的路径表示为 b（原始回归系数），其标准误差为 Sb。通过中介模型计算自变量对因变量的间接影响的公式是：

$$\sqrt{b^2 s_a^2 + a^2 s_b^2 + s_a^2 + s_b^2}$$

本书首先对能力和学习观对智力风格的影响进行了三层多元回归分析：（1）能力和学习观对智力风格的影响；（2）智力风格、能力和学习观对大学生活满意度和大学效能感的影响；（3）能力和学习观对大学生活满意度和大学效能感的影响。接下来，进行 Sobel 测试。关于智力风格中介功能的研究结果如下：

在第一次测试时，对于听障大学生来说，Sobel 测试的结果支持 7 组中介模型。例如，等级型风格中介了课程效能感（学习是理解），而无政府主义型风格中介了社交效能感（学习是责任）。此外，在以下关系中存在两个中介，学习作为责任与课程效能（等级型和内倾型）的关系以及学习作为责任和社交效能（无政府

主义型和内倾型）之间的关系。详细结果见表4.32.a。

同样，对于健听大学生来说，在第一次测试中，Sobel测试的结果支持了九组中介模型（参见表4.32.b中的详细信息）。此外，在学习作为责任与课程效能感（等级与局部型）、学习作为责任与社交效能感（等级和外倾型）、学习作为责任和社交融合效能感（等级和外倾）的关系中存在两个中介变量。在第二次测试时，对于听障大学生来说，Sobel测试支持了三组中介模型，而对于健听大学生Sobel测试支持了两组中介模型（见表4.33.a和4.33.b）。

总之，正如假设预测的那样，第一次和第二次测试结果表明，智力风格在个人因素与大学结果变量之间的关系中起了中介作用。此外，在第一次和第二次测试时，对听障和健听大学生来说，都显示等级型风格在个人因素与大学结果变量之间的关系中起了中介作用。应该注意到的，上述结果没有直接涉及场依存/独立风格。

表4.32.a 第一次测试时，听障大学生思维风格在学习观与大学效能感的关系中的中介作用

预测因子	中介变量	结果变量	(a/s_a)	(b/s_b)	Z	P	c'	ab	效应值
理解	等级	课程	(.09/.01)	(2.34/.36)	5.68	0.00	0.35	0.20	0.57
责任	等级	课程	(.10/.01)	(1.70/.37)	4.08	0.00	0.62	0.17	0.27
获取信息	立法	课程	(.09/.01)	(2.15/.32)	5.09	0.00	0.60	0.20	0.33
责任	内倾	课程	(.07/.01)	(1.20/.33)	3.05	0.00	0.62	0.09	0.14
理解	无政府主义	社交	(.07/.01)	(1.57/.25)	5.17	0.00	0.31	0.11	0.36
责任	无政府主义	社交	(.09/.01)	(1.35/.28)	4.04	0.00	0.47	0.12	0.26

备注："理解"指学习是理解的过程，"改变"指学习是个人改变的过程，"责任"指学习是责任，"获取信息"指学习是获取信息的过程，"能力"是学习是社会能力。

c'指预测因子对结果变量的直接影响，ab指预测因子对结果变量的间接影响。

表4.32.b　第一次测试时，健听大学生思维风格在学习观与大学效能感关系中的中介作用

预测因子	中介变量	结果变量	(a/s_a)	(b/s_b)	Z	P	c'	ab	效应值
责任	等级	课程	(.11/.01)	(1.18/.30)	3.63	0.00	0.47	0.13	0.28
个人改变	等级	课程	(.10/.01)	(1.37/.27)	4.45	0.00	0.52	0.14	0.28
责任	局部	课程	(.08/.01)	(1.09/.33)	2.98	0.00	0.47	0.09	0.18
持续	立法	室友	(.09/.01)	(.34/.17)	1.96	0.05	0.30	0.03	0.11
责任	外倾	社交	(.08/.01)	(1.15/.26)	3.73	0.00	0.39	0.10	0.24
责任	等级	社交	(.11/.01)	(.95/.25)	3.53	0.00	0.39	0.11	0.27
责任	外倾	社交融合	(.07/.01)	(.62/.16)	3.26	0.00	0.24	0.05	0.22
责任	等级	社交融合	(.11/.01)	(.35/.16)	2.13	0.00	0.24	0.04	0.17
个人改变	等级	社交融合	(.10/.01)	(.60/.16)	3.59	0.00	0.18	0.06	0.35

备注："理解"指学习是理解的过程，"改变"指学习是个人改变的过程，"责任"指学习是责任，"获取信息"指学习是获取信息的过程，"能力"是学习是社会能力。

c'指预测因子对结果变量的直接影响，ab指预测因子对结果变量的间接影响。

表4.33.a　第二次测试时，二年级听障大学生思维风格在学习观与大学效能感关系中的中介作用

预测因子	中介变量	结果变量	(a/s_a)	(b/s_b)	Z	P	c'	ab	效应值
责任	寡头政治	课程	(.08/.02)	(2.78/.57)	3.03	0	0.62	0.23	0.37
理解	等级	社交	(.09/.01)	(2.00/.51)	3.49	0	0.24	0.18	0.76
责任	寡头政治	社交融合	(.08/.02)	(1.67/.36)	2.98	0	0.23	0.14	0.59

备注："理解"指学习是理解的过程，"责任"指学习是责任。

c'指预测因子对结果变量的直接影响，ab指预测因子对结果变量的间接影响。

表4.33.b 第二次测试时，二年级健听大学生思维风格在学习观与大学结果变量关系中的中介作用

预测因子	中介变量	结果变量	(a/s_a)	(b/s_b)	Z	P	c'	ab	效应值
责任	等级	课程	(.07/.02)	(2.35/.52)	2.89	0.00	0.18	0.18	0.96
责任	等级	S总体	(.07/.02)	(.95/.24)	2.74	0.01	0.10	0.07	0.66

备注："责任"指学习是一种责任。

c'指预测因子对结果变量的直接影响，ab指预测因子对结果变量的间接影响。

S总体指对大学生活的总体满意度。

第五节 智力风格的变化

本节首先报告对观察到的思维风格变化进行多变量分析的结果。然后呈现对三类思维风格进行单变量跟踪分析的结果。采用"偏eta方"作为效应值的指标，大小分别为0.01、0.06和0.14（Cohen，1992）。表4.34.a呈现了第一次和第二次测试中随性别而显著变化的智力风格的均值和标准差。

表4.34.a 第一次和第二次测试时，按性别分类的显著变化的思维风格的均值和标准差

	性别	第一次测试	第二次测试
听障（1to2）			
场依存/独立	男（66）	95.30±21.64	98
	女（63）	80.06±27.41	98
	总（129）	87.86±25.69	98
听障（2to3）			
全局	男（N=72）	3.12±.66	3.94±.82
	女（N=55）	2.95±.88	3.97±.82
	总（N=127）	3.05±.76	3.96±.82

第四章 智力风格的重叠、价值和变化

续表

	性别	第一次测试	第二次测试
局部	男（N=72）	4.29±.84	4.51±.74
	女（N=55）	4.26±.84	4.65±.92
	总（N=127）	4.28±.84	4.57±.83
保守	男（N=72）	4.52±.93	4.65±.82
	女（N=55）	4.21±.81	4.53±.88
	总（N=127）	4.38±.89	4.60±.84
等级	男（N=72）	4.59±.89	4.71±.82
	女（N=55）	4.53±.86	4.93±.81
	总（N=127）	4.56±.87	4.80±.82
场依存/独立	男（N=72）	82.92±28.04	92.42±27.92
	女（N=55）	85.75±30.85	100.22±19.09
	总（N=127）	84.14±29.21	95.80±24.71
健听（1to2）			
立法	男（N=35）	4.52±1.07	4.79±1.12
	女（N=113）	4.90±.95	4.87±.86
	总（N=148）	5.02±1.00	4.85±.92
执行	男（N=35）	5.05±.78	4.70±.93
	女（N=113）	5.05±.82	4.88±.82
	总（N=148）	5.05±.80	4.84±.85
局部	男（N=35）	4.14±.95	4.41±.90
	女（N=113）	4.22±.93	4.36±.80
	总（N=148）	4.20±.93	4.37±.82
寡头政治的	男（N=35）	4.88±.71	4.69±.82
	女（N=113）	4.70±.90	4.50±.92
	总（N=148）	4.75±.86	4.55±.90
健听（2to3）	男（N=20）	3.05±.85	4.43±.78
	女（N=118）	3.06±.86	3.94±.90

续表

	性别	第一次测试	第二次测试
全局	总（N=138）	3.06±.85	4.01±.90
	男（N=20）	3.90±1.07	4.29±.97
	女（N=118）	3.87±1.09	4.07±.98
内倾	总（N=138）	3.87±1.08	4.10±.97

备注：2to3指s二年级学生，1to2指一年级学生。

2（时间）×2（性别）重复测量的结果表明，随着时间的推移，健听大学生（第一学年：Wilks'Λ=0.77，F［13，134］=3.09，p<0.001，partialη2=0.77；第二学年：Wilks'Λ=0.48，F［13，124］=10.30，p<0.001，partialη2=0.52）和二年级听障大学生（Wilks'Λ=0.36，F［13，113］=15.24，p<0.001，partialη²=0.64）的思维风格发生了显著变化；随着时间的推移，一年级听障大学生的思维风格没有明显的变化。这些结果支持假设3.2.2。此外，二年级听障男、女大学生思维风格的变化也有显著差异（Wilks'Λ=0.81，F［13，113］=2.09，P<0.05，partialη²=0.19），部分支持假设3.2.1，即学生智力风格的变化因性别而有所差异。

表4.34.b　重复测量方差分析：按性别分类的一年级健听
大学生思维风格变化的多变量分析

来源		Wilks'Λ	F	假设df	error df	显著性	η2
被试间	性别	0.92	0.95	13	134	0.51	0.08
被试内	时间	0.77	3.09	13	134	0.00**	0.23
	时间*性别	0.88	1.39	13	134	0.17	0.12

备注：**p<0.01。

表4.34.c 重复测量方差分析：按性别分类的二年级大学生思维风格变化的多变量分析

来源		Wilks' Λ	F	假设 df	error df	显著性	η2
被试间	性别听障	0.81	2.09	13	113	0.02*	0.19
	性别健听	0.90	1.02	13	124	0.44	0.10
被试内	时间听障	0.36	15.24	13	113	0.00**	0.64
	时间*性别听障	0.92	0.81	13	113	0.65	0.09
	时间健听	0.48	10.30	13	124	0.00**	0.52
	时间*性别健听	0.91	0.98	13	124	0.48	0.09

备注：*p<0.05，**p<0.01。

离散跟踪分析进一步探究了时间和性别对三种思维风格变化的影响。对一年级健听大学生来说，随着时间的推移，Ⅰ类（立法型）、Ⅱ类（执行和局部型）和Ⅲ类（寡头政治型）思维风格发生了重大改变。此外，时间和性别对立法型风格变化有显著的交互作用，立法型风格随性别变化而显著变化。

如假设3.1.1所预测的，一年级健听大学生在Ⅱ类思维风格上得分较低（执行型，第一次主测试：5.05；第二次主测试：4.84，P<0.05）。此外，与假设一致的是，男大学生在立法型风格得分较高，女大学生在立法型风格得分较低。然而，与假设3.1.1相反的是，一年级健听大学生在艺术设计专业学习一年后，在Ⅱ类局部型风格得分变高（第一次测试：4.20；第二次测试：4.37，P<0.05），在Ⅰ类立法型风格得分变低（第一次测试：5.03；第二次测试：4.85，P<0.01）。此外，一年级健听大学生在Ⅲ类寡头政治型风格上得分变低（第一次测试：4.75；第二次测试：4.55，P<0.05）（详见表4.34.d）。

表 4.34.d　**单因子检验：时间和性别对一年级健听大学生思维风格变化的影响**

	SS	df	MS	F	η2
Ⅰ类风格					
立法					
时间	5.83	1	5.83	11.37**	0.07
时间×性别	4.90	1	4.90	9.56**	0.06
error	74.90	146	0.51		
Ⅱ类风格					
执行					
时间	3.66	1	3.66	6.91*	0.05
时间×性别	0.46	1	0.46	0.87	0.01
error	77.21	146			
局部					
时间	2.25	1	2.25	4.04*	0.03
时间×性别	0.25	1	0.25	0.46	0.00
error	81.17	146	0.56		
Ⅲ类风格					
寡头政治					
时间	2.04	1	2.04	4.37*	0.03
时间×性别	0.00	1	0.00	0.00	0.00
error	68.27	146	0.47		

备注：* $p<0.05$，** $p<0.01$。

随着时间的推移，二年级健听大学生在Ⅰ类（全局型）和Ⅲ类（内倾型）思维风格发生了重大变化。此外，时间和性别对全局型和内倾型风格有显著的交互作用，表明这两种风格的变化在男性和女性之间有显著差异。

如假设 3.1.1 所预测，二年级健听大学生在艺术设计专业学习一学年后，Ⅰ类全局型风格得分变高（第一次测试：3.06；第二次测试：4.01，$P<0.01$）。全局型风格在男生中的增长速度显著高于女

生，支持假设3.2.1。此外，二年级的健听大学生在后测的Ⅲ类内倾型风格上得分较高（第一次测试：3.87；第二次测试：4.10，P<0.05），男生中的增长速度显著快于女生（详细结果见表4.34.e）。

表4.34.e　　**单因子检验：时间和性别对二年级健听大学生思维风格的影响**

	SS	df	MS	F	η2
Ⅰ类风格					
全面					
时间	43.65	1	43.65	92.84**	0.41
时间×性别	2.22	1	2.22	4.73*	0.03
error	63.94	136			
Ⅲ类风格					
内部					
时间	2.92	1	2.92	5.09*	0.04
时间×性别	0.33	1	0.33	0.57	0.00
error	77.85	136	0.57		

备注：* $p<0.05$，** $p<0.01$。

根据假设，在艺术设计专业学习一个学年后，听障大学生倾向于在场独立（FI）风格上得分较高［第一学年：$F(1,130)=12.463$，$P<0.001$，$\eta^2=0.14$；第二学年：$F(1,126)=24.059$，$P<0.001$，$\eta^2=0.16$］。在第二学年，听障大学生的Ⅰ类（全局型和等级型）和Ⅱ类（保守型和局部型）思维风格随时间变化而发生显著变化。如假设3.1.2中预测的那样，二年级听障大学生在学习艺术设计专业一学年后，在Ⅰ类风格（全局型，第一次测试：3.05；第二次测试：3.96，$p<0.01$；等级型，第一次测试：4.56；第二次测试：4.80，$p<0.01$）和Ⅱ类思维风格（保守型，第一次测试：4.38；第二次测试：4.60，$p<0.05$；局部型，第一次测试：

4.28；第二次测试：4.57，p<0.01）得分变高（见表4.34.f）。

表4.34.f 单因子检验：时间和性别对二年级听障大学生思维风格变化的影响

	SS	df	MS	F	η2
Ⅰ类风格					
全面					
时间	53.10	1	53.10	109.02**	0.47
时间×性别	0.64	1	0.64	1.32	0.01
error	60.88	125	0.49		
分层					
时间	4.14	1	4.14	10.09**	0.05
时间×性别	1.23	1	1.23	3.01	
error	51.30	125	0.41		
Ⅱ类风格					
保守					
时间	3.12	1	3.12	7.07*	0.05
时间×性别	0.58	1	0.58	1.31	0.01
error	55.19	125	0.44		
局部					
时间	5.74	1	5.74	12.06**	0.09
时间×性别	0.44	1	0.44	0.92	0.01
error	59.55	125	0.48		

备注：* p<0.05，** p<0.01。

总之，如预期，在艺术设计专业学习一学年后，健听大学生倾向于在Ⅰ类风格得分增加，在Ⅱ类智力风格上得分降低，而听障大学生在Ⅰ类和Ⅱ类风格的得分均增加。此外，听障和健听大学生的智力风格的变化也因大学年级水平和性别的不同而不同。

第四章 智力风格的重叠、价值和变化

第六节 从个人因素预测智力风格的变化

听障大学生的分层多元回归结果显示,学习观和学习能力对智力变化有显著预测作用。第一,对一年级听障大学生(独特贡献为4%,β=0.21,P<0.01)和二年级听障大学生(独特贡献为6%,β=0.27,P<0.01)而言,学习能力显著正向预测了场依存/独立风格的变化。

此外,所有六种学习观都显著预测12种思维风格的变化,其独特贡献在1%—9%之间,最主要的预测因子是"学习作为责任"。详细结果见表4.35.a、4.35.b和4.35.c。正如所指出的,质性学习观显著正向预测了各种思维风格的变化。

例如,在一年级听障大学生中,在控制了第一次测试中思维风格的分数后,责任显著预测了两种Ⅰ类(立法型和全局型)风格,三种Ⅱ类(执行型、局部型和保守型)风格和两种Ⅲ类(寡头和外倾型)风格的变化。除此之外,"获得信息"显著负向预测了一年级学生Ⅰ类风格(立法型和等级型)的变化,显著正向预测了二年级学生的执行型风格变化。

根据3.2假设,能力和学习观都显著地预测了听障大学生的智力风格的变化。质性学习观显著正向预测各种思维风格的变化,而量化学习观则显著正向预测Ⅱ类执行型风格,显著负向预测Ⅰ类风格的变化。社会能力(质性学习观)显著负向预测一年级学生和二年级学生的司法型风格的变化。

同样,如假设3.2所述,在第一次测试时,学习观显著地预测了健听大学生智力风格的改变,其独特的贡献从2%—4%不等。对于二年级学生来说,质性学习观(个人变化)显著正向预测自由型和内倾型风格的变化,而量化学习观(获得信息)显著正向预测了执行型风格的变化。此外,质性学习观(理解)显著负向预测了自由型和内倾型风格的变化(见表4.35.d)。然而,与假设相反的是，能力对智力风格的变化没有显著影响。

表4.35.a 控制第一次测试时听障大学生场依存/独立得分，从能力预测场依存/独立风格变化

SC	场依存/独立$_{1to2}$	SC	场依存/独立$_{2to3}$
$R^2_{总体}$	0.40	$R^2_{总体}$	0.43
$R^2 s$	0.36	$R^2 s$	0.37
$R^2_{能力}$	0.04	$R^2_{能力}$	0.06
$β_{能力}$	0.21**	$β_{能力}$	0.27**
F	44.79	F	48.09
df	(2, 128)	df	(2, 122)

备注：* p<0.05，** p<0.01。s指第一测试时场依存/独立风格的得分。

表4.35.c 控制第一次测试时性别和思维风格分数，二年级听障大学生学习观预测思维风格变化

SC	执行	司法	专制
$R2_{总体}$	0.39	0.41	0.46
$R2_{性别}+s$	0.37	0.40	0.45
$R2_{学习观}$	0.02	0.01	0.01
$B_{学习观I}$	$0.29^*_{信息}$	$-0.25^*_{能力}$	$0.27^*_{改变}$
F	10.84	11.78	14.22
df	(8, 118)	(8, 118)	(8, 118)

备注：* p<0.05，** p<0.01。s指第一测试时场依存/独立风格的得分。

表4.35.d 控制第一次测试时性别和思维风格分数，二年级健听大学生学习观预测思维风格变化

SC	执行	自由	内倾
$R^2_{总体}$	0.39	0.44	0.38

第四章 智力风格的重叠、价值和变化

续表

SC	执行	自由	内倾
R^2s	0.37	0.41	0.34
$R^2_{学习观}$	0.02	0.03	0.04
$\beta_{学习观1}$	$0.29^*_{信息}$	$-0.17^*_{理解}$	$-0.28^{**}_{理解}$
$\beta_{学习观2}$	–	$0.23^*_{改变}$	$0.27^{**}_{改变}$
F	12.49	16.16	13.41
df	(7, 119)	(7, 130)	(7, 130)

备注：* $p<0.05$，** $p<0.01$。s 指第一测试时场依存/独立风格的得分。

表4.35.b 第一次测试时控制思维风格分数，一年级听障大学生学习观预测思维风格变化

SC	立法的	执行的	司法的	全局的	局部的	保守的	等级的	寡头政治的	无政府主义的	内倾的	外倾的
$R^2_{总体}$	0.31	0.48	0.41	0.41	0.46	0.46	0.44	0.40	0.31	0.40	0.35
R^2s	0.29	0.42	0.38	0.35	0.37	0.43	0.41	0.39	0.26	0.37	0.30
$R^2_{学习观}$	0.02	0.06	0.03	0.06	0.09	0.03	0.03	0.01	0.05	0.03	0.05
$\beta_{学习观1}$	$-0.22^*_{信息}$	$0.19^*_{责任}$	$-0.21^*_{能力}$	$0.28^{**}_{责任}$	$-0.27^*_{信息}$	$0.21^*_{责任}$	$-0.23^*_{信息}$	$0.19^*_{责任}$	$0.20^*_{持续}$	$0.23^*_{持续}$	$0.19^*_{责任}$
$\beta_{学习观2}$	$0.21^*_{责任}$	–	–	$0.22^*_{改变}$	$0.23^*_{责任}$	–	–	–	–	–	–
$\beta_{学习观3}$	–	–	–	–	$0.26^*_{理解}$	–	–	–	–	–	–
F	8.18	17.79	13.84	13.86	16.74	16.56	15.54	13.27	9.21	13.08	10.98
df	(8,120)	(7,121)	(7,121)	(7,121)	(7,121)	(7,121)	(7,121)	(7,121)	(7,121)	(7,121)	(7,121)

备注：* $p<0.05$，** $p<0.01$。s 指第一测试时场依存/独立风格的得分。

"理解"指学习是理解的过程，"改变"指学习是个人改变的过程，"持续"指学习是持续的过程，"责任"指学习是责任，"信息"指学习是获取信息的过程，"能力"是学习是社会能力。

第五章 讨论：质性和量化的视角

本书以三重智力风格模型为理论指导，以听障和健听大学生为研究对象，探讨了与风格重叠性、风格价值性和风格可塑性有关的智力风格的本质。本章结合以前的一些研究介绍并讨论了本书结果，共包括六个部分。第一部分验证了本书中使用的 6 个量表的效度。第二、第三和第四部分分别阐明了智力风格的重叠性、可塑性和价值性。第五部分论述了智力风格在个人因素与大学结果变量关系的中介作用，最后部分论述了听障大学生与健听大学生之间的差异。跟踪质性研究的结论，部分地验证了关于风格变化的量化研究结果，并解释一些意外的发现。

第一节 听障大学生和健听大学生中 6 个量表的效度

本书成功地验证了听障大学生和健听大学生的六份量表的有效性：思维风格调查量表第二次修订版（TSI – R2, Sternberg, Wagner, & Zhang, 2007），团队镶嵌图形测验（GEFT, Witkin, Oltman, Raskin, & Karp, 1971），学习观量表第三版（学习观 III, Peterson, Brown, & Irving, 2010），瑞文高级累进矩阵简版（APM, Raven, & Court, 1998），大学生活满意度量表（QOUL, Sirgy, Grzeskowiak, & Rahtz, 2007）和大学效能感量表（USE, Solberg, O'Brien, VillarReal, Kennel, & Davis, 1993）。本书进行

测试调整，以便于在听障大学生中检验 TSI－R2 的效度。结果证明，按照 Kettler，Elliott 和 Beddow 提出的范例，测试调适有利于特殊学生的评估验证。本书探讨了测试调适的影响（对残疾学生的验证性评估）这一有争议的问题，并提供了实证证据支持 Cawthon（2011）的论点，减少语言的复杂性有利于听障大学生的心理评估。通过测试调整验证 TSI－R2 效度的过程，发现教师在语言适应方面发挥重要作用（Cawthon，2007）。

第二节 智力风格的重叠问题

本书主要通过探索场依存/独立与思维风格的关系来解决智力风格的重叠问题。第一次和第二次测试结果表明健听大学生中场独立风格（FI）与Ⅰ类思维风格呈正相关，而听障大学生中场依存风格（FD）与Ⅱ类思维风格呈正相关。这些发现部分支持假设1（Ⅰ类思维风格与 FI 呈正相关和Ⅱ类思维风格与 FD 呈正相关）以及 Zhang 和 Sternberg（2005）的三重智力风格模型。

虽然只确定了相对较少的显著关系（第一次测试：听障大学生中 6 个，健听大学生中 4 个；第二次测试：听障大学生中 2 个，健听大学生中 6 个），这些有限的结果还是非常有意义的。至少有四个理由支持这种说法。

第一，这些发现是有意义的，因为相当大的风格重叠。根据 Ferguson（2009）引用的标准，在听障和健听大学生中，这些已确定的关系影响大小范围从小（Pearson r＝0.09）到中等（Cohen's d＝0.53）。

第二，本书结果与关于风格结构之间关系的主流研究结果是一致的。近几十年来，除了 Sadler-Smith（1997）的研究（见 Zhang，2000）和 Zhang（2004）的研究，大多数实证研究都发现了重叠现象。此外，本结果为该论点提供了进一步的实证支持，即思维风格理论包括以认知为中心传统的风格。

第三，对于意外的发现有两个合理的解释，即在第一次测试时，场独立（FI）与听障大学生中的两种Ⅱ类思维风格（局部和专制型）呈正相关，但与健听大学生两种Ⅰ类（自由和司法型）思维风格呈负相关，而且与一年级健听大学生全局型风格呈负相关。

一方面，在第一次测试时，所有的学生在学期初，在第二次测试时，只有原来的一年级学生在第二学年学期初。如上所述，文化适应要求听障大学生同时使用Ⅰ类和Ⅱ类思维风格，可以合理地认为，场独立风格与听障大学生两种Ⅱ类思维风格（局部型和专制型）呈正相关。然而，Witkin 和 Berry（1975）认为，在环境变化的情况下，具有场独立风格的学生比场依存风格的学生更能适应环境变化；因为个人在不熟悉的情况下倾向于遵守规则和尊重权威。因此，不难发现，在第一次测试时，场独立风格与健听大学生的两种Ⅰ类（自由和司法型）思维风格呈负相关，而在第二次测试中场独立风格与一年级健听大学生的一种Ⅰ类风格（全局型）呈负相关。

另一方面，这些意外的发现也可以这样被解释。如上所述，中国高等教育的使命是培养具有Ⅰ类思维风格的人。然而，听障大学生倾向于在Ⅱ类思维风格上得分较高，在第一次测试时，他们使用的是Ⅱ类思维风格（局部型和专制型），这意味着他们和场独立风格的学生一样，不易受周围环境的影响（Zhang，2004）。因此，假设场独立（FI）风格与Ⅱ类思维风格（局部型和专制型）之间存在正相关是合理的。类似地，健听大学生对Ⅰ类思维风格的使用，表明他们很容易受到周围环境的影响。因此，可以发现在第一测试中场独立（FI）风格与健听大学生的Ⅰ类思维风格（自由型和司法型）呈负相关，第二次测试中与原来一年级的健听大学生的全局型思维风格呈负相关。

第四，场依存/独立风格与Ⅲ类思维风格之间的明确关系是可以理解的。独立性是 FI 风格和内倾型风格的一个主要共同特征，或者说具有场独立（FI）风格的个体和具有内倾型风格的个体在社交互动方面都很差，因此场独立（FI）风格与内倾型风格之间存在正相关关系，也是合理的。

此外，在听障大学生中，FI 风格与寡头和无政府主义型风格呈正相关（可能是由于文化适应），而在健听大学生中场独立（FI）风格却与这两种风格（反对优先）呈负相关；这一发现与 Richardson 和 Turner（2000）关于 Witkin 的场依存/独立风格理论强调优先的论点是一致的。鉴于健听和听障大学生来自两种不同的社会文化，另一种可能解释是，场独立（FI）风格具有文化依赖性的适应性价值。具体来说，健听大学生将优先考虑不同的大学任务（反对寡头政治型和无政府主义型风格）；根据 Marschark 和 Hauser（2008），听障大学生倾向于在非系统的任务上得分高于健听大学生。换句话说，文化中，在能够优先考虑（反对寡头和无政府主义型风格）是很重要的。而"非系统性的"（支持寡头政治型和无秩序型）则在聋人文化中被强调。因此，在听障大学生中，场独立风格与寡头政治型和无政府主义型风格呈正相关；在健听大学生中，场独立风格与寡头政治型和无政府主义型风格呈负相关。

然而，以上解释都基于事后假设（post-hoc assumptions）。本书是第二次探讨场依存/独立风格与思维风格之间的关系，其结果与第一次的结果不一致（Zhang，2004）。关于场依存/独立风格与思维风格之间关系的调查结果应视为探索性的，而不是确定性的。

第三节　智力风格的可塑性问题

本书探讨智力风格的可塑性，主要是通过结合个人因素和大学经历，探讨一个学年内智力风格的变化。本节首先讨论智力风格的一般变化，然后用质性分析结果部分验证了量化研究的发现，并解释关于这些风格变化的意外发现。随后，对质性研究的结果进行了讨论，重点讨论了学生如何相信自己的大学经历影响了他们的智力风格的变化。

一 听障和健听大学生中智力风格的变化

在学习了一个学年的艺术设计课程后，听障和健听大学生的智力风格都发生了重大变化，这分别支持了假设3.1.1（健听大学生在学习一学年的艺术设计课程后，倾向于在Ⅰ类风格上得分更高，在Ⅱ类风格上得分更低）和假设3.1.2（听障大学生在学习一学年的艺术设计课程后，在Ⅰ类和Ⅱ类风格上得分都更高）。此外，观察到的因性别和年级导致的智力风格的变化，在听障和健听大学生中存在差异，分别支持了假设3.2.1和假设3.2.2。此外，研究结果表明，个人因素（学习能力和学习观）对学生智力风格变化有预测作用，这支持了假设3.3。

如上所述，只有少数几种思维风格发生了变化——健听大学生中的两种Ⅰ类思维风格，两种Ⅱ类思维风格和两种Ⅲ类思维风格，听障大学生中的两种Ⅰ类思维风格和两种Ⅱ类思维风格。尽管人们可能会怀疑这些变化是统计上的异常还是风格上的实质性变化，至少有三个原因应该被认定是后者。

第一，虽然被试的自然流失率超过30%，但根据Ployhart和Vandenberg（2010）的标准，这不应改变纵向研究结果，原因如下：第一，听障和健听大学生流失主要是由于学生暂时休假、实习或处理个人事务；只有一、两名学生是因为他们对这项研究失去了兴趣。此外，样本量在第一次测试（366名听障大学生和467名健听大学生）和第二次测试（256名听障大学生和286名健听大学生）对学生总数（500名听障大学生和500名健听大学生）都有充分的代表性。根据Krejcie和Morgan（1970）的说法，大约500人所需的最低样本量约为217人。最后，第一次测试被试（按大学年级或性别）分组数占被试总数的比例与第二次大致相同。

第二，所有被识别的智力风格的变化都与大学生发展的认知结构理论是一致的，即"从认知和情感的简单到复杂"（增加的Ⅰ类

第五章 讨论：质性和量化的视角

风格和减少的Ⅱ类风格），"从依赖到自主，从外部控制到内部控制"（增加的Ⅲ类内倾型风格），"从本能行为到原则性行动"（Ⅲ类寡头政治型思维风格减少，Ⅰ类等级型思维风格增加）（Pascarella & Terenzini，1991，p.43）。此外，个人因素大约占听障大学生智力风格变化的10%，在健听大学生中约占5%。这些发现支持Bronfenbrenner 和 Morris（1998）提出的观点，即能力和学习观对人类的发展非常重要。

第三，关于风格可塑性的结果是有意义的，因为智力风格的变化很大。时间对风格总体变化的影响在统计学上是显著的（在0.001水平），性别对二年级听障大学生思维风格总体变化的影响认为统计显著（在0.05水平）。除了一种Ⅱ类思维风格（保守型，在0.05水平上显著），时间对听障大学生思维风格变化的影响在0.01水平上显著。同时，对于健听大学生来说，时间对思维风格变化的影响在0.05水平上显著，除了两种Ⅰ类思维风格（全局型和立法型，两者都是在0.01水平上显著）。此外，根据Cohen（1988，1992）制定的标准，对于听障和健听大学生，智力风格整体变化的效应值（偏eta方）都很大，从0.19到0.64。关于三种特定类型的智力风格的变化范围从小（偏eta方=0.03）到大（偏eta方=0.0）（Cohen，1992）。

第四，上述量化结果得到了跟踪访谈结果的支持，被选中的被试确实注意到了他们的智力风格的变化；例如，一位一年级健听男大学生说，"进入大学后，我改变了我的思维方式和处理事情的方式。在过去，我非常以自我为中心，更注重主观因素，对客观因素关注过少。现在我已经习惯了把所有可能的因素都考虑进去了"。换句话说，这个学生的风格变得更加全面化（考虑到所有可能的因素）。一位听障大学生提到，"进入大学后，我学会了独立生活，并以更恰当的方式与周围的人互动。此外，我意识到很重要的是利用一个人的'优势'而不是专注于一个'缺点'"。另一位评论说，"在大学里，我发现学习变得更加困难，因为我们大多数时候都需要自己学习，而且相比于高中老师们的指导更少了"。而前一种说法表明，通过加强社交互动，学生们采用了更复杂的认知学习方式（Ⅰ类），后一种说法表示他们仍然偏爱结构化的学习方式（Ⅱ类）。

此外，听障和健听大学生都注意到大学年级对其智力风格的影响。一名二年级的听障女大学生指出，在第二个学年她变得更愿意社交和合作（外倾型风格的特征），她说，"在第一个学年，我害怕向别人求助，更倾向于独自学习，而在第二个学年，我倾向于与同学讨论，请教老师，或者通过互联网查找信息"。一位二年级听障男大学生说，"在第一个学年，我遵守大学的规章制度，按部就班地学习，而在第二个学年，我选择挑战我自己，尝试一些全新的事情"。做事情按部就班，遵守规则（一种Ⅱ类风格），而挑战和尝试新事物是创造性的表现（一种Ⅰ类风格）。这些发现与先前研究保持一致，表明智力风格随大学年级变化而变化（Pascarela & Teenzini, 1991; Zhang & Sachs, 1997）。

在意外的发现方面，一至二年级的听障大学生更多使用局部型风格（注重细节），这可能反映出大学一年级的学习是他们高中学习习惯的延续（例如，一次做一项任务，专注于细节），或者学生在大学的第一学年被迫更多地关注细节这一事实。在一年级至二年级学生中减少使用Ⅰ类立法型思维风格（创造性），反映出学生在大学一年级只需要学习基本的学科知识，了解学科的价值观和信念，创造性是不必要的这一事实。这也可能是因为在大学的第一年，学生在大学生活中只被要求遵守规章制度（反对立法型风格）。

还有几种可能的解释，可以解释为什么没有改变其他风格，例如被试的性质。例如，司法型思维风格没有改变（Ⅰ类，强调评估），可能是因为评估是三年级学生的核心任务，而不是选定的被试（Sternberg, 1997）。另一种可能性是，这些不变的风格表现出更稳定的认知特征。如 Witkin, Goodenough 和 Karp（1967）所述，

17 至 24 岁的学生在场依存上没有明显变化。第三种可能的解释是，这些风格的变化需要时间来体现。例如，Pinto 和 Geiger（1991）观察到 55 名大学生在大二至大三期间的学习方式没有显著变化，但当把他们的大四学习方式考虑在内时，其中 44 人的学习方式发生了变化。最后，这项研究的 172 名二年级被试缺乏其他风格的改变，这可能是因为他们的第二次测试是在第二学年末进行的，而不是在第三学年开始的时候。

这里需要提出两点。第一，对于听障大学生来说，其他风格保持不变也可能与特定领域的文化适应性质有关。正如 Arends-Toth 和 Van de Vijver（2006）指出，文化适应在认知领域比在社会情感领域更容易发生；因此，Ⅰ类风格（创造力和认知复杂性）的使用增加，Ⅲ类思维风格（例如内倾和外倾）没有变化是合理的。质性分析证实了社会情感领域适应化的困难。被采访的听障大学生都指出了他们通常使用的自然手语和健听大学生使用的汉语手语之间的差异妨碍了有效的沟通，同时使得他们很难遵照教师的指示。听障大学生倾向于与听障同伴交往，他们从同伴那里学到了不同的手语和地方聋人文化。第二，对于健听大学生来说，意外的发现和其他类型风格没有变化可能与 TSI–R2 在第二次测试中的低信度有关。

然而，上述研究结果只表明，就读于大学艺术与设计专业的听障和健听大学生，一般都会改变自己的思维方式，可能是因为他们的专业和去文化过程的影响。这些是否是主要原因，或者是否还有其他影响学生风格变化的因素，需要依据跟踪访谈的结果进一步确认。

二 大学经历和智力风格的变化

访谈结果显示，大学经历有利于学生智力风格的改变，支持了假设 3.4。首先，学习艺术和设计课程一学年后，听障和健听大学生均承认了这一影响。一名一年级的听障女大学生说，"通过学科学习，我意识到我的工作应该由我自己完成。我的专业很复杂，这要求我提高自己的能力，并在采取行动之前学会做好准备"。"独自"和"在采取行动之前做好准备"表示低结构化和需要较高认知复杂性，这两个都体现Ⅰ类风格特点。

一名一至二年级的男生表示："进入大学后，我变得更加雄辩，因为艺术设计课程要求学生们相互讨论，以便产生更多有创意的成果。"此外，同学间的讨论是非常重要的，通过讨论，我们不仅可以学到更多的东西，而且还能得到一些关于创新的启示。大多数接受采访的健听大学生都承认专业学习对他们的智力风格变化的影响；创造性是Ⅰ类风格的核心特征之一，也是他们常用的描述性术语之一。

此外，受访者指出，学科学习使他们"更灵活、更疯狂，（并给他们）独特的想法和思想"，帮助他们"掌握全面的知识和学会使用逆向思维"，"变得比以前更加谨慎，习惯于深入思考"，使他们"更敏感、更灵活、更情绪化"，并且使他们"冷静下来，集中精力"。所有这些陈述都反映了Ⅰ类风格的增加，它们更多地产生创造力（例如，独特的想法），低结构化（例如，灵活的），并且需要更高层次的认知复杂性（例如全面和逆向）。

这些发现与以往的实证研究相一致，这些研究发现，艺术设计课程强调发展Ⅰ类风格（Demirbas & Demirkan，2007；Munsterberg & Mussen，1953），也为 Zhang 和 Sternberg（2006）的观点提供了实证支持，即大学生可以根据学科要求调整他们的主导风格。此外，这些发现支持了 Holland（1997）的理论，即艺术环境重视不明确、不受控制的、无序的，需要情感交流的活动（Smart，Feldman，& Ethington，2000）。

第二，听障和健听大学生均指出，他们作为学生干部的经历和他们与同龄人的社会交往，极大地影响了他们在智力风格上的变化，这与 Zhang（2001）的观点一致，即学生的课外经历与他们的

第五章 讨论：质性和量化的视角

智力风格有关。例如，一年级的听障男大学生将他的智力风格的变化归功于他在第二个学年担任学生会副主席的经历。

"在学生会，我可以接触到各种人（听障或健听同伴），并且在沟通技巧上有了很大的进步。此外，我更喜欢从周围的环境获取新的信息，因此风格变得比以前更加全面化。此外，在第一个学年，我的风格是执行型，而在第二个学年，我变为立法型的风格"。

一年级的听障女大学生也说，她的大学社会生活对她的智力风格的变化影响最大。

"我在大学里交了很多朋友，学会了控制自己的脾气。我的沟通能力也有了很大的提高。通过宿舍生活，我变得比以前更加独立了。"

"独立性"是内倾型风格的一个主要特征，同时"学会了控制自己的脾气"表明她正在学习如何与同龄人和朋友互动。由于她的大学社交生活，她的风格更加表现出外倾型。

有一位听障大学生说，"在学生会上，我听从学长（姐）的建议，在第一个学年完成任务。然而，在第二个学年，我需要向老师汇报这些任务是如何完成的，同时也教会了新生如何完成这些任务。""听从学长（姐）的建议"是Ⅱ类风格（结构化）的一种表现，同时"向教师汇报工作"和"教会新生"表示受访者独立处理学生会的任务，反映了Ⅰ类风格（低结构化，需要更高层次的认知复杂性）的特点。

另一位听障大学生说，"当我在宿舍时，我变得更加谨慎，因为我注意到，即使一个随便的单词或句子也会被记住，并引起别人的'怨恨'。当我在某个地方感到不舒服，我不会抱怨，也不会在宿舍里评判别人"。受访者使用"谨慎"一词表明他们倾向于在采取任何行动之前三思而后行，这与Ⅰ类风格（认知复杂性）是一致的。第三位听障大学生说我通过与朋友的互动，学会了更多地关注细节。"更多地关注细节"的意思是，在这种情况下，受访者的风格上变得更加局部化。

· 175 ·

第三，听障大学生表示，文化适应导致了他们对Ⅰ类和Ⅱ类风格的使用的增加，为 Ryder, Alden 和 Paulus（2000）的论点提供了实证支持，即文化适应的个体采取主流文化（如健听文化）的行为、态度和价值观，同时仍保留其自身的文化（如听障文化）。一方面，更经常地在他们的学术生活中选择了第二类风格。正如一位学生所说，"无论我是由健听的老师教课，还是由听力受损的老师教课，我需要记下老师说的话。"另一位学生说："我更喜欢老师教我们细节。就像我们的老师一样，虽然他只懂一点手语，但我们都喜欢他，因为他向我们解释了我们遇到的任何困难。"因此，文化适应会导致听障大学生维持Ⅱ类风格，即遵守规则（老师说的内容）和重视细节（"向我们解释我们遇到的任何困难"）。

另一方面，由于自由的大学环境的影响，听障大学生积极地向健听者寻求新的信息，并变得更加灵活。正如一位学生所说，"我更喜欢给我们带来了一些最新的信息，并与我们分享了他们的社会经验的老师"，而另一个人则评论说，"在大学里上课比在高中时灵活得多。我变得很自然"，显然，文化适应也越来越导致听障大学生采用了Ⅰ类风格，即激发创造力（"最新的信息"）和强调自主性（"自发"）。同样，就社会生活而言，受访学生表示，他们更喜欢他们高中时的宿舍规章制度（例如宵禁），因为这所大学缺乏类似的规定，经常导致他们错过上课时间。另一方面，被采访的学生也提到"大学宿舍生活使我更开放"，"通过与听障朋友在线聊天，我学到了全国各地人们的不同习惯和习俗，并变得更加全面（整体）化"。因此，文化适应并没有使听障大学生放弃所有的Ⅱ类风格特征，比如遵守规则，尽管它鼓励他们使用Ⅰ类风格，风格变得更"外倾化"和"全面化"。

综上所述，上述结果与以往横向和纵向研究的结果一致，表明学生的智力风格变化与他们的大学经历有关（例如，Vermetten, Vermunt & Lodewijks, 1999; Walker 及其同事, 2010; Zeegers,

2001）。同时，该结果为 Bronfenberner 和 Morris（1998）的直接外部环境对个人发展起着重要作用的观点提供了实证支持。

第四节　智力风格的价值

在本书中，通过审视智力风格与大学生的生活满意度和大学效能之间的关系，主要探讨了智力风格的价值问题。该部分由两个部分组成。本书第一部分探讨了智力风格与大学生活满意度的关系，第二部分探讨了智力风格与大学效能感的关系。如上所述，鉴于大学经历已被证明影响智力风格、大学生活满意度和大学效能感，跟踪访谈的结果将被用来解释意外的发现，这些发现对智力风格的价值性有暗示作用。

一　智力风格与大学生活满意度的关系

本书结果显示，在第一学年，具有Ⅱ类风格的学生在第一学年的大学生活满意度更高，而具有Ⅰ类风格的学生在第二学年的大学生活满意度更高，支持了假设2.2。这些发现表明，Ⅱ类思维风格在第一个学年被重视，而Ⅰ类思维风格在第二学年则被重视；换句话说，它们表明思维风格是有价值的。这些发现与先前的理论和实证研究结果相一致。当个体风格与周围环境的要求相一致，该个体更容易感到舒适和满意（Betoret，2007；Holland，1997）。

值得注意的是，回归分析得出的统计结果表明，在第一次测试时，13种思维风格有显著关系的，听障大学生中只有3种，而健听大学生中只有2种，而在第二次测试时，听障大学生中只有5种，健听大学生中只有6种思维风格。尽管如此，这些看似有限的结果在统计学上仍然是有重要意义的，至少有以下三个原因。

第一，这两个量表中的语句没有语义上的相似性。思维风格指的是个人处理信息和任务的偏好方式，而大学生活满意度则是指学生对自己大学生活的总体满意程度。

第二，关于风格对大学生活满意度的独特贡献（听障大学生：2%—20%，健听大学生：4%—21%），可以说是相当可观的。许多其他因素（如自尊、自我效能感）也被证明有助于提高大学生活满意度（Cha，2003；Vaez，Kristenson，& Laflamme，2004）。

第三，智力风格与大学生活满意度相互关联的具体方式具有实质性意义。广义而言，对于听障大学生和健听大学生而言，结果都表明有Ⅱ类风格的学生在第一个学年的大学生活满意度更高，而有Ⅰ类风格的学生在第二个学年的大学生活满意度更高。正如前面所指出的，Ⅱ类风格在认知上有较低的挑战性、高结构化和规范性，而Ⅰ类风格则更具有创造性，低结构化，并且更具认知复杂性。这些结果得到访谈资料的支持，大多数受访者提到，在第一个学年，他们的学术和社会环境要求他们遵守规则，然而，第二个学年强调了创造性和（组织）活动。

"在学生会，我只需要在第一个学年听从学长或学姐的指示，而在第二个学年，我自己需要安排和处理每一件事。"（HTH）

"在第一个学年，我们需要尽早回来，因为宿舍在晚上9：30关门。在第二个学年，没有这样的规则，所以我们可以在外面闲逛，购物或做一些兼职工作。"（ZHR）

"学校给新生们提供了一系列的规则和指导，使他们能够更快地适应大学。二年级的学生有更多的自由，并被允许做他们喜欢的事情。"（LSY）

如上所述，在一般的大学环境中，第一学年更重视Ⅱ类风格，而在第二学年则更提倡Ⅰ类风格。因此，具有Ⅱ类风格的学生在第一学年大学生活满意度更高，而具有Ⅰ类风格的学生在第二学年大学生活满意度更高，也是合理的。然而，这并不意味着这两个变量之间有因果关系。同样可能的是，由于个人大学生活满意度提高，使他们在第一个学年经常使用Ⅱ类风格，而在第二个学年则经常采用Ⅰ类风格。

一些意外的发现可以用质性研究的结果来解释，具体来说，有

第五章 讨论：质性和量化的视角

Ⅰ类等级型风格的健听大学生在第二学年时，对大学生活的社交方面的满意度更高。访谈结果显示，学生在大学中参与了不同类型的社交互动，例如与大学学生会成员的互动和与室友之间的互动，并且能够优先处理这些不同的任务是高等教育的核心必备技能。因此有理由认为，等级型风格与大学社交生活满意度之间存在着正相关关系。这也是一个可能的解释，有Ⅰ类等级型风格的健听大学生能够合理和有效地安排他们的社交活动，从而提高他们对大学生活的社交方面的满意程度。

在第二次测试时，有Ⅱ类局部型风格的二年级学生大学生活的学业满意度更高；这是一个合理的发现。根据访谈结果，学生的第二个学年强调"细节"（例如，密切和深入地关注学科课程）。另一个可能的解释是具有局部型风格的二年级学生能够成功地完成他们所有的学业任务来增加他们的满足感。

有Ⅰ类自由型风格的二年级的健听大学生在大学设施和服务的满意度不高。多数健听大学生表示，他们最初对他们的大学并不十分满意，但随着他们对它越来越熟悉，他们开始爱上这所学校：

"当我第一次进入这所大学的时候，我感到有点失望和反感，因为这所大学还在建设中。在大学待了这么长时间后，我对我的学校很满意。"（LXY）

"一开始，这所大学对我来说很陌生。在大学待了这么久后，我注意到我们大学很擅长培养未来的人才。例如，学校经常安排各类讲座。我在第二个学年比以前更积极地参加各类讲座。"（FJ）

这些发现意味着对大学设施和服务的满意度需要"清晰和明确"。考虑到自由型风格的特点是强调不确定性。因此自由型风格与大学设施和服务的满意度之间有负相关关系。另一种可能的解释是当有自由型风格的学生使用大学设施和服务时，要求他们遵守规则和条例（与自由型风格相反），可能会降低他们对大学设施和服务的满意度。

除此之外，具有外倾型风格的学生的大学生活满意度更高，而内倾型风格的学生的大学生活满意度较低。这些发现与以前的研究结果是一致的，在主观幸福感测量上，外向者的得分往往高于内向者（Francis & Jones，2000；Harrington & Lofredo，2001；Shewchuk & O'Connor，1995）。

二 智力风格与大学效能感的关系

结果表明，有Ⅰ类风格的听障和健听大学生在第一次和第二次测试时均具有较高水平的大学效能感，而有Ⅱ类风格的健听大学生在第二次测试时则具有较低水平的大学效能感，这些发现部分支持假设2.1（其预测Ⅰ类智力风格将与大学效能感呈正相关，而Ⅱ类智力风格将与大学效能感呈负相关），并表明思维风格是有价值的；它们也与之前的研究结果相一致，其中Ⅰ类智力风格与自我效能感呈正相关，Ⅱ类智力风格与自我效能感呈负相关（例如，Barbosa，Gerhardt，& Kickul，2007；Eachus & Cassidy，1997）。

虽然由思维风格所解释的大学效能感的最大差异在听障大学生中只有32%左右，在健听大学生中只有25%，由于具体调查结果的实质性意义和早期研究的支持在这两个变量之间发现的预测关系更有可能是真实的，而不是偶然发现的。

从总体上看，具有Ⅰ类风格的听障和健听大学生具有较高水平的大学效能感，而具有Ⅱ类风格的听障和健听大学生的大学效能感水平较低。考虑到大学充满机遇和挑战，有创造性和适应性的个体（Ⅰ类风格）能更好地处理各种任务，因此往往具有较高的大学效能感；出于同样的原因，具有Ⅱ类风格的个体往往具有较低的大学效能感。然而，这些解释并不表示这两个变量之间有因果关系。同样可能的是，大学效能感较高的个体更倾向于使用Ⅰ类风格，而大学效能感水平较低的个体更倾向于采用Ⅱ类风格。

与假设预测相反的是，有Ⅰ类风格的听障大学生，在第一次测试时社交效能感水平较低，而有Ⅰ类（全局型）风格的二年级健听大学生在第二次测试时表现出较低的社交效能感和社交融合效能

第五章 讨论：质性和量化的视角

感。在以前的研究中可以找到一种可能的解释，这些研究一致表明，全面处理信息的人（更多地关注全面）在社交互动方面更差（Riding & Burton, 1998; Riding & Craig, 1998）。另一种可能的解释是，大学社会活动中重视细节，这可能会使全局型风格的学生受挫，使他们在社交和社交融合活动中自我效能感降低。如访谈结果所示，学生在社交过程中非常清楚他们的言行（强调细节）。例如，一个学生说，"我在宿舍时变得更加谨慎，因为我注意到即使是一个随意的词或句子也会被记住了，并引起别人的怨恨。当我对某个地方或某件事感到不舒服时，我不会在宿舍抱怨，也不会评论他人。"另一位受访者说，"通过与朋友的互动，我学会了更多地关注细节。"

此外，具有局部型风格的健听大学生在第一次测试时表现出更高水平的自我效能感，而具有全局型风格的健听大学生在第二次测试时则表现出较低水平的自我效能感。如上所述，全局型风格的学生更注重整体和抽象思维，而具有局部型风格的学生则重视任务的具体细节。在第一次测试时，局部型风格对课程效能感的正向作用可由访谈结果来解释，该访谈数据再次证实，学生只需要在他们的第一学年中学习基本课程，他们可以通过保持他们的高中学习习惯来完成任务（关注细节，非常认真地学习）。它还可能是因为在第一次测试时，大学课程要求更多地关注细节，具有局部型风格的健听大学生可以很容易地处理这些任务，使得这些学生对他们的课程更有信心。在第二次测试时，全局型风格与课程效能感的负相关关系，有理论和实践意义。在理论层面上，Bandura（1986）认为，个体对以前的表现（掌握经验）的解释对自我效能感的影响最大；因此，有理由认为，具有全局型风格的个体在第二次测试时有较低水平的课程效能感。访谈数据为 Bandura（1986）的观点提供了实证支持。

"虽然第二学年的学习内容与第一学年的学习内容不同，但仍然采用同样的学习方法。第一学年，我把所有的时间都花在了学习

上。在第二学年，我可以在不改变学习方法的情况下轻松完成学习任务，并分配一些时间来处理学生组织的事情。"（LXY）

就Ⅲ类风格而言，有外倾型风格的个体有较高水平的社交和社交融合效能感，而有内倾型风格的个体社交效能感水平较低；换句话说，具有外倾型风格的个体在社交方面表现较好，而那些具有外倾型风格的个体在社交方面表现较差。另一种可能的解释是，外倾型风格在大学社交活动中得到重视，使具有外倾型风格的学生更容易进行社会交往活动，体验到更高水平的效能感。同样地，具有外倾型风格的学生在社会互动中有较低水平的效能感。

此外，研究者还认为，具有创造性风格的人善于处理人际关系（Cools & Van den Broeck, 2008）；因为无政府主义型风格被视为一种创造性风格（Sternberg, 1997），在第一测试时，听障大学生的无政府主义型风格显著正向预测社交效能感。鉴于无政府主义风格没有优先权，关于它与社交效能感之间的正向关系有两个可能解释。首先，在第一次测试时，学生们拥有大量的时间，因此鼓励他们参加不同的社会活动，而不管他们按照什么次序安排这些活动。具有无政府主义风格的学生就有更多的机会成功地处理很多社交活动，从而体验到更高水平的社交效能感。其次，在第一次测试时，学生只与同龄人和老师互动，具有无政府主义风格的学生可以成功地安排社交活动，从而体验到更高水平的社交效能感。

在第一次测试时，具有内倾型风格（Ⅲ类）的听障大学生表现出更高水平的课程效能感，这并不令人惊讶，因为艺术设计学科倾向于培养内倾型风格（Spiaggia, 1950）和独立自主的学生。在第二次测试时，具有寡头政治型风格的二年级听障大学生在课程效能感和社交融合效能感上得分较高，而无政府主义风格对课程效能感有显著的负向作用，这主要是因为在第二个学年，多任务和组织更受重视。由于寡头政治型风格是"多重"，无政府主义风格是"非系统性"，寡头政治型风格个体可能会发现完成大学任务更容易，从而使他们体验到更高的课程效能感与社交融合效能感，而无

第五章 讨论：质性和量化的视角

政治主义型风格个体在完成与课程相关的任务时可能会遇到更大的困难，这可能会使他们气馁，使他们感到课程效能感降低。这种解释得到了访谈结果的支持。在第二个学年，听障大学生需要处理多项任务（如正式学习、非正式学习、结交更多的朋友），这些都适合寡头政治型风格，与无政府主义型风格相反，它迫使他们变得更加系统化和组织化。例如，有一位学生提到，"我更喜欢在宿舍整理我的东西。"第二个学生说，"随着课程的日益复杂，在开始任务之前，我学会了制定系统的计划，并做好准备。"

上述重要发现没有涉及场依存/独立风格，可能是由于选定被试的性质，他们来自艺术和设计学科，因此倾向于场独立（Xu, Xu, Shi, & Ma, 2006）。然而，由于本书是首次探讨场依存/独立风格与这两个大学结果变量之间的关系，因此其结果应该被视为探索性的，而不是确定性的。

第五节　智力风格在个人因素与大学结果变量关系中的中介作用

结果表明，智力风格在个人因素与大学结果变量之间的关系中起到了中介作用，这支持了假设4.3，该假设预测了在对个人因素进行控制后，智力风格将对大学效能感和大学生活满意度都有影响。虽然只确定了一些中介风格，但是本书中的差异更可能反映这些变量之间的真实关系，而不是偶然产生的，至少有三个原因。

第一，研究结果反映了Biggs3P模型（1995），并为其提供了实证支持。该模型认为智力风格受个人因素（学习观）的影响，并且影响大学结果变量（大学生活满意度和大学效能感）。

第二，本书与以往的实证研究结果相一致，这些研究表明智力风格在个人因素与成就之间的关系中发挥了中介作用（Cano, 2005；Diseth, 2003；Phan, 2008）；具体来说，它显示了智力风格在个人因素（学习观和能力）与大学结果变量（大学生活满意度

· 183 ·

和大学效能感）之间的关系中起着中介作用。

第三，智力风格的中介功能相当大，它们在第一次测试和第二次测试的 0.01 水平上显著。因此，研究结果是有意义的。智力风格对大学效能感和大学生活满意度的独特贡献值（通过控制个人因素）从小（Pearson's r = 0.11）到大（Pearson's r = 0.96）（Cohen，1988）不等。

第六节 听障和健听大学生主测结果的差异

如第五章第二节、第三节、第四节和第五节所述，来自第一次测试和第二次测试的结果显示，随着时间推移，六个被调查变量之间的关系是相似的，正如假设 5.3 所预测的那样。虽然研究结果还表明，听障大学生的主要研究结果与健听大学生的调查结果基本相似，然而，在智力风格、它们对学生发展结果的影响以及个人因素对风格变化的影响方面，已经发现了一些重要的差异。以下三个小节将讨论这些差异。

一 听障和健听大学生在智力风格上的差异

本书采用口语和非口语两种量表来评估风格，研究表明，听障大学生倾向于在 Ⅱ 类智力风格上得分较高，而在 Ⅰ 类智力风格上得分较低。与假设相反的是，第一次和第二次测试的结果表明，听障大学生在执行型风格（以"执行"和"遵守规则"为特征）上的得分比健听大学生低。这可能是因为听障的学生很难获得听觉信息，而且主要是视觉上接近周围环境，这可能限制了他们完成任务的能力和阻止他们理解和遵守与任务相关的规则。此外，听障大学生使用的手语与健听教师和学生使用的手语之间的明显差异阻碍了他们接触周围的环境。

正如 Richardson，MacLeod-Gallinger，Mckee 和 Long（2000）所指出的，与健听大学生相比，听障大学生更倾向于对健听世界采取一种批判的态度；在第一次测试时，听障大学生倾向于在司法风格（强调评估）上的得分高于健听大学生，听障大学生也可能遇到比健听大学生更多的挑战（如文化适应）。为了应对这些挑战，不得不进行更多更频繁的评估。

此外，一些主要的认知发展理论指出了一个总体趋势，即大学生从"直觉行为"发展为"原则性行为"（Ⅲ类寡头政治型和无政府主义型思维风格减少，Ⅰ类等级型思维风格增加）（Pascarella & Terenzini，1991，p.43）。考虑到听障大学生在发展上落后于健听大学生，不足为奇的是听障大学生在无政府主义型和寡头政治型风格上的得分往往高于健听大学生。然而，另一种解释可能是，听障大学生不像健听大学生那样善于识别关系和组织知识（Marschark & Hauser，2008）。

此外，与健听大学生相比，在第一次测试时，听障大学生在内倾型风格上得分较高，在外倾型风格上得分较低，这可能是因为听障大学生不像健听大学生那样擅长社交互动（Marschark & Spencer，2003）。此外，听障大学生不仅与不懂手语的健听大学生交流有困难，而且与来自不同地区使用不同手语的听障大学生交流也有困难。

二　听障和健听大学生中智力风格对学生发展结果影响的差异

不同的智力风格对听障和健听大学生发展结果的影响主要体现在听障大学生中各种意外的发现上。首先，在第一次测试时，有内倾型风格的听障大学生对大学生活的社交方面更满意，而思维风格不同的听障大学生对大学设施和服务的满意度没有差异。第二，在第二次测试时，第一到第二学年，具有全局型风格（Ⅰ类）一年级听障大学生的大学生活学业方面满意度更高，而局部型风格（Ⅱ类）一年级听障大学生的大学生活的总体满意度较低。第三，也是最后一点，有保守型风格的听障大学生表现出较高水平的大学效能感，而那些具有自由型风格的学生则表现出了明显的低水平的大学效能感。对这些意外的发现的一个可能的解释是,听障大学生的语言、认知和情感发展障碍,是由于早期和持续的交际剥夺、家庭困难、教育经验不足和持续的社会偏见等不太理想的发展经历所造成的(Greenberg & Kusche,1993)。另一个可能的解释是,在认知和社会情感领域,文化适应以不同的速度发生(Arends-Toth & Van de Vijver,2006)。

三 听障和健听大学生中个人因素对风格的影响的差异

能力显著正向预测了听障大学生的智力风格(场依存/独立)的变化,但对健听大学生智力风格的变化无显著影响。这一发现可能反映了这样一个事实,正如 Jonassen 和 Grbowski(1993)及 Shepley(2005)所确定的那样,本书中的健听大学生的年龄为 16 至 24 岁(20 岁是平均数和中位数),已经达到了场独立性的最高水平。另一种可能是大学环境的影响远远超过能力对健听大学生智力风格变化的影响。

在第一次测试时,听障大学生思维风格变化的主要预测因子是"学习作为理解",而健听大学生思维风格变化的主要预测因子是"学习是责任"。在第一次测试时,听障大学生思维风格变化的主要预测因子是"学习是个人改变",而健听大学生思维风格变化的主要预测因子是"学习是理解"。如上所述,听障大学生在发展过程中落后于健听大学生,因此,总的来说,听障大学生继续遵循着学习观正常的发展模式(从"学习作为理解"转变为"学习作为个人变化")(Boulton-Lewis,Ference Marton,David C. Lewis,& Wilss,2000),而健听大学生则发展了相对成熟的学习观,并意识到不同的学习过程有不同目的,因此,有意识地学习,并能够采用适合于不同任务的方法(Boulton-Lewis,FerenceMarton,DavidC. Lewis,& Wilss.,2000,p.411)。另一种可能性的解释是,听障和健听大学生以不同的方式建构了学习。正如 Holcomb(2010)以及 Paul 和 Moores(2010)所指出的那样,健听者倾向于

第五章 讨论：质性和量化的视角

把知识看作是在科学证据的基础上，不断地修改和提炼，逐渐接近以适用于所有情况、文化和时代以基础知识为形式的真理或真相。相反，包括听障大学生在内的少数群体倾向于认为知识是有偏见的和相对的，因为知识是由有权势的个人或团体在很大程度上，根据他们的个人经历建立起来的。

然而，上述解释都是事后的假设。本书是第一次研究个人因素（能力与学习观）与听障和健听大学生的风格变化之间的关系。因此，研究结果应该被认为是探索性的，而不是确定性的。

第六章　智力风格与高等融合教育研究：反思与展望

大学是年轻人生活中一个独特而有意义的阶段（Lin，2010），一个巨大的成长、发展和变化的时间段（Hwang，2000）。根据 Evans，Forney，Guido，Patton 和 Renn（2010）的说法，大学生发展的途径主要有三种：认知—结构法；心理社会法；风格法。这些方法中的第三种关注相对较少。本书试图通过考察一学年后学生智力风格的变化，并探讨个人因素和环境因素如何影响这些变化，来丰富对大学生发展风格法的研究。

必须指出的是，根据 Evans 和她的同事（2010）研究，智力风格远远不是大学生发展的三个关键方面之一。在现有理论和研究的启发下，本课题不仅研究了智力风格在两种重要的社会情感结果（大学生活满意度和大学效能感）中所起的作用，并探讨了智力风格在个人因素（能力和学习观）与社会情感结果之间关系的潜在中介作用。

到目前为止，已经进行了大量关于智力风格的研究（Zhang，2012），但大多数集中在健听学生身上。正如前面所提到的，探讨听障大学生的智力风格，从跨文化的角度来看，不仅可以促进这一弱势群体在主流/融合高等教育中的发展，还可以丰富我们对智力风格的认知。因此，本书通过将听障大学生与健听大学生进行比较，探索听障大学生的智力风格类型。

随着研究的完成，五个问题自然产生。研究是否达到了目的？

第六章 智力风格与高等融合教育研究：反思与展望

这项研究能为相关的学术领域增加哪些新的知识？在高等融合教育背景下，这项研究对听障大学生的教育是否有任何影响？这项研究的局限性是什么？其研究结果对未来的研究方向有何启示？本章回答了这些问题。

第一节 结论

对于听障和健听大学生，可以得出四个结论。首先，风格相互重叠；第二，智力风格有价值；这一结论与风格领域的流行观点一致，即风格永远不可能是没有价值的（Kogan，1980；Messick，1996；Zhang & Sternberg，2005；Zhang，2008）。第三，虽然听障大学生和健听大学生的风格变化模式不同，但他们的风格都是有可塑性的；此外，这些变化受到个人因素（能力、学习观）和环境因素（大学经历）的影响；第四，智力风格在个体因素与大学结果变量关系中起中介作用。总之，听障大学生的测试结果与健听大学生的结果基本一致。此外，六个被调查变量之间的关系在第一次测试和第二次测试中是相似的，也就是说，对于这两个社会文化群体来说，预测的关系在不同的时间里是正确的。

第二节 理论贡献

在理论层面上，本书做出了五大贡献。第一，本书采用短期的长期追踪研究，在两个不同的社会文化群体中，进一步探索了智力风格的三大争议性的问题。（1）本书通过测试思维风格（一个更新和更全面的概念）和场依存/独立风格（在以认知为中心的传统中构建的经典概念）的关系探讨了风格重叠问题。（2）本书还通过调查智力风格对两种社会情感结果（大学生活满意度和大学效能感）的影响，进一步探讨了风格的价值。（3）本书通过考察个人因素（能力和学习观）和环境因素（大学经历）如何影响智力风格的变化，探讨了风格可塑性。

第二，本书通过短期的长期追踪研究，采用最大表现的文本，如瑞文高级累进矩阵简版（Arthur & Day, 1994）和两个重要风格结构（场依存/独立风格和思维风格）。在听障和健听群体中，通过检测能力和两个风格结构之间的关系，进一步支持了能力不同于风格的论断。

第三，本书通过短期的长期追踪研究，在听障和健听群体中，通过检测学习观和思维风格之间的关系，进一步支持了学习观和智力风格显著相关的论断。

第四，本书通过短期的长期追踪研究，在听障和健听群体中，进一步证实智力风格发挥中介作用。

第五，本书证明基于六个变量的理论模型适用于中国听障和健听大学生。

第三节　实践意义

除了理论上的贡献外，本书对大学行政人员、教师和学生都有重要的实际意义。一是对大学行政管理者。由于这项研究的主要发现之一是，Ⅰ类智力风格更具有适应性，所以大学行政管理者可以把智力风格作为衡量大学生发展的指标，来评估教育质量（即大学的高等教育目标是否已成功实现）。现代中国高等教育的使命是培养具有良好道德品质、知识渊博、才华横溢、富有创造力、精通专业的人才。判断高等教育成功的标准是在大学生中更多地采用第一类智力风格（创造力，减少结构，要求更高的认知复杂性），因为这些风格的特点与高等教育的使命是一致的。

二是对高校教师的启示。鉴于目前的研究表明，具有Ⅰ类风格的个体表现出较高的大学效能感，教师可以通过培养学生的Ⅰ类智力风格来促进学生大学效能感的发展。

第三、四、第五和第六种含义对大学行政管理者和教师都有影

第六章 智力风格与高等融合教育研究：反思与展望

响。首先，目前的研究表明，更高层次的学习观有利于改变各种智力风格，大学管理人员和教师可以采取积极的方法，改变学生对大学学习的看法，学习的过程可以帮助学生认识到学习不仅仅是获取信息的（低级的学习观），它还包括获得社会能力和形成他们的教育和未来的责任感（更高层次的学习观）；其次，访谈数据显示，为了使得学生及时调整他们的智力风格，大学行政管理者和老师应该将学生所在系的要求尽快介绍给学生（就本书而言，是艺术设计专业）；再者，追踪访谈结果显示，听障和健听群体的沟通障碍严重影响他们的交流互动，因此，大学行政管理者和老师应该通过减少听障和健听大学生之间的交流障碍来拉近他们之间的距离；最后，大学行政管理者和老师可以选择较容易使用的智力风格的量表来初步了解大学生的智力风格，然后使用另外一个智力风格量表来进一步确认。

最后两点对大学生的影响。第一，由于访谈数据显示，大学经历对智力风格的变化有很大的影响，所以大学生可以通过与大学环境的积极互动来改变自己的智力风格；第二，目前的研究表明，当个人的风格与周围环境的要求相一致时，个体对大学生活感到更满意，因此，学生可以通过调整他们的智力风格来提高他们对大学生活的满意度。

第四节　当前研究的局限性及今后的研究方向

尽管本书有其优点和贡献，但在研究样本、手语翻译、所采用的量表和研究设计等方面，仍存在九个局限性，需要在今后的研究中加以处理。前三个局限性与研究样本相关。第一，本书中所选择的大部分听障大学生曾就读于聋人高中，因此，本书的结果需要在主流/融合学校的学生中推广；第二，健听大学生的性别分布不均衡，在未来的研究中，被试选择需更加注重均衡分布；第三，所选择被试的性质（听障大学生的语言缺陷，健听大学生成绩低下）导致 Cronbach's alpas、探索性因子分析和 CFA 拟合指标的结果不太理想，也就是指量表的信度和效度结果不是非常理想，这些结果可能反过来影响以下统计分析的结果（例如相关分析和回归分析）。未来的研究需要考虑听障大学生的语言水平和健听大学生的学业成绩。

本书的第四个局限是手语翻译。本书所选取的手语翻译不是专业的手语翻译，而是手语翻译专业的学生。另外，这些学生对心理学不熟悉。这两个不足之处可能会影响对听障大学生的测试和追踪访谈的结果，因为他们在翻译过程中会遗漏重要信息。建议在今后的研究中选取受过心理学培训的专业手语翻译。此外，在进行以听障大学生为研究对象的研究项目之前，建议先对研究者进行手语培训，特别是在涉及访谈的情况下。

本书的第五个局限是高度依赖自我汇报的量表。从这类量表中获得的数据可能并不总是与行为评估法收集的数据一致。此外，自我汇报的量表自产生以来一直受到质疑，这可能是由不同量表间报告和内容重叠导致的，从而在一定程度上改变了变量间的相关性。本书的结果表明，学习观和思维风格有很大的相关性，可以采用其他方法（如记录生理指标［例如，功能磁共振（fMRI）和事件相关电位（ERP）]）来测量这两个变量，并验证本书的结果。

其余四个局限主要集中在研究设计上。首先，虽然两轮的长期追踪研究优于横向研究，但是三轮或以上的研究会更好（Finkel，1995）；其次，两次数据收集的时间间隔为一学年，可能不够长，不能发现智力风格所有可能的变化以及所调查变量关系的变化。今后的研究应延长两次测试之间的时间，以便使智力风格所有可能的变化表现出来，以及这些被调查变量之间的相互关系；再者，虽然本书显示，个人因素（能力、学习观）影响智力风格的变化，但是这一因果关系的建立还需要更多的证据。未来纵向研究需涉及不同的评估方法和实验设计，以便更好地理解能力和学习观在智力风

第六章 智力风格与高等融合教育研究：反思与展望

格变化中发挥的作用。这些建议也适用于未来关于智力风格与大学结果变量（大学生活满意度和大学效能感）之间关系的研究；最后，本书只是采用了访谈的方法来研究如何提升听障大学生的大学生活满意度，今后的研究可以考虑纳入个案等其他质性研究方法来更为深入地探讨如何改善听障大学生的学业和身心发展。

然而，上述局限性不能掩盖本书的优点。虽然上文讨论的局限性表明，今后的调查仍有改进的余地。本书结果仍然是可靠和有效的。了解本书的局限性有助于在相关领域进行更好、更深入的研究，如听障大学生智力风格、大学生发展和高等融合教育。

参考文献

陈琴霞:《新中国70年残疾人高等教育:突破与挑战》,《现代特殊教育》2019年第18期。

刘金荣、周姊毓:《残疾人高等教育的高校支持延伸》,《现代特殊教育》2016年第1期。

滕祥东:《稳步发展残疾人高等教育》,《中国特殊教育》2017年第8期。

滕祥东、任伟宁、边丽、朱琳:《残疾人高等教育院校教师专业标准框架研究》,《中国特殊教育》2017年第2期。

Adams, G. R., Ryan, B. A., & Keating, L. (2000). Family relationships, academic environments and psychosocial development during the university experience: A longitudinal investigation. *Journal of Adolescent Research*, 15 (1).

Ainley, J. (1999). Schools and the social development of young Australians: Frameworks, outcomes and influences. Paper presented at the 1999 National Social Outcomes of Schooling Forum organized by the Performance Measurement and Review Branch, Education Queensland, Surfers Paradise, Australia.

Ainley, J., Reed, R., & Miller, H. (1986). School organisation and the quality of schooling. Melbourne, Australia: Australian Council for Educational Research.

Albaili, M. A. (1993). Inferred hemispheric thinking style, gender, and academic major among United Arab Emirates college students. *Perceptual and Motor Skills*, 76 (3).

Alkhateeb, H. M., & Mji, A. (2009). Learning styles and approaches to learning mathematics of students majoring in elementary education: A three-year study. *Psychological Reports*, 105 (2).

Allinson, C. W., & Hayes, J. (1996). The Cognitive Style Index: A measure of intuition-analysis for organizational research. *Journal of Management Studies*, 33 (1).

Alumran, J. I. A. (2008). Learning styles in relation to gender, field of study, and academic achievement for Bahraini University students. Individual Differences Research, 6 (4-B).

American Educational Research Association, American Psychological Association, and National Council on Measurement in Education. (1999). *Standards for educational and psychological testing*. Washington, DC: American Psychological Association.

Anastasi, A. (1988). *Psychological testing*. New York: Macmillan. and training in non-Western children. *Journal of Cross-Cultural Psychology*, 21 (4).

Andrews, F. W. & Withey, S. B. (1976). *Social Indicators of Well-being: America's Perception of Life Quality*. Plenum Press, New York.

Antia, S. D., Jones, P., Luckner, J., Kreimeyer, K. H., & Reed, S. (2011). Social outcomes of students who are deaf and hard of hearing in general education classrooms. *Exceptional Children*, 77 (4).

Antonovsky, A. (1987). Unraveling the mystery of health. How people manage stress and stay well. San Francisco: Jossey-Bass.

Arends-Toth, J., & van de Vijver, F. J. R. (2006). Assessment of psychological acculturation. In Sam. D. L & J. W. Berry (Eds.), *The Cambridge handbook of acculturation psychology* (pp. 142–160). Cambridge:

Cambridge University Press.

Armor, D. J. (2003). *Maximizing intelligence.* New Brunswick, NJ: Transaction Publishers.

Armstrong, S. J. (2000). The influence of individual cognitive style on performance in management education. *Educational Psychology*, 20 (3).

Arthur, W., & Day, D. V. (1994). Development of a short form for the Raven Advanced Progressive Matrices test. *Educational and Psychological Measurement*, 54 (2).

Arthur, W., Tubre, T. C., Paul, D. S., & Sanchez-Ku, M. L. (1999). College-sample psychometric and normative data on a short form of the Raven Advanced Progressive Matrices Test. *Journal of Psychoeducational Assessment*, 17 (4).

Astin, A. W. (1999). Student involvement: A developmental theory for higher education. *Journal of College Student Development.*

Baker, J. A. (1998). The social context of school satisfaction among urban, low-income, African American students. *School Psychology Quarterly.*

Bandura, A. (1977). *Social Learning Theory.* Englewood Cliffs, NJ: Prentice-Hall.

Bandura, A. (1986). *Social foundations of thought and action: A socialcognitive theory.* Englewood Cliffs, NJ: Prentice-Hall.

Bandura, A. (1989). Human agency in social cognitive theory. *American Psychologist.*

Bandura, A. (1997). Self-efficacy: The exercise of control. New York: Freeman.

Bandura, A. (1995). Exercise of personal and collective efficacy. In A. Bandura (Ed.), Self efficacy in changing societies (pp. 1−45). New York: Cambridge University Press.

Banfield, S. R. (2010). How do college/university teacher misbehaviors influence student cognitive learning, academic self-efficacy, motivation, and curiosity? Dissertation Abstracts International Section A: Humanities and Social Sciences, 71 (5 – A), 1529.

Barbosa, S. D., Gerhardt, M. W., & Kickul, J. R. (2007). The role of cognitive style and risk preference on entrepreneurial self-efficacy and entrepreneurial intentions. *Journal of Leadership & Organizational Studies*, 13 (4).

Baron, R. M., & Kenny, D. A. (1986). The moderator-mediator variable distinction in social psychological research: Conceptual, strategic, and statistical considerations. Journal of *Personality and Social Psychology*, 51 (6).

Beaujean, A. A., Firmin, M. W., Attai, S., Johnson, C. B., Firmin, R. L., & Mena, K. E. (2011). Using personality and cognitive ability to predict academic achievement in a young adult sample. *Personality and Individual Differences*, 51 (6).

Beck, A. T., Steer, R. A., Ball, R., & Ranieri, W. F. (1996). Comparison of Beck Depression Inventories-IA and-II in psychiatric outpatients. *Journal of personality assessment*, 67 (3).

Bentler PM. (1995). EQS Structural Equations Program Manual. Encino, CA: Multivariate Software.

Bentler, P. M., & Bonett, D. G. (1980). Significance tests and goodness of fit in the analysis of covariance structures. *Psychological Bulletin*.

Berry, J. W. (1990). Psychology of acculturation. In R. N. Dienstbier &J. J. Berman (Eds.), Nebraska Symposium on Motivation: Vol. 37. Cross-cultural perspectives (pp. 201 – 234). Lincoln: University of Nebraska Press.

Berry, J. W. (1991). Cultural variations in field dependence-independence.. In S. Wapner & J. Demick (Eds.), *Field dependence-independence: Cognitive style across the life span* (pp. 289 – 308). Hillsdale, NJ, England: Lawrence Erlbaum Associates.

Betoret, F. D. (2007). The influence of students' and teachers' thinking styles on student course satisfaction and on their learning process. *Educational Psychology*, 27 (2).

Biggs, J. B. (1978). Individual and group differences in study processes. *British Journal of Educational Psychology*.

Biggs, J. B. (1979). Individual differences in study process and the quality of learning outcomes. *Higher Education*.

Biggs, J. B. (1987). Student approaches to learning and studying. Hawthorn: Australian Council for Educational Research.

Biggs, J. B. (1995). Learning in the classroom. In J. Biggs & D. Watkins (Eds.), Classroom learning: Educational psychology for the Asian teacher (pp. 147 – 166). Singapore: Prentice-Hall.

Bodovski, K., & Youn, M. -J. (2010). Love, discipline and elementary school achievement: The role of family emotional climate. *Social Science Research*, 39 (4).

Bokoros, M. A., Goldstein, M. B., & Sweeney, M. M. (1992). Common factors in five measures of cognitive style. *Current Psychology: Research & Reviews*.

Bong, M. (1999). Personal factors affecting the generality of academic self-efficacy judgments: Gender, Ethnicity, and relative expertise. *Journal of Experimental Education*, 67 (4).

Borchers, B. J. (2007). Workplace environment fit, commitment, and job satisfaction in a nonprofit association. *Dissertation Abstracts International: Section B: The Sciences and Engineering*, 67 ((7-B)), 4139.

Bors, D. A., & Stokes, T. L. (1998). Raven's Advanced Progressive

Matrices: Norms for first-year university students and the development of a short form. *Educational and Psychological Measurement*, 58 (3).

Bostic, J. Q., & Tallent-Runnels, M. K. (1991). Cognitive styles: A factor analysis of six dimensions with implications for consolidation. *Perceptual and Motor Skills*.

Boulton-Lewis, G. M., Marton, F., Lewis, D. C., & Wilss, L. A. (2004). A longitudinal study of learning for a group of indigenous Australian university students: Dissonant conceptions and strategies. *Higher Education*.

Boulton-Lewis, G., Ference Marton, David C. Lewis, & Wilss., L. A. (2000). Learning in formal and informal contexts: Conceptions and strategies of Aboriginal and Torres Strait Islander university students. *Learning and Instruction*.

Boutin, D. L. (2008). Persistence in Postsecondary Environments of Students with Hearing Impairments. *Journal of Rehabilitation*, 74 (1).

Braithwaite, D. O., & Thompson, T. (Eds.). (2000). The handbook of communication and physical disability. Mahwah, NJ: Lawrence Erlbaum.

Brannigan, G. G., Ash, T., & Margolis, H. (1980). Impulsivity-reflectivity and children's intellectual performance. Journal of Personality Assessment, 44 (1).

Broberg, G. C. &Moran, J. D. (1988). Creative potential and conceptual tempo in preschool children. Creativity Research Journal.

Bronfenbrenner, U. (1979). The ecological of human development. Cambridge, MA: Harvard University Press.

Bronfenbrenner, U. (2001). Human development, bioecological theory of. In N. J. Smelser &P. B. Baltes (Eds.), *International encyclope-*

dia of the social and behavioral sciences (pp. 6963 – 6970). Oxford, UK: Elsevier.

Bronfenbrenner, U. (2005). Ecological system theory. In U. Bronfenbrenner (Ed.), *Making human beings human: Bioecological perspectives on human development* (pp. 106 – 173). Thousand Oaks: Sage Publications.

Bronfenbrenner, U., & Morris, P. (1998). The ecology of developmental process. In W. Damon (Series Ed.) & R. Lerner (Vol. Ed.), *Handbook of child psychology: Vol. 1: Theoretical models of human development* (5th ed., pp. 992 – 1028). New York: Wiley.

Bronfenbrenner, U., & Morris, P. A. (2006). The bioecological model of human development. In R. M. Lerner & W. Damon (Eds.), *Handbook of Child Psychology* (6th ed.): *Theoretical Models of Human Development* (Vol. 1, pp. 793 – 828). Hoboken, NJ, US: John Wiley & Sons Inc.

Bronfrenbrenner, U. (1977). Toward an experimental ecology of human development. *American Psychologist.* (July).

Brooks, L. W., Simutis, Z. M., & ONeil, H. F. (1985). The role of individual differences in learning strategies. In R. F. Dillon (Ed.), *Individual differences and cognition* (Vol. 2). USA: Academic Press.

Browne, M. W., & Cudeck, R. (1993). Alternative ways of assessing model fit. In K. A. Bollen & J. S. Long (Eds.), *Testing structural equation models* (pp. 136 – 162). Newbury Park, CA: Sage.

Bryk, A., Lee, V. E., & Holland, P. B. (1993). Catholic schools and the common good. Cambridge. MA: Harvard University Press.

Bulcock, J. W., Whitt, M. E., & Beebe, M. J. (1991). Gender differences, student well-being and high school achievement. Alberta Journal of Educational Research.

Bulwer, J. (1648). Philocopus, or the Deaf and Dumbe Mans Friend,

London: Humphrey and Moseley.

Buote, V. M., Pancer, S. M., Pratt, M. W., Adams, G., Birnie-Lefcovitch, S., Polivy, J., & Wintre, M. G. (2007). The Importance of Friends Friendship and Adjustment among 1st-Year University Students. *Journal of Adolescent Research*, 22 (6).

Burgess, G. C., Gray, J. R., Conway, A. R. A., & Braver, T. S. (2011). Neural mechanisms of interference control underlie the relationship between fluid intelligence and working memory span. *Journal of Experimental Psychology: General*, 140 (4).

Burnett, P. C., Pillay, H., & Dart, B. C. (2003). The influences of conceptions of learning and learner self-concept on high school students' approaches to learning. *School Psychology International*, 24 (1).

Busato, V. V., Prins, F. J., Elshout, J. J., & Hamaker, C. (1998). The relation between learning styles, the Big Five personality traits and achievement motivation in higher education. *Personality and Individual Differences*, 26 (1).

Busseri, M. A., Rose-Krasnor, L., Mark Pancer, S., Pratt, M. W., Adams, G. R., Birnie - Lefcovitch, S., ... & Gallander Wintre, M. (2011). A longitudinal study of breadth and intensity of activity involvement and the transition to university. *Journal of Research on Adolescence*, 21 (2).

Busseri, M., & Rose-Krasnor, L. (2008). Subjective experiences in activity involvement and perceptions of growth in a sample of first-year female university students. *Journal of College Student Development*, 49 (5).

Byrne, B. M. (1989). *A primer of LISREL*. New York: Springer.

Byrne, B. M. (1998). *Structural equation modeling with LISREL, PRELIS, and SIMPLIS: Basic concepts, applications, and program-*

ming. Mahwah, N. J. : L. Erlbaum Associates.

Campbell, B. J. (1991). Planning for a student learning style. *Journal of Education for Business*, 66 (6).

Campbell, J., Smith, D., Boulton-Lewis, G., Brownlee, J., Burnett, P. C., Carrington, S., & Purdie, N. (2001). Students' perceptions of teaching and learning: The influence of students' approaches to learning and teachers' approaches to teaching. *Teachers and Teaching: Theory and Practice*, 7 (2).

Cano, F. (2005). Epistemological beliefs and approaches to learning: Their change through secondary school and their influence on academic performance. *British Journal of Educational Psychology*, 75 (2).

Cano, F., & Cardelle-Elawar, M. (2004). An integrated analysis of secondary school students' conceptions and beliefs about learning. *European Journal of Psychology of Education*, 19 (2).

Cardenal Hernáez, V., & Fierro Bardaji, A. (2001). Sexo y edad en estilos de personalidad, bienestar personal y adaptación social. / Sex and age in different personality styles, personal well-being and social adaptation. *Psicothema*, 13 (1).

Carey, J. C., Fleming, S. D., & Roberts, D. Y. (1989). The Myers-Briggs Type Indicator as a measure of aspects of cognitive style. *Measurement and Evaluation in Counseling and Development*, 22 (2).

Carpenter, P. A., Just, M. A., & Shell, P. (1990). What one intelligence test measure: A theoretical account on the processing in the Raven progressive matrices test. *Psychological Review*, 97 (3).

Cartledge, G., Paul, P., Jackson, D., & Cochran, L. L. (1991). Teachers' perceptions of the social skills of adolescents with hearing impairment in residential and public school settings. *Remedial and Special Education*.

Cassidy, S. , & Eachus, P. (2000). Learning Style, Academic Belief Systems, Self-report Student Proficiency and Academic Achievement in Higher Education. *Educational Psychology*, 20 (3).

Cawthon, S. (2011). Test item linguistic complexity and assessments for deaf students. *American Annals of the Deaf*, 156 (3).

Cawthon, S. W. (2007). Accommodations Use for Statewide Standardized Assessments: Prevalence and Recommendations for Students Who Are Deaf or Hard of Hearing. *Journal of Deaf Studies and Deaf Education*, 13 (1).

Cawthon, S. W. , & the Online Research Lab. (2006). Findings from the national survey on accommodations and alternate assessments for students who are deaf or hard of hearing. *Journal of Deaf Studies and Deaf Education*, 11 (3).

Cawthon, S. W. , Winton, S. M. , Garberoglio, C. L. , & Gobble, M. E. (2011). The Effects of American Sign Language as an Assessment Accommodation for Students Who Are Deaf or Hard of Hearing. *Journal of Deaf Studies and Deaf Education*, 16 (2).

Cha, K. -H. (2003). Subjective well-being among college students. *Social Indicators Research*, 62 – 63 (1 – 3).

Chae, Y. , & Gentry, M. (2011). Gifted and general high school students' perceptions of learning and motivational constructs in Korea and the United States. *High Ability Studies*, 22 (1).

Chan, K. -w. , & Elliott, R. G. (2002). Exploratory study of Hong Kong teacher education students' epistemological beliefs: Cultural perspectives and implications on beliefs research. *Contemporary Educational Psychology*, 27 (3).

Chapman, J. , Watson, J. , & Adams, J. (2006). Exploring Changes in Occupational Therapy Students' Approaches to Learning during Pre-Registration Education. *The British Journal of Occupational Therapy*,

69（10）．

Chen, S. Y. , Yang, B. M. , & Gao, Y. P. （1989）. *The group embedded figures test（Chinese version）*. Beijing, PR China：Beijing University Press.

Chow, H. P. H. （2005）. Life satisfaction among university students in a Canadian prairie city：A multivariate analysis. *Social Indicators Research*, 70（2）．

Chute, P. M. （2012）. College Experience for Young Adults with Hearing Loss. *Deafness & Education International*, 14（1）．

Cianci, H. R. （2008）. The Myers-Briggs type indicator and self-efficacy in substance abuse treatment planning. *Dissertation Abstracts International：Section B：The Sciences and Engineering*, 68（10-B）, 6955.

Clapp, R. G. （1993）. Stability of cognitive style in adults and some implications：A longitudinal study of the Kirton Adaption-Innovation Inventory. *Psychological Reports*, 73（3, Pt 2）．

Cliff, A. F. （2000）. Dissonance in first-year students' reflections on their learning. *European journal of psychology of education*, 15（1）．

Coffield, F. , Moseley, D. , Hall, E. , & Ecclestone, E. （2004）. *Learning styles and pedagogy in post-16 learning. A systematic and critical review.* Learning and Skills Research Centre, London.

Cohen, E. , Clifton, R. A. , & Roberts, L. W. （2001）. The cognitive domain of the quality of life of university students：a re-analysis of an instrument. *Social Indicators Research*, 53（1）．

Cohen, J. （1988）. *Statistical power analysis for the behavioral sciences*（2nd ed.）. Hillsdale, NJ：Lawrence Erlbaum Associates.

Cohen, J. （1992）. A Power Primer. *Psychological Bulletin*, 112（1）．

Coker, C. A. （1995）. Learning style consistency across cognitive and motor settings. *Perceptual and Motor Skills*, 81 (3, Pt 1).

Cools, V. & Van den Broeck, H. (2008). The hunt for the heffalump continues: Can trait and cognitive characteristics predict entrepreneurial orientation? *Journal of Small Business Strategy*, 18 (2).

Corman, L. S., & Platt, R. G. (1988). Correlations among the Group Embedded Figures Test, the Myers-Briggs Type Indicator and demographic characteristics: A business school study. *Perceptual and Motor Skills*, 66 (2).

Cotter, E. W. & Fouad, N. A. (2011). The relationship between subjective well-being and vocational personality type. *Journal of Career Assessment.*

Creed, P. A., Patton, W., & Bartrum, D. (2004). Internal and external barriers, cognitive style, and the career development variables of focus and indecision. *Journal of Career Development*, 30 (4).

Cronbach, L. J. (1951). Coefficient alpha and the internal structure of tests. *Psychometrika*, 16 (3).

Cuculick, J. A., & Kelly, R. R. (2003). Relating deaf students' reading and language scores at college entry to their degree completion rates. *American Annals of the Deaf.*

Cudeck, R., & O'Dell, L. L. (1994). Applications of standard error estimates in unrestricted factor analysis: Significance tests for factor loadings and correlations. *Psychological Bulletin*, 115 (3).

Cummings, W. H. (1995). Age group differences and estimated frequencies of the Myers-Briggs Type Indicator preferences. *Measurement and Evaluation in Counseling and Development*, 28 (2).

Curry, L. (1983). An organization of learning styles theory and constructs. *ERIC Document.*

D'Amato, A., & Zijlstra, F. R. H. (2008). Psychological climate and individual factors as antecedents of workout comes. *European*

Journal of Work and Organisational Psychology.

Dart, B. C., Burnett, P. C., Purdue, N., Boulton-Lewis, G., Campbell, J., & Smith, D. (2000). Students' conceptions of learning, the classroom environment, and approaches to learning. *Journal of Educational Research*, 93 (4).

Davey, B., & LaSasso, C. (1985). Relations of cognitive style to assessment components of reading comprehension for hearing-impaired adolescents. *The Volta Review*, 87 (1).

David Gijbelsa, & Dochy, F. (2006). Students' assessment preferences and approaches to learning: can formative assessment make a difference? *Educational Studies*, 32 (4).

Davidson, W. B., & House, W. J. (1978). On the relationship between reflection-impulsivity and field-dependence-independence. *Perceptual and Motor Skills*, 47 (1).

Davis, S. K., & Humphrey, N. (2012). Emotional intelligence as a moderator of stressor-mental health relations in adolescence: Evidence for specificity. *Personality and Individual Differences*, 52 (1).

Day, D. A., McRae, L. S., & Young, J. D. (1990). The Group Embedded Figures Test: A factor analytic study. *Perceptual and Motor Skills*, 70 (3, Pt 1).

De Anda, D., et al. (1997). A study of stress, stressors, and coping strategies among middle school adolescents. *Social Work in Education*, 19.

Demirbas, O., & Demirkan, D. (2007). Learning styles of design students and the relationship of academic performance and gender in design education. *Learning and Instruction*, 17 (3).

Demirkan, H. and Demirbas, O. (2008) Focus on the learning styles of freshman design students. *Design Studies*, 29 (3).

Demirkana, H., & Demirba, O. O. (2010). The effects of learning styles and gender on the academic performance of interior architecture students. *Procedia Social and Behavioral Sciences*, 2（2）.

Demo, D., & Acock, A. （1996）. Family structure, family process, and adolescent well-being. *Journal of Research on Adolescence.*

Deng, M. （2003）. *Implementation of policy on inclusive education in rural and urban areas in Hubei province of China.* Hong Kong：University of Hong Kong.

Denney, D. R. （1972）. Modeling effects upon conceptual style and cognitive tempo. *Child Development.*

Deture, M. L. （2004）. Investigating the predictive value of cognitive style and online technologies self-efficacy in predicting student success in online distance education courses. Dissertation Abstracts International Section A：Humanities and Social Sciences, 64（8-A）.

DeVellis, R. F. （2003）. *Scale development：Theory and application* (2nd ed.). Thousand Oaks, CA：Sage.

Dew, T., & Huebner, E. S. （1994）. Adolescents perceived quality of life：An exploratory investigation. *Journal of School Psychology.*

Diener, E., Oishi, S., & Lucas, R. E. （2003）. Personality, culture, and subjective well-being. *Annual Review of Psychology.*

Diener, E., Suh, E., Smit, H & Shao, L. （1995）. National differences in reported subjective well-being. *Social Indicators Research.*

DiRusso, L., Carney, J. V., & Bryan, B. （1995）. Psychological type of education majors and career decisiveness. *Journal of Psychological Type.*

Disch, W. B., L. L. Harlow, J. F. Campbell, & T. R. Dougan：（2000）. Student functioning, concerns, and socio-personal well-being, *Social Indicators Research*, 51（1）.

Diseth, Å. （2003）. Personality and approaches to learning as predictors of academic achievement. *European Journal of Personality*, 17

(2).

Diseth, Å. (2007). Students' Evaluation of Teaching, Approaches to Learning, and Academic Achievement. *Scandinavian Journal of Educational Research*, 51 (2).

Diseth, Å., Pallesen, S., Hovland, A., & Larsen, S. (2006). Course experience, approaches to learning and academic achievement. *Education & Training*, 48 (2 – 3).

Dreyer, A. S., Dreyer, C. A., & Davis, J. E. (1987). Individuality and mutuality in the language of families of field-dependent and field-independent children. *The Journal of Genetic Psychology: Research and Theory on Human Development*, 148 (1).

Drummond, R. J., & McIntire, W. G. (1977). The role of cognitive style in student evaluation of instruction. *College Student Journal*, 11 (3).

Drummond, R., & Stoddard, A. H. (1992). Learning style and personality type. *Perceptual and Motor Skills*, 75 (1).

Dunkin, M. J., & Biddle, B. J. (1974). *The study of teaching*. New York: Holt, Rinehart & Winston.

Eachus, P. & Cassidy, S (1997). Self-efficacy, locus of control and styles of learning as contributing factors in the academic performance of student health professionals. *Proceedings of First Regional Congress of Psychology for Professionals in the Americas-Interfacing the Science and Practice of Psychology*, July 27-August 2, 1997, Mexico City, Mexico.

Edmunds, R., & Richardson, J. T. E. (2009). Conceptions of learning, approaches to studying and personal development in UK higher education. *British Journal of Educational Psychology*, 79 (2).

Eklund-Myrskog, G. (1997). The influence of the educational context on student nurses' conceptions of learning and approaches to learning. *British Journal of Educational Psychology*, 67 (3).

Elder, G. H. (1998). The life course as developmental theory. *Child Development*.

Elder, R. L. (1989). Relationships between adaption-innovation, experienced control, and state-trait anxiety. *Psychological Reports*, 65 (1).

Elliott, S. N., Kratochwill, T. R., & McKevitt, B. C. (2001). Experimental analysis of the effects of testing accommodations on the scores of students with and without disabilities. *Journal of School Psychology*, 39 (1).

Entwistle, N. J. (1981). *Styles of teaching and learning: An integrated outline of educational psychology for students, teachers, and lecturers*. New York: John Wiley & Sons.

Entwistle, N. J., & Entwistle, A. (1991). Contrasting forms of understanding for degree examinations: the student experience and its implications. *Higher Education*.

Entwistle, N. J., & Peterson, E. R. (2004). Conceptions of learning and knowledge in highereducation: Relationships with study behavior and influences of learning environments. *International Journal of Educational Research*, 41 (6).

Entwistle, N. J., & Ramsden, P. (1983). *Understanding student learning*. London: Croom Helm.

Entwistle, N. J., & Tait, H. (1994). *The Revised Approaches to Studying Inventory*. University of Edinburgh, Center for Research into Learning and Instruction.

Entwistle, N. J., Tait, H., & McCune, V. (2000). Patterns of response to an approaches to studying inventory across contrasting groups and contexts. *European Journal of the Psychology of Education*, 15 (1).

Entwistle, N., McCune, V., & Walker, P. (2001). Conceptions, styles, and approaches within higher education: Analytical abstractions and everyday experience. In R. J. Sternberg & L. F. Zhang (Eds.), *Perspectives on thinking, learning, and cognitive style* (pp. 103 – 136). Mahwah, NJ: Lawrence Erlbaum Associates.

Evans, N. J., Forney, D. S., Guido, F. M., Patton, L. D., & Renn, K. A. (2010). *Student development in college: theory, research, and practice* (2nd ed.). San Francisco Jossey-Bass.

Fan, W. Q. (2006). *Thinking styles among university students in Shanghai: Comparing traditional and hypermedia instructional environments (China)*. Unpublished doctoral dissertation. The University of Hong Kong.

Fan, W. Q., & Zhang, L.-F. (2009). Are achievement motivation and thinking styles related? A visit among Chinese university students. *Learning and Individual Differences*, 19 (2).

Felder, R. M., & Soloman, B. A. (2000). Learning styles and strategies. *North Carolina State University*, http://www.ncsu.edu/felder-public/ILSdir/styles.htm.

Fergusson, L. C. (1992). Field independence and art achievement in meditating and nonmeditating college students. Perceptual and Motor Skills, 75 (3, Pt 2).

Fernández, J. R. M., Villegas, M. E., & Torres, M. M. (2003). Concepciones de aprendizaje y estrategias metacognitivas en universitarios venezolanos y españoles. / Conceptions of learning and metacognitive strategies in Venezuelan and Spanish university students. *Revista Latina de Pensamiento y Lenguaje*, 12 (1).

Fiebert, M. (1967). Cognitive Styles in the Deaf. *Perceptual and Motor Skills*, 24 (1).

Finkel, S. E. (1995). *Causal analysis with panel data.* Thousand

Oaks, CA: Sage.

Flynn, M. (1993). The culture of Catholic schools. Homebush, Australia: St Paul's Publications.

Ford, D. H., & Lerner, R. M. (1992). Developmental systems theory: An integrative approach. Newbury Park, CA: Sage.

Francis, L. J., & Jones, S. H. (2000). Psychological type and happiness: A study among adult churchgoers. *Journal of Psychological Type*.

Francis, L. J., Penson, A. W., & Jones, S. H. (2001). Psychological types of male and female Bible College students in England. *Mental Health, Religion and Culture*.

Francisco Cano & María Cardelle-Elawar. (2004). An integrated analysis of secondary school students' conceptions and beliefs about learning. *European Journal of Psychology of Education*, 19 (2).

Frazier, P. A., Tix, A. P., & Barron, K. E. (2004). Testing moderator and mediator effects in counseling psychology research. *Journal of counseling psychology*, 51 (1).

Fujii, D. E. (1996). Kolb's learning styles and potential cognitive remediations of brain-injured individuals: An exploratory factor analysis study. Professional Psychology: Research and Practice, 27 (3).

Furnham, A. (1995). The relationship of personality and intelligence to cognitive learning style and achievement. In D. Saklofske & M. Zeidner (Eds.), *International handbook of personality and intelligence* (pp. 397–413). New York: Plenum.

Furnham, A., Christopher, A. N., Garwood, J., & Martin, G. N. (2007). Approaches to learning and the acquisition of general knowledge. *Personality and Individual Differences*, 43 (6).

Furnham, A., Monsen, J., & Ahmetoglu, G. (2009). Typical intellectual engagement: Big Five personality traits, approaches to learning and cognitive ability predictors of academic performance. *British Journal of Educational Psychology*, 79 (4).

Fylan, F. (2005). Semi structured interviewing. In J. Miles & P. Gilbert (eds), *A Handbook of Research Methods for Clinical and Health Psychology*, pp. 65 – 78. Oxford: Oxford University Press.

Galton, F. (1869). *Hereditary genius: An inquiry into its laws and consequences*. London: Macmillan.

Gaytan, F. X. (2010). The role of social capital and social support from adults in the academic self-efficacy, identity, and engagement of Mexican immigrant youth in New York City. *Dissertation Abstracts International: Section B: The Sciences and Engineering*, 71 (2-B).

George, D., & Mallery, P. (2003). *SPSS for Windows step by step: A simple guide and reference*. 11.0 update Boston: Allyn & Bacon.

Ginter, E. J., Brown, S., Scalise, J., & Ripley, W. (1989). Perceptual learning styles: Their link to academic performance, sex, age, and academic standing. *Perceptual and Motor Skills*, 68 (3, Pt 2).

Glicksohn, J., Naftuliev, Y., & Golan-Smooha, H. (2007). Extraversion, psychoticism, sensation seeking and field dependence-independence: Will the true relationship please reveal itself? *Personality and Individual Differences*, 42 (7).

Goldstein, K. M., & Blackman, S. (1981). Cognitive styles. In F. Fransella (Ed.), *Personality: Theory, measurement and research* (pp. 119 – 143). London: Methuen.

Gore, JR, P. A., Leuwerke, W. C., & Turley, S. E. (2005). A psychometric study of the College Self-Efficacy Inventory. *Journal of College Student Retention: Research, Theory and Practice*, 7 (3).

Gore, P. A. (2006). Academic self-efficacy as a predictor of college outcomes: Two incremental validity studies. *Journal of Career Assess-*

ment.

Gorsuch, R. (1983). *Factor analysis.* Hillsdale, NJ: L. Erlbaum Associates.

Gorsuch, R. L. (1997). Exploratory factor analysis: Its role in item analysis. *Journal of personality assessment*, 68 (3).

Gould, T. E. (2003). A correlational analysis of undergraduate athletic training students' and faculty educators' mind styles and preferences of teaching methods. *Dissertation Abstracts International Section A: Humanities and Social Sciences*, 65 ((5-A)).

Graziano, F., Bonino, S., & Cattelino, E. (2009). Links between maternal and paternal support, depressive feelings and social and academic self-efficacy in adolescence. *European Journal of Developmental Psychology*, 6 (2).

Green, D. W., & Parker, R. M. (1989). Vocational and academic attributes of students with different learning styles. *Journal of College Student Development*, 30 (5).

Greenberg, M. T., & Kusché, C. A. (1993). *Promoting social and emotional development in deaf children: The PATHS project.* University of Washington Press.

Gregorc, A. F. (1979). Learning/ teaching styles: Potent forces behind them. *Educational Leadership.*

Gregorc, A. F. (1982). *Gregorc Style Delineator.* Maynard, MA: Gabriel Systems.

Grigorenko, E. L., & Sternberg, R. J. (1995). Thinking styles. In D. Saklofske & M. Zeidner (Eds.), *International Handbook of Personality and Intelligence* (pp. 205-230). New York: Plenum.

Grigorenko, E. L., & Sternberg, R. J. (1995). Thinking styles. In Saklofske, D., and Zeidner, M. (eds.), *International Handbook of Personality and Intelligence*, Plenum, New York.

Grossman, M., & Rowat, K. M. (1995). Parental relationships, coping strategies, received support and wellbeing in adolescents of separated or divorced and married parents. *Research in Nursing & Health.*

Guilford, J. P. (1967). *The nature of human intelligence.* New York: McGraw-Hill.

Guisande, M. A., Páramo, M. F., Tinajero, C., & Almeida, L. (2007). Field dependence-independence (FDI) cognitive style: An analysis of attentional functioning. Psicothema, 19 (4).

Hadfield, O. D., & McNeil, K. (1994). The relationship between Myers-Briggs personality type and mathematics anxiety among preservice elementary teachers. *Journal of Instructional Psychology*, 21 (4).

Haldemann, J., Stauffer, C., Troche, S., & Rammsayer, T. (2012). Performance on auditory and visual temporal information processing is related to psychometric intelligence. *Personality and Individual Differences*, 52 (1).

Harrington, R., & Loffredo, D. A. (2001). The relationship between life satisfaction, self-consciousness, and the Myers-Briggs Type Inventory dimensions. *Journal of Psychology: Interdisciplinary and Applied*, 135 (4).

Harris, R. I. (1978). The relationship of impulse control to parent hearing status, manual communication, and academic achievement in deaf children. *American Annals of the Deaf*, 123 (1).

Hassan, M. M. (2002). Academic satisfaction and approaches to learning among United Arab Emirate university students. *Social Behavior and Personality*, 30 (5).

Hayes, A. F. (2013). An introduction to mediation, moderation, and conditional process analysis: A regression-based approach. New York: The Guilford Press.

Hilliard, R. I. (1995). How do medical students learn: Medical student learning styles and factors that affect these learning styles. *Teaching and Learning in Medicine*, 7 (4).

Hofstede, G. H. (1980). *Culture's consequences: International differences in work-related values*. Beverly Hills, CA: Sage.

Holcomb, T. (2010). Deaf epistemology: The deaf way of knowing. *American Annals of the Deaf*, 154 (2).

Holland, J. L. (1973). *Making vocational choices: A theory of careers*. Englewood Cliffs, NJ: Prentice-Hall.

Holland, J. L. (1997). *Making vocational choices: A theory of vocational personalities and work environments* (3rd ed.). Englewood Cliffs, NJ: Prentice-Hall.

Holzman, P. S., & Klein, G. S. (1954). Cognitive-system principles of leveling and sharpening: Individual differences in visual time-error assimilation effects. *Journal of Psychology*.

Honey, P., & Mumford, A. (1992). *The manual of learning styles* (3rd ed.). Maidenhead, Berkshire, UK: Honey Press.

Hong, S., & E. Giannakopoulos. (1994). The relationship of satisfaction with life to personality characteristics. *Journal of Psychology*.

Honigsfeld, A. M. (2001). A comparative analysis of the learning styles of adolescents from diverse nations by age, gender, academic achievement level, and nationality. *Dissertation Abstracts International Section A: Humanities and Social Sciences*, 62 (3 - A).

Horn, John L., & McArdle, John J. (2007). Understanding human intelligence since Spearman. In Cudeck, Robert and MacCallum, Robert C. (Eds). *Factor analysis at* 100: *Historical developments and future directions*. (pp. 205 - 247). Mahwah, NJ, US: Lawrence Erlbaum Associates Publishers.

Hounsell, D., & Anderson, C. (2009). Ways of thinking and practising in biology and history: Disciplinary aspects of teaching and learning environments. In C. Kreber (Ed.), *The University and its Disciplines: Teaching and Learning within and Beyond Disciplinary Boundaries* (pp. 107 – 118). New York: Routledge.

Hsu, C. H. C. (1999). Learning styles of hospitality students: Nature or nurture? *International Journal of Hospitality Management*, 18 (1).

Hu, L.-T., & Bentler, P. M. (1999). Cut-off criteria for fit indexes in covariance structure analysis: Conventional criteria versus new alternatives. *Structural Equation Modeling*.

Huang, J., & Chao, L. (1996). Category width and sharpening versus leveling cognitive styles of Chinese and American university students. *Perceptual and Motor Skills*, 82 (3, Pt 2).

Huebner, E. S. (1991). Correlates of life satisfaction in children. *School Psychology Quarterly*.

Hwang, Y. (2000). A theory foundation in college student affairs-psychosocial development of college students in Taiwan. *Bulletin of Civic and Moral Education*.

Irving, P, Cammock, T., & Lynn, R. (2001). Some evidence for the existence of a general factor of semantic memory and its components. *Personality and Individual Differences*.

Ishitani, T. T. (2010). Exploring the effects of congruence and Holland's personality codes on job satisfaction: An application of hierarchical linear modeling techniques. *Journal of Vocational Behavior*, 76 (1).

Israelite, N., Ower, J., & Goldstein, G. (2002). Hard-of-hearing adolescents and identity construction: Influences of school experiences, peers, and teachers. *Journal of Deaf Studies and Deaf Education*, 7 (2).

Ita, C. M. (1999). The psychological development of children who are deaf or hard of hearing: A critical review, *Volta Review*.

Jackson, C. J., & Lawty-Jones, M. (1996). Explaining the overlap between personality and learning style. *Personality and Individual Differences*, 20 (3).

Jackson, D. L., Gillaspy Jr, J. A., & Purc-Stephenson, R. (2009). Reporting practices in confirmatory factor analysis: an overview and some recommendations. *Psychological methods*, 14 (1).

Jackson, D. N. (1974). *Personality Research Form Manual*. Port Huron: Research Psychologists Press. Rev. ed.

James, B. A., Fred, L., & Ketan, H. M. (2008). A call for longitudinal research in positive organizational behavior. *Journal of Organizational Behavior*, 29 (5).

Jepson, P. J. (2006). Deaf students and scientists side-by-side: Self-efficacy and modeling in real-world earth science research. *Dissertation Abstracts International Section A: Humanities and Social Sciences* 67 (6 - A), 2102.

John T. E. Richardson, & Fleming., J. (2004). Approaches to studying and perceptions of academic quality in deaf and hearing students in higher education. *Deafness & Education International*, 6 (2).

John T. E. Richardson, & Woodley., A. (1999). Approaches to studying in people with hearing loss. *British Journal of Educational Psychology*.

John T. E. Richardson, & Woodley., A. (2001). Approaches to studying and communication preferences among deaf students in distance education. *Higher Education*.

John T. E. Richardson, Janet MacLeod-Gallinger, Barbara G. McKee, & Long, G. L. (2000). Approaches to Studying in Deaf and Hearing Students in Higher Education. *Journal of Deaf Studies and Deaf Education*, 5 (2).

Johnson, G. D. K. (2008). Learning styles and emotional intelligence of the adult learner. *Dissertation Abstracts International Section A: Humanities and Social Sciences*, 69 (6 – A).

Johnson, R. B., & Onwuegbuzie, A. J. (2004). Mixed methods research: a research paradigm whose time has gone. *Educational Researcher*, 33 (7).

Johnson, R. C., & Mitchell, R. E. (Eds.). (2008). *Testing deaf students in an age of accountability*. Washington, DC.: Gallaudet University Press.

Jonassen, D. H., & Grabowski, B. L. (1993). *Handbook of Individual Differences: Learning and Instruction*, Erlbaum, Hillsdale, NJ.

Jones, C. F. N. (2001). Are learning styles subject-area sensitive? *Dissertation Abstracts International Section A: Humanities and Social Sciences*, 61 (9 – A).

Jong, P. J. D., Merckelbach, H., & Nijman, H. (1995). Hemisphere preference, anxiety, and covariation bias. *Personality and Individual Differences*, 18 (3).

Joy, S., & Kolb, D. A. (2009). Are there cultural differences in learning style? *International Journal of Intercultural Relations*, 33 (1).

Judd, C. M., & Kenny, D. A. (1981). Process analysis: Estimating mediation in treatment evaluations. *Evaluation Review*.

Kadam, G., Jadhav, M., & Yadav, K. (2011). Emotional intelligence and self esteem among performers in Rambo circus. *Indian Journal of Community Psychology*, 7 (1).

Karatzias, A., Power, K. G., Flemming, J., Lennan, F., & Swanson. (2002). The Role of Demographics, Personality Variables and School Stress on Predicting School Satisfaction/Dissatisfaction: Review of the literature and research Findings. *Educational Psychology*, 22 (1).

Karp, J. M. (2010). Teacher expectations and the mediation effects of trust on eighth grade adolescent academic self-efficacy and achievement. Dissertation Abstracts International Section A: Humanities and Social Sciences, 71 (5 – A), 1582.

Kenny, D. A., Kashy, D. A., & Bolger, N. (1998). Data analysis in social psychology. In D. T. Gilbert, S. T. Fiske, & G. Lindzey (Eds.), *The handbook of social psychology* (4th ed.), (pp. 233 – 265). New York: Oxford University Press.

Kettler, R. J., Elliott, S. N., & Beddow, P. A. (2009). Modifying achievement test items: A theory-guided and data-based approach for better measurement of what students with disabilities know. *Peabody journal of education*, 84 (4).

Kim, J. -A., & Lorsbach, A. W. (2005). Writing Self-Efficacy in Young Children: Issues for the Early Grades Environment. *Learning Environments Research*, 8 (2).

Kirton, M. J. (1987) Adaptors and Innovators: cognitive style and personality. In S. G. Isaksen (Ed). *Frontiers of creativity* (pp. 282 – 304). Buffalo, NY: Brearly.

Kizilgunes, B., Tekkaya, C., & Sungur, S. (2009). Modeling the relations among students' epistemological beliefs, motivation, learning approach, and achievement. *Journal of Educational Research*, 102 (4).

Kogan, N. (1980). A style of life, a life of style—Review of cognitive styles in personal and cultural adaptation. *Contemporary Psychology*.

Kogan, N. (1989). A stylistic perspective on metaphor and aesthetic sensitivity in children. InT. Globerson & T. Zelniker (Eds.), *Cognitive style and cognitive development* (Human Development, Vol. 3, pp. 192 – 213). Norwood, NJ: Ablex.

Kolb, D. A. (1981). Experiential learning theory and the learning style inventory: A reply to Freedman and Stumpf. *Academy of Management Review*, 6 (2).

Kozhevnikov, M. (2007). Cognitive styles in the context of modern psychology: Toward an integrated framework of cognitive style. *Psychological Bulletin*, 133 (3).

Krause, K.-L., Bochner, S., & Duchesne, S. (2003). Sociocultural factors in the learning process. In S. B. Kerri-Lee Krause, Sue Duchesne (Ed.), *Educational psychology: For learning and teaching* (pp. 263 -). Southbank, Vic.: Thomson.

Krejcie, R. V. & Morgan, D. W. (1970). Determining sample size for research activities. *Educational & Psychological Measurement*.

Krippendorff, K. (2004). *Content analysis: an introduction to its methodology* (2nd ed. ed.). Thousand Oaks: Sage.

Labarbera, D. M. (2004). Physician assistant Holland codes as determined by the Self-Directed search Form R and vocational satisfaction. *Dissertation Abstracts International Section A: Humanities and Social Sciences*, 65 (1 - A), 214.

Lane H. (1992). *The Mask of Benevolence: Disabling the Deaf Community*. New York: Knopf.

Lang, H. G. (2002). Higher Education for Deaf Students: Research Priorities in the New Millennium. *Journal of Deaf Studies and Deaf Education*, 7 (4).

Lang, H. G., Stinson, M. S., Kavanagh, F., Liu, Y., & Basile, M. L. (1999). Learning styles of deaf college students and instructors' teaching emphases. *Journal of Deaf Studies and Deaf Education*, 4 (1).

Lee, M.-H., Johanson, R. E., & Tsai, C.-C. (2008). Exploring Taiwanese high school students' conceptions of and approaches to learning science through a structural equation modeling analysis. *Science Education*, 92 (2) .

Leigh, I. W., Robins, C. J., Welkowitz, J., & Bond, R. N. (1989). Toward greater understanding of depression in deaf individuals. *American Annals of the Deaf*, 134 (4) .

Lent, R. W., Brown, S. D., & Hackett, G. (1994) . Toward a unifying social cognitive theory of career and academic interest, choice, and performance. *Journal of Vocational Behavior.*

Leonard, N. H., Scholl, R. W., & Kowalski, K. B. (1999) . Information processing style and decision making. *Journal of Organizational Behavior*, 20 (3) .

Liao, C., & Chuang, S.-H. (2007) . Assessing the effect of cognitive styles with different learning modes on learning outcome. *Perceptual and Motor Skills*, 105 (1) .

Lin, Y.-N. (2010) . Taiwanese University students' perceptions of university life. *Counselling Psychology Quarterly*, 23 (2) .

Lin, Y.-N. (2011) . University environment experience of the first two years of university graduates at a newly established small university located in suburban area in Taiwan. *College Student Journal*, 45 (1) .

Liu, M., & Reed, W. M. (1994) . The relationship between the learning strategies and learning styles in a hypermedia environment. *Computers in Human Behavior*, 10 (4) .

Logue, C. T., Lounsbury, J. W., Gupta, A., & Leong, F. T. L. (2007) . Vocational Interest Themes and Personality Traits in Relation to College Major Satisfaction of Business Students. *Journal of Career Development*, 33 (3) .

Lonka, K., Joram, E., & Bryson, M. (1996) . Conceptions of learning and knowledge: Does training make a difference? *Contemporary Educational Psychology*, 21 (3) .

Loo, R. (1982) Cluster and principal components analyses of the Group

Embedded Figures Test. *Perceptual and Motor Skills.*

Lucas, U. & Meyer, J. H. F. (2003) *Understanding students' conceptions of learning and subject in 'introductory' courses: the case of introductory accounting*, paper presented at 'Metalearning in higher education: taking account of the student perspective', European Association for Research on Learning and Instruction, 10th Biennial Conference, Padova, Italy, August.

Lui, M. M. (2010). Can I succeed as an adolescent mother? Examining the role of emotional intelligence in predicting self-efficacy, academic achievement, and school attendance. *Dissertation Abstracts International: Section B: The Sciences and Engineering*, 70 (9-B), 5800.

Lukomski, J. (2007). Deaf College Students Perceptions of Their Social-Emotional Adjustment. *Journal of Deaf Studies and Deaf Education*, 12 (4).

MacGillivary, A. C. (1999). Cognitive style of undergraduates in tourism and hospitality management. *Psychological Reports*, 85 (2), 481–486. doi: 10.2466/pr0.85.6.

Maggino, F., & Shifini D'Andrea, S. (2003). Different scales for different survey methods: validation in measuring the quality of university life. In M. J. Sirgy, D. Rahtz, & A. C. Samli (Eds.), *Advances in quality-of-life theory, research* (pp. 233–256). Dordrecht, The Netherlands: Kluwer Academic Publishers.

Makinen, J. A. & Pychyl, T. A. (2001). The differential effects of project stress on life satisfaction, Social Indicators Research, 53 (1).

Makoe, M., Richardson, J., & Price, L. (2007). Conceptions of learning in adult students embarking on distance education. *Higher Education*, 55 (3).

Marschark, M. & Spencer, P. E. (Eds.). (2003). *Oxford hand-*

book of deaf studies, language, and education. New York: Oxford University Press.

Marschark, M., & Hauser, P. C. (2003). *Deaf cognition: Foundations and outcomes*. New York: Oxford University Press.

Marschark, M., & Hauser, P. C. (2008). Cognitive Underpinnings of Learning by Deaf and Hard-of-Hearing Students: Differences, Diversity, and Directions In M. Marschark & P. C. Hauser (Eds.), *Deaf cognition: foundations and outcomes* (pp. 3 - 23). Oxford; New York Oxford University Press.

Martín, & Ramos, J. M. (2006). Evaluación del estilo cognitivo "Dependencia/independencia de campo" en el contexto de los problemas de ansiedad. / Assessing "Field dependence" in the context of anxiety problems. *Clínica y Salud*, 17 (1).

Marton, F., & Säljö, R. (1976a). On qualitative differences in learning. I-Outcome and process. *British Journal of Educational Psychology*.

Marton, F., & Säljö, R. (1976b). On qualitative differences in learning. II-Outcome as a function of the learner's conception of the task. *British Journal of Educational Psychology*.

Marton, F., Dall'Alba, G., & Beaty, E. (1993). Conceptions of learning. *International Journal of Educational Research*, 19 (3).

Matthew Debell & Crystal, D. S. (2005). On the association of field dependence-independence with personality, learning style, and sociopolitical attitudes among adolescents. *Perceptual and Motor Skills*.

Mattick, K., Dennis, I., & Bligh, J. (2004). Approaches to learning and studying in medical students: Validation of a revised inventory and its relation to student characteristics and performance. *Medical Education*, 38 (5).

Maxwell-McCaw, D & Zea, M. C. (2011). The Deaf acculturation scale

(DAS): development and validation of a 58-item measure. *Journal of Deaf Studies and Deaf Education*, 16 (3).

Mayer, J. D., Salovey, P., & Caruso, D. R. (2002). Mayer-Salovey-Caruso Emotional Intelligence Test: MSCEIT. Item booklet. MHS.

Medley, M. L. (1980). Life satisfaction across four stages of adult life. *International Journal of Ageing and Human Development*.

Menard, S. (1991). *Longitudinal research: Quantitative applications in the social sciences*. Newbury Park, CA: Sage.

Menard, S. W. (2002). *Longitudinal research* (2nd ed. ed.). Thousand Oaks, Calif.: Sage Publications.

Meric, H. J., & Capen, M. M. (2008). Cognitive style and sex: A study of stereotypical thinking. *Psychological Reports*, 102 (3), 739 – 744. doi: 10. 2466/pr0. 102. 3.

Meric, H. J., & Capen, M. M. (2008). Cognitive style and sex: A study of stereotypical thinking. *Psychological Reports*, 102 (3).

Messer, S. B. (1976). Reflection-impulsivity: A review. *Psychological Bulletin*, 83 (6).

Messer, S. B., & Brodzinsky, D. M. (1981). Three-year stability of reflection-impulsivity in young adolescents. *Developmental Psychology*, 17 (6).

Messick, S. (1984). The nature of cognitive styles: Problems and promise in educational practice. *Educational Psychologist*.

Messick, S. (1996). Bridging cognition and personality in education: the role of style in performance and development. *European Journal of Personality*.

Michalos, A. C. (1985). Multiple discrepancies theory (MDT). *Social Indicators Research*.

Michalos, A. C. (1991). *Global report on student well-being, Vol I*

Life-satisfaction and Happiness, Springer Verlag, New York.

Miles, D. G. (2005). An investigation of learning style preferences and academic self-efficacy in first-year college students. *Dissertation Abstracts International Section A: Humanities and Social Sciences*, 65 (8 – A).

Miller, A. (1987). Cognitive styles: An integrated model. *Educational Psychology*, 7 (4).

Miller, A. L. (2007). Creativity and cognitive style: The relationship between field-dependence-independence, expected evaluation, and creative performance. *Psychology of Aesthetics, Creativity, and the Arts*, 1 (4).

Miller, M. J. (1994). Congruence between parents' and children's three-letter Holland codes. *Psychological Reports*, 74 (3, Pt 2).

Mills, C. J., Moore, N. D., & Parker, W. D. (1996). Psychological type and cognitive style in elementary-age gifted students: Comparisons across age and gender. *Journal of Psychological Type.*

Milosevic, M., Golubic, R., Knezevic, B., Golubic, K., Bubas, M., & Mustajbegovic, J. (2011). Work ability as a major determinant of clinical nurses' quality of life. *Journal of Clinical Nursing*, 20 (19 – 20).

Mok, M. M. C., & Flyyn, M. (2002). Determinants of students' quality of school life: A path model. *Learning Environments Research.*

Mok, M., & Flynn, M. (1998). Effect of Catholic school culture on students' achievement in the Higher School Certificate Examination: A multilevel path analysis. *Educational Psychology.*

Moore, B. R. (1990). The relationship between curriculum and learner: Music composition and learning style. *Journal of Research in Music Education*, 38 (1).

Moores, D., Weiss, K., & Goodwin, M. (1973). Receptive abilities of deaf children across fivemodes of communication. *Exceptional Children.*

Moretti, F., van Vliet, L., Bensing, J., Deledda, G., Mazzi, M., Rimondini, M., et al. (2011). A standardized approach to qualitative content analysis of focus group discussions from different countries. *Patient Education and Counseling*, 82 (3).

Morrison, A. S., Amir, N., & Taylor, C. T. (2011). A behavioral index of imagery ability in social anxiety. *Cognitive therapy and research*, 35 (4).

Mshelua, A. Y., & Lapidus, L. B. (1990). Depth Picture Percepition in Relation to Cognitive Style and Training in Non-Western Children. *Journal of cross-cultural psychology*, 21 (4).

Munsterberg, E., & Mussen, P. H. (1953). The personality structures of art students. *Journal of Personality* 21 (4).

Murdock, M. C., Isaksen, S. G., & Lauer, K. J. (1993). Creativity training and the stability and internal consistency of the Kirton adaption-innovation inventory. *Psychological Reports.*

Murphy, J. S., & Newlon, B. J. (1987). Loneliness and the mainstreamed hearing-impaired college student. *American Annals of the Deaf.*

Myers, I. B., & McCaulley, M. H. (1988). *Manual: A guide to the development and use of the Myers-Briggs Type Indicator.* Palo Alto, CA: Consulting Psychologists Press.

Myers, M. J., & Taylor, E. M. (2000). Best practices for deaf and hard-of-hearing student success in postsecondary education. *JADARA*, 34 (1).

Ng, S. L. (2005). Subjective Residential Environment and its Implications for Quality of Life Among University Students in Hong Kong. *Social Indicators Research*, 71 (1).

Nie, Y. L. , Shun, , & Liau, A. K. (2011) . Role of academic self-efficacy in moderating the relation between task importance and test anxiety. *Learning and Individual Differences*, 21 (6) .

Niraula, S. , & Mishra, R. C. (2001) . Psychological differentiation among rural and urban Newar children of Nepal. *Social Science International*, 17 (2) .

Northedge, A. , & McArthur, J. (2009) . Guiding students into a discipline-the significance of the teacher. In C. Kreber (Ed.), *The university and its disciplines*. New York: Routledge.

Nosal, C. S. (1990) . *Psychologiczne modele umyslu* [Psychological models of mind] . Warsaw, Poland: PWN.

Nuby, J. F. (1996) . A comparative analysis of the learning styles of Native-Americans and African-American secondary students in grades nine through twelve. *Dissertation Abstracts International Section A: Humanities and Social Sciences*, 56 (10 - A) .

Nunn, G. D. (1995) . Effects of a learning styles and strategies intervention upon at-risk middle school students' achievement and locus of control. *Journal of Instructional Psychology*, 22 (1) .

O'Brien, T. P. (1994) . Cognitive learning styles and academic achievement in secondary education. *Journal of Research & Development in Education*, 28 (1) .

Okun, M. A. , Braver, M. W. , & Weir, R. M. (1990) Grade level differences in school satisfaction. Social Indicators *Research*.

Oppedal, B. (2006) . Development and acculturation. In D. L. Sam & J. W. Berry (Eds.), *The Cambridge handbook of acculturation psychology* (pp. 97 - 112) . Cambridge, UK: Cambridge University Press.

Owen, S. V. , & Froman, R. D. (1988, September) . *Development of a college academic self-efficacy scale*. Paper presented at the annual meeting of the National Council on Measurement in Education, New Orleans, LA.

Padden, C., & Humphries, T. (2005). *Inside Deaf Culture* Harvard University Press. Cambridge, Mass.

Pandey, A. K., & Pandey, A. K. (1985). A study on cognitive styles of urban and rural college students. *Perspectives in Psychological Researches*, 8 (2).

Panek, P. E. (1985). Age differences in field-dependence/independence. *Experimental Aging Research*, 11 (2).

Papazova, E., & Pencheva, E. (2008). Adolescent self-esteem and psychological type. *Journal of Psychological Type*, 68 (8).

Parasnis, I., & Long, G. L. (1979). Relationships among spatial skills, communication skills, and field independence in deaf students. *Perceptual and Motor Skills*, 49 (3).

Pascarella, E. T., & Terenzini, P. T. (1991). How college affects students. San Francisco, CA: Jossey-Bass.

Paul A. Gore, J., & Wade, C. Leuwerke, & Turley, S. E. (2005). A psychometric study of the college self-efficacy inventory. *Journal of College Student Retention: Research, Theory and Practice*, 7 (3 - 4).

Paul, P., & Moores, D. (2010). Introduction: Toward an understanding of epistemology and deafness. *American Annals of the Deaf*, 154 (5).

Pereira, A. A. (2007). Dominant Holland code typology among project management professionals: Practitioner-environment congruence and job satisfaction. Dissertation Abstracts International Section A: Humanities and Social Sciences, 68 ((3 - A)).

Peterson, E. R., Brown, G. T. L., & Irving, S. E. (2010). Secondary school students' conceptions of learning and their relationship to achievement. *Learning and Individual Differences*, 20(3).

Petito, F., & Cummins, R. A. (2000). Quality of life in adolescence: The role of perceived control, parenting style and social support. *Behaviour Change*.

Pett, M. A., Lackey, N. R., & Sullivan, J. J. (2003). *Making sense of factor analysis: The use of factor analysis for instrument development in health care research.* Thousand Oaks, Calif.: Sage Pub.

Phan, H. P. (2008). Predicting change in epistemological beliefs, reflective thinking and learning styles: A longitudinal study. *British Journal of Educational Psychology*, 78(1).

Philips, B. (1979). *School Stress and Anxiety.* New York, NY: Human Sciences Press.

Piaget, J. (1971). *Biology and knowledge.* Chicago: University of Chicago Press.

Pinto, J. K., & Geiger, M. A. (1991). Changes in learning style preferences: A prefatory report of longitudinal findings. *Psychological Reports*.

Pittman, L., & Richmond, A. (2008). University Belonging, Friendship Quality, and Psychological Adjustment During the Transition to College. *The Journal of Experimental Education*, 76(4).

Ployhart, R. E., & Vandenberg, R. J. (2010). Longitudinal Research: The Theory, Design, and Analysis of Change. Journal of Management, 36(1).

Poon, C. S. K., & Koehler, D. J. (2008). Person theories: Their temporal stability and relation to intertrait inferences. *Personality and Social Psychology Bulletin*, 34(7).

Price G, Dunn R, & Dunn K. (1991). *Productivity Environmental Preference Survey Manual.* Lawrence, KS: Price Systems, Inc.

Price, L., Richardson, J. T. E., Robinson, B., Ding, X., Sun, X.,

& Han, C. (2011). Approaches to studying and perceptions of the academic environment among university students in China. *Asia Pacific Journal of Education*, 31 (2).

Prosser, M., Hazel, E. & Waterhouse, F. (2000) Students' experiences of studying physics concepts: the effects of disintegrated perceptions and approaches, *European Journal of Psychology of Education*, 15 (1).

Purdie, N., & J. Hattie. (2002). Assessing students' conceptions of learning. *Australian Journal of Developmental and Educational Psychology*, 2.

Purdie, N., Hattie, J. A., & Douglas, G. (1996). Student conceptions of learning and their use of self-regulated learning strategies: A cross-cultural comparison. *Journal of Educational Psychology.*

Rabanaque, S., & Martínez-Fernández, J. R. (2009). Conception of learning and motivation of Spanish psychology undergraduates in different academic levels. *European Journal of Psychology of Education*, 24 (4).

Raven, J. C., Raven, J., & Court, J. H. (1988). *The Mill Hill Vocabulary Scale.* London: H. K. Lewis.

Raven, J., Raven, J. C., & Court, J. H. (1998). *Raven Manual:* Section 4, *Advanced Progressive Matrices*, 1998 edition. Oxford UK, Oxford Psychologies Press.

Rayner, S. (2007). A teaching elixir, learning chimera or just fool's gold? Do learning styles matter? Support for Learning.

Reagan, T. (1995). A sociocultural understanding of deafness: American sign language and the culture of deaf people. *International Journal of Intercultural Relations*, 19 (2).

Redfield, R., Linton, R., & Herskovits, M. J. (1936). Memorandum for the study of acculturation acculturation. *American Anthropolo-*

gist, 38（1）.

Reid, W. A., Duvall, E., & Evans, P.（2007）. Relationship between assessment results and approaches to learning and studying in Year Two medical students. *Medical Education*, 41（8）.

Richardson, J. A., & Turner, T. E.（2000）. Field dependence revisited I：Intelligence. *Educational Psychology*.

Richardson, J. T. E.（2010）. Conceptions of learning and approaches to studying among White and ethnic minority students in distance education. *British Journal of Educational Psychology*, 80（4）.

Richardson, J. T. E., & Woodley, A.（2001）. Perceptions of academic quality among students with a hearing loss in distance education. *Journal of Educational Psychology*, 93（3）.

Richardson, J. T. E., Barnes, L., & Fleming, J.（2004）. Approaches to studying and perceptions of academic quality in deaf and hearing students in higher education. *Deafness and Education International*.

Richardson, J. T. E., MacLeod-Gallinger, J., McKee, B. G., & Long, G. L.（2000）. Approaches to studying in deaf and hearing students in higher education. *Journal of Deaf Studies and Deaf Education*.

Riding, R.（1991）. Cognitive style analysis user manual. Birmingham：*Learning and Training Technology*.

Riding, R. J.（1997）. On the nature of cognitive style. *Educational Psychology*, 17（1 - 2）.

Riding, R. J., & Craig, O.（1998）. Cognitive style and problem behavior in boys referred to residential special schools. *Educational Studies*, 24（2）.

Riding, R. J., & Fairhurst, P.（2001）. Cognitive style, home background and conduct behavior in primary school pupils. *Educational Psychology*, 21（1）.

Riding, R. J., & Wigley, S. (1997). The relationship between cognitive style and personality in further education students. *Personality and Individual Differences*, 23 (3).

Riding, R., & Cheema, I. (1991). Cognitive styles: An overview and integration. *Educational Psychology*, 11 (3-4).

Rittschof, K. A. (2010). Field dependence-independence as visuospatial and executive functioning in working memory: Implications for instructional systems design and research. *Educational Technology Research and Development. Special Issue: Cognition and learning technology*, 58 (1).

Roberts, L., & Clifton, R. (1992). Measuring the affective quality of life of university students: the validation of an instrument. *Social Indicators Research*.

Roberts, L. W. (1990). Clinical sociology with individuals and families. In H. M. Rebach & J. G. Bruhn (Eds.), *Handbook of clinical sociology* (pp. 143-163). New York: Plenum Press

Rosenberg, M. (1965). *Society and the adolescent self-image*. Princeton, NJ: Princeton University Press.

Ross, J. L., Drysdale, M. T., & Schulz, R. A. (2001). Cognitive learning styles and academic performance in two postsecondary computer application courses. *Journal of research on computing in education*, 33 (4).

Ross, M. (1989). Relation of implicit theories to the construction of personal histories. *Psychological Review*, 96 (2).

Roth, J. L. (2006). The association between vocational personality and self-efficacy for school psychologists. *Dissertation Abstracts International Section A: Humanities and Social Sciences*, 67 (4-A).

Ryder, A. G., Alden, L. E., & Paulhus, D. L. (2000). Is acculturation unidimensional or bidimensional? A head-to-head comparison in the prediction of personality, self-identity, and adjustment. *Journal of personality and social psychology*, 79（1）.

Sadler-Smith, E. （1997）. "Learning style": Frameworks and instruments. *Educational Psychology*, 17（1-2）.

Sadler-Smith, E. （1999）. Intuition-analysis style and approaches to studying. *Educational Studies*, 25（2）.

Sadler-Smith, E., & Tsang, F. （1998）. A comparative study of approaches to studying in Hong Kong and the United Kingdom. British Journal of Educational Psychology.

Säljö, R. （1979）. Learning in the learner's perspective. I. Some common sense conceptions. *Reports from the Department of Education*, University of Göteborg, No. 76.

Samdal, O., Nutbeam, D., Wold, B. & Kannas, L. （1998）. Achieving health and educational goals through schools a study of the importance of the school climate and student's satisfaction with school, *Health Education Research Theory and Practice*.

Sandra Bosacki, Wilfred Innerd, & Towson, S. （1997）. Field Independence-Dependence and Self-Esteem in Preadolescents: Does Gender Make a Difference? *Journal of Youth and Adolescence*, 26（6）.

Sasaki, M., & Yamasaki, K. （2007）. Stress coping and the adjustment process among university freshmen. *Counselling Psychology Quarterly*, 20（1）.

Scheier, M. F., & Carver, C. S. （1987）. Dispositional optimism and physical well-being: The influence of generalized outcome expectancies on health. *Journal of Personality*.

Schneider, L. J., & Overton, T. D. （1983）. Holland personality types and academic achievement. *Journal of Counseling Psychology*, 30（2）.

Schunk, D. H., & Pajares, F. （2002）. The development of academic self-efficacy. In A. Wigfield & J. S. Eccles (Eds.), *Development of achievement motivation* (Vol. xvii, pp. 366). San Diego, CA, US: Academic Press.

Schwartz, S. J., & Zamboanga, B. L. (2008). Testing Berry's model of acculturation: A confirmatory latent class approach. *Cultural Diversity and Ethnic Minority Psychology*, 14 (4).

Schweinle, A., & Mims, G. A. (2009). Mathematics self-efficacy: Stereotype threat versus resilience. *Social Psychology of Education*, 12 (4).

Seefchak, Caroline. (2008). Factors that influence achievement and self-efficacy in developmental university students. *Dissertation Abstracts International Section A: Humanities and Social Sciences*, 69 (5 – A).

Severiens, S. E., & Ten Dam, G. T. M. (1994). Gender differences in learning styles: A narrative review and quantitative meta-analysis. *Higher Education*.

Severiens, S., & Ten Dam, G. (1997). Gender and gender identity differences in learning styles. *Educational Psychology*, 17 (1 & 2).

Shell, D. F., Colvin, C., & Bruning, R. H. (1995). Self-efficacy, attribution, and outcome expectancy mechanisms in reading and writing achievement: Grade-level and achievement-level differences. *Journal of Educational Psychology*.

Shepley, Makdelle McCuskey. (2005). Spatial-versus object-oriented architectural environments: preference and perception. *Perceptual and motor skills*: 101 (1).

Sherman, J. A. (1967). Problem of sex differences in space perception and aspects of intellectual functioning. *Psychological Review*.

Shewchuk, R. M., & O'Connor, S. J. (1995). Health care executives: Subjective well-being as a function of psychological *type*. *Journal of Psychological Type*.

Shipman, S., & Shipman, V. (1985). Cognitive styles: Some conceptual, methodological andapplied issues. In E. W. Gordon (Ed.), Review of Educational Research, Vol. 12. Washington, DC: American Educational Research Association.

Shokri, O., Kadivar, P., Farzad, V., & Sangari, A. A. (2007). Role of personality traits and learning approaches on academic achievement of university students. *Psychological Research*, 9 (3 – 4).

Sirgy, M. J., Grzeskowiak, S., & Rahtz, D. (2007). Quality of college life (QCL) of students: Developing and validating a measure of well-being. *Social Indicators Research*, 80 (2).

Sirgy, M. J., Lee, D. J., Grzeskowiak, S., Yu, G. B., Webb, D., Hasan, K. E., Kuruuzum, A. (2010.). Quality of College Life (QCL) of Students: Further Validation of a Measure of Well-Being. Social Indicator Research.

Sirgy, M. J. (2001). *Handbook of Quality-of-life Research: An Ethical Marketing Perspective*. Kluwer Academic Publishers, Dordrecht, The Netherlands.

Smart, J. C., Feldman, K. A., & Ethington, C. A. (2000). *Academic Disciplines: Holland's Theory and the Study of College Students and Faculty*. Nashville, TN: Vanderbilt University Press.

Smith, B. A. (2005). The relationship between metacognitive skill level and academic self-efficacy in adolescents. *Dissertation Abstracts International: Section B: The Sciences and Engineering*, 65 (10-B).

Smith, S. N., & Miller, R. (2005). Learning approaches: examination type, discipline of study, and gender. *Educational Psychology*, 25 (1).

Sobel, M. E. (1982). Asymptotic confidence intervals for indirect effects instructural equation models. In S. Leinhardt (Ed.), *Sociological methodology* (1982) (pp. 290–312). Washington, DC: American Sociological Association.

Solberg, V. S., & Villarreal, P. (1997). Examination of self-efficacy, social support, and stress as predictors of psychological and physical distress among Hispanic college students. *Hispanic Journal of Behavioral Sciences.*

Solberg, V. S., Gusavac, N., Hamann, T., Felch, J., Johnson, J., Lamborn, S., & Torres, J. (1998). The Adaptive Success Identity Plan (ASIP): A career intervention for college students [Monograph]. *The Career Development Quarterly.*

Solberg, V. S., O'Brien, K., Villarreal, P., Kennell, R., & Davis, B. (1993). Self efficacy and Hispanic college students: Validation of the College Self-Efficacy Instrument. *Hispanic Journal of Behavioral Sciences.*

Spearman, C. (1904). "General intelligence" obviously determined and measured. *American Journal of Psychology.*

Spearman, C. (1923). *The nature of intelligence and the principles of cognition.* London: Macmillan.

Spearman, C. (1927). *The abilities of man.* New York: Macmillan.

Spiaggia, M. (1950). An investigation of the personality traits of art students. *Educational and Psychological Measurement.*

Stahl, S. A., Erickson, L. G., & Rayman, M. C. (1986). Detection of inconsistencies by reflective and impulsive seventh-grade readers. *National Reading Conference Yearbook.*

Steger, M. F. (2006). An Illustration of Issues in Factor Extraction and Identification of Dimensionality in Psychological Assessment Data. *Journal of Personality Assessment*, 86 (3).

Sternberg, R. J. (1986). Toward a unified theory of human reasoning. *Intelligence*, 10 (4).

Sternberg, R. J. (1988). Mental self-government: A theory of intellectual styles and their development. *Human Development*.

Sternberg, R. J. (1993). *Sternberg triarchic abilities test (Level H)*. New Haven, CT: Unpublished test, Yale University.

Sternberg, R. J. (1997). *Thinking styles*. New York: Cambridge University Press.

Sternberg, R. J., Wagner, R. K., & Zhang, L. F. (2007). *Thinking Styles Inventory-Revised II.*. Unpublished test. Tufts University.

Sternberg, R. J., & Wagner, R. K. (1992). *Thinking Styles Inventory*. Unpublished test, Yale University.

Stevenson, W., Maton, K. I., & Teti, D. M. (1999). Social support, relationship quality, and well-being among pregnant adolescents. *Journal of Adolescence*.

Stinson, M. & Walter, G. (1997). Improve deaf and hard of hearing students: what the research tells us. *Journal of American Deafness and Rehabilitation Association*.

Stinson, M., Liu, Y., Saur, R., & Long, G. (1996). Deaf College Students' Perceptions of Communication in Mainstream Classes. *Journal of Deaf Studies and Deaf Education*.

Struyven, K., Dochy, F., & Janssens, S. (2005). Students' perceptions about evaluation and assessment in higher education: A review. *Assessment & Evaluation in Higher Education*, 30 (4).

Struyven, K., Dochy, F., Janssens, S., & Gielen, S. (2006). On the dynamics of students' approaches to learning: The effects of the teaching/learning environment. *Learning and Instruction*, 16 (4).

Svirko, E., & Mellanby, J. (2008). Attitudes to e-learning, learning style and achievement in learning neuroanatomy by medical students. *Medical Teacher*, 30 (9 – 10).

Swanberg, A. B., & Martinsen, ?. L. (2010). Personality, approaches to learning and achievement. *Educational Psychology*, 30 (1).

Tabachnick, B. G., Fidell, L. S. (2001). *Using Multivariate Statistics* (4th ed.). Needham Heights, MA: Allyn and Bacon.

Tait, H., Entwistle, N., & McCune, V. (1998). ASSIST: A reconceptualization of the approaches to studying inventory. In C. Rust (Ed.), *Improving student learning: Improving students as learners* (pp. 262 – 271). Oxford: Oxford Center for Staff and Learning Development.

Tang, & Hua. (2003). The interaction of cognitive style and learning environment on student performance, course satisfaction, and attitude toward computers. *Dissertation Abstracts International Section A: Humanities and Social Sciences*, 64 ((5 – A)).

Tao, S., Dong, Q., Pratt, M. W., Hunsberger, B., & Pancer, S. M. (2000). Social Support: Relations to Coping and Adjustment During the Transition to University in the People's Republic of China. *Journal of Adolescent Research*, 15 (1).

Taylor, J. (1994). The stability of school-children's cognitive style: A longitudinal study of the Kirton Adaption-Innovation Inventory. *Psychological Reports*, 74 (3).

Thurstone, L. L. (1931). Multiple factor analysis. *Psychological Review*.

Tindal, G., & Fuchs, L. (1999). A *summary of research on test changes: An empirical basis for defining accommodations*. Lexington, KY: Mid-South Regional Resources Center.

Tinto, V. (1987). *Leaving college: Rethinking the causes and cures of student attrition* (1st ed.) Chicago: University of Chicago Press.

Tinto, V. (1993). *Leaving college: Rethinking the causes and cures of student attrition* (2nd ed.). Chicago: University of Chicago Press.

Titus, T. G. (1990). Adolescent learning styles. Journal of Research and Development in Education.

Tobacyk, J., & Cieslicka, A. (2000). Compatibility between psychological type and academic major in Polish university students. *Journal of Psychological Type.*

Torrance, E. P., Reynolds, C. R., Riegel, T. & Ball, O. E. (1978). *Revised norms-technical manual for Your Style of Learning and Thinking. Forms A and B.* Georgia Studies of Creative Behavior, Athens.

Traxler, C. B. (2000). The Stanford Achievement Test, ninth edition: National norming and performance standards for deaf and hard-of-hearing students. *Journal of Deaf Studies and Deaf Education*, 5 (4).

Tribble, D. H. (1998). A comparison of personality types of alternative and traditional campus students. *Dissertation Abstracts International Section A: Humanities and Social Sciences*, 58 (7 - A).

Tsai, C. -C. (2004). Conceptions of learning science among high school students in Taiwan: a phenomenograhic analysis. *International Journal of Science Education.*

Tsuzuki, Y., & Matsui, T. (2000). Personality type similarity, self-esteem, and friendship satisfaction among Japanese college women. *Journal of Psychological Type.*

Tung, S., & DeSa, C. (2010). A study of learning and thinking style preferences among urban and rural children. *Indian Journal of Community Psychology*, 6 (2).

Turner, S. L., Conkel, J. L., Starkey, M., Landgraf, R., Lapan, R. T., Siewert, J. J., et al. (2008). Gender differences in Holland vocational personality types: Implications for school counselors. *Professional School Counseling*, 11 (5).

Vaez, M., Kristenson, M., & Laflamme, L. (2004). Perceived quality of life and self-rated health among first-year university students. *Social Indicators Research*, 68 (2).

Van Eldik, Th. (2005). Mental health problems of Dutch youth with hearing loss as shown on the youth self report. *American Annals of the Deaf*.

Van Eldik, Th., Treffers, P. D. A., Veerman, J. W., & Verhulst, F. C. (2004). Mental health problems of Dutch children as indicated by parents' responses to the child behavior checklist. *American Annals of the Deaf*.

Van Rossum, E. J., &Schenk, S. M. (1984). The relationship between learning conception, study strategy and learning outcome. *British Journal of Educational Psychology*.

Veenhoven, R. (1993). Happiness in Nations, Subjective Appreciation of Life in 55 Nations 1946—1990, *RISBO*, Erasmus University Rotterdam.

Veenhoven, R. (1995). The cross-national pattern of happiness: test of predictions implied in three theories of happiness, *Social Indicators Research*.

Verkuyten, M., & Thijs, J. R. A. J. (2002). School satisfaction of elementary school children: The role of performance, peer relations, ethnicity and gender. *Social Indicators Research*.

Vermetten, Y. J., Vermunt, J. D., & Lodewijks, H. G. (1999). A longitudinal perspective on learning strategies in higher education: Different viewpoints towards development. *British Journal of Educational Psychology*, 69 (2).

Vermunt, J. D., & Verloop, N. (2000). Dissonance in students' regulation of learning processes. *European Journal of Psychology of Education*.

Vernon, P. E. (1972). The distinctiveness of field independence. *Journal of Personality*, 40 (3).

Walker, R., Spronken-Smith, R., Bond, C., McDonald, F., Reynolds, J., & McMartin, A. (2010). The impact of curriculum change on health sciences first year students' approaches to learning. *Instructional Science*, 38 (6).

Waltz, C. F., Strickland, O. L., & Lenz, E. R. (2005). *Measurement in nursing and health research* (3rd ed.) New York: Springer Publishing Co.

Wang, M. C., Reynolds, M. C., & Walberg, H. J. (1995). *Handbook of special and remedial education: research and practice* (2nd ed. ed.). Oxford, England: Pergamon.

Wang, X., & Zhou, Y. (2008). The relationship of college students' conception of learning with learning motivation and self-efficacy. *Psychological Science* (China), 31 (3).

Watkins, D. A., & Dahlin, B. (1997). Assessing study approaches in Sweden. *Psychological Reports*.

Watkins, D., Biggs, J., & Regmi, M. (1991). Does confidence in the language of instruction influencea student's approach to learning? Instructional Science.

Wechsler, S. (2009). age and gender impact on thinking and creating styles [impacto de la edad y del género en los estilos de pensar y crear]. *European Journal of Education and Psychology*, 2 (1).

Weinstock, M., & Zviling-Beiser, H. (2009). Separating academic and social experience as potential factors in epistemological development. *Learning and Instruction*.

West, C. R., Kahn, J. H., & Nauta, M. M. (2007). Learning styles as predictors of self-efficacy and interest in research: Implications for graduate research training. *Training and Education in Professional*

Psychology, 1 (3).

Westreich, Ritzler, & Duncan. (1997). Relationship between cognitive style and defensive style. *Perceptual and Motor Skills*, 84 (3).

White, Marilyn Domas, Marsh, & Emily E. (2006). *Content analysis: A flexible methodology.*

William, W., N. (1985). Interactional effects of socioeconomic status and cognitive tempo on WISC—R performance. *Measurement and Evaluation in Counseling and Development*, 18 (2).

Witkin, H. A., & Berry, J. W. (1975). Psychological differentiation in cross-cultural perspective. *Journal of cross-cultural psychology*, 6 (1).

Witkin, H. A., & Goodenough, D. R. (1977). Field dependence and interpersonal behavior. *Psychological Bulletin*, 84 (4).

Witkin, H. A., & Goodenough, D. R. (1981). *Cognitive styles: Essence and origins: Field dependence and field independence.* New York: International Universities Press.

Witkin, H. A., Dyk, R. B., Faterson, H. F., Goodenough, D. R., & Karp, S. A. (1962). *Psychological ifferentiation.* New York: Wiley.

Witkin, H. A., Goodenough, D. R., & Karp, S. A. (1967). Stability of cognitive style from childhood to young adulthood. *Journal of Personality and Social Psychology*, 7 (3).

Witkin, H. A., Oltman, P. K., Raskin, E., & Karp, S. A. (1971). *Embedded Figures Test, Children's Embedded Figures Test: Manual.* Palo Alto, CA: Consulting Psychologists Press.

Woosley, S. A. (2003). How important are the first few weeks of college? The long term effects of initial college experiences. *College Student Journal*, 37 (2).

Worthington, R. L., & Whittaker, T. A. (2006). Scale development research a content analysis and recommendations for best practices. *The Counseling Psychologist*, 34 (6) .

Wozniak, C. L. (2011) . Reading and the boy crisis: The effect of teacher book talks, interactive read-alouds, and students' unrestricted choice of books for independent reading on fifth-grade boys' reading attitude, reading self-efficacy, and amount of reading and fifth-grade teachers' reading beliefs and practices. *Dissertation Abstracts International Section A: Humanities and Social Sciences*, 72 (3 – A) .

Xujia, Xu, Huibo, Shi, Jiannong, & Ma, Fuquan. (2006) . The development of cognitive style in art learning. *Chinese Journal of Clinical Psychology*, 14 (2) .

Ye, S. (2008) . *A longitudinal study of subjective well-being among Chinese university students: The roles of personality, attribution, and coping* (Unpublished doctoral dissertation) University of Hong Kong, Hong Kong.

Young, M. H., Miller, B. C., Norton, M. C., & Hill, E. J. (1995) . The effect of parental supportive behaviors on life satisfaction of adolescent offspring. Journal of Marriage and Family.

Yu, G. B., & Kim, J. -H. (2008) . The mediating role of quality of college life (QCL) in the student satisfaction and student loyalty relationship. *Applied Research in Quality of Life Studies*, 3 (1) .

Yu, G. B., & Lee, D. -J. (2008) . A model of quality of college life of students in Korea. *Social Indicators Research*, 87 (2) .

Zeegers, P. (2001) . Approaches to learning in science: A longitudinal study. British Journal of Educational Psychology, 71 (1) .

Zhang, L. F. (2000a) . Abilities, academic performance, learning approaches, and thinking styles: A three-culture investigation. *Journal of Psychology in Chinese Societies. Special Issue: Achievement motivation of Chinese students*, 1 (2) .

Zhang, L. F. (2000b) . Relationship between thinking styles inventory and study process questionnaire. *Personality and Individual Differences*.

Zhang, L. F. (2001). Thinking styles, self-esteem, and extracurricular experiences. International Journal of Psychology, 36 (2).

Zhang, L. F. (2002a). The role of thinking styles in psychosocial development. *Journal of College Student Development*, 43 (5).

Zhang, L. F. (2002b). Thinking styles and cognitive development. *The Journal of Genetic Psychology: Research and Theory on Human Development*, 163 (2).

Zhang, L. F. (2004). Field-dependence/independence: Cognitive style or perceptual ability? – Validating against thinking styles and academic achievement. *Personality and Individual Differences*, 37 (6).

Zhang, L. F. (2007). Intellectual Styles and Academic Achievement among Senior Secondary School Students in Rural China. Educational Psychology, 27 (5).

Zhang, L. F. (2008). Thinking Styles and Emotions. The Journal of Psychology, 142 (5).

Zhang, L. F. (2010). Do age and gender make a difference in the relationship between intellectual styles and abilities? *European Journal of Psychology of Education*, 25 (1).

Zhang, L. F. (2013). *The malleability of intellectual styles*. Cambridge University Press. NY: New York.

Zhang, L. F., & Higgins, P. (2008). The predictive power of socialization variables for thinking styles among adults in the workplace. *Learning and Individual Differences*, 18 (1).

Zhang, L. F., & Sachs, J. (1997). Assessing thinking styles in the theory of mental self-government: A Hong Kong validity study. *Psychological reports*, 81 (3).

Zhang, L. F., & Sternberg, R. J. (2005). A threefold model of intellectual styles. Educational psychology review, 17 (1).

Zhang, L. F., & Sternberg, R. J. (2006). *The nature of intellectual styles*. Mahwah, NJ: Lawrence Erlbaum.

Zhang, L. F., & Sternberg, R. J. (2009). *Perspectives on the nature of intellectual styles*. New York: Springer Pub.

Zhang, L. F., Sternberg, R. J., & Rayner, S. (Eds.). (2012). *Handbook of intellectual styles: Preferences in cognition, learning, and thinking*. Springer Publishing Company.

Zhang, L. F. (2009). Anxiety and thinking styles. *Personality and Individual Differences.*

Zhang, L. F., & Bernardo, A. B. L (2000). Validity of the learning process questionnaire with students of lower academic attainment. *Psychological Reports.*

Zhu, C., & Zhang, L. F. (2011). Thinking styles and conceptions of creativity among university students. *Educational Psychology.*

Zhu, C., Valcke, M., & Schellens, T. (2008). The relationship between epistemological beliefs, learning conceptions, and approaches to study: A cross-cultural structural model? *Asia Pacific Journal of Education*, 28(4), 411–423. doi: 10.1080/02188790802468823

Zhu, X.-B., & Wang, J. L. (2009). A structural equation modeling of perceived academic self-efficacy, learning stress, and learning burnout of high school students. *Chinese Journal of Clinical Psychology*, 17(5).

Zimmerman, B. J. (1995). *Self-efficacy and educational development.* (Vol. xv). New York: Cambridge University Press.

Zimmerman, B. J., &Martinez-Pons, M. (1990). Student differences in self-regulated learning. *Journal of Educational Psychology.*

Zimmerman, B. J., Bandura, A., & Martinez-Pons, M. (1992). Self-motivation for academic attainment: The role of self-efficacy beliefs and personal goal-setting. *American Educational Research Journal.*

附录 A　思维风格调查量表第二次修订版示例

1. 我喜欢解决那些需要我处理很多细节的问题。
2. 无论以口头还是书面的形式表达思想，我都喜欢一次只围绕一个主题进行
3. 着手完成某一任务时，我喜欢与朋友们或同伴们一起探讨。

附录 B 团队镶嵌图形测验示例

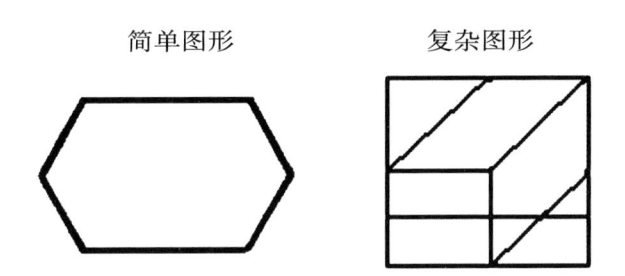

简单图形　　　　复杂图形

附录 C 瑞文高级累进矩阵简版示例

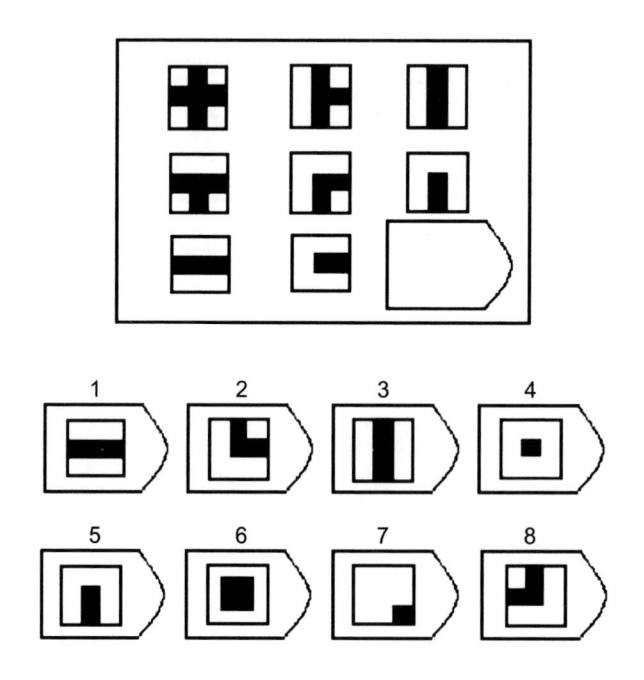

· 248 ·

附录 D　学习观量表示例

"持续的"维度

19. 我确定我将来一定会不间断地学习的
20. 学习是无止境的
21. 学习是生活的一部分
22. 我每天都学习新的东西
23. 学习是一个持续不断的过程

附录 E　大学生活满意度量表示例

1. 整体上来说，你对学校生活的满意程度
2. 你对自己在学校的生活的满意程度
3. 在你看来，你的大多数朋友和同学对在学校的整体生活的满意程度

附录 F　大学效能感量表示例

1. 在大学里结交新的朋友
2. 和任课教授或教师交流
3. 做好课堂笔记

附录 G　半结构化访谈提纲

一般问题：在过去的学年里，你有没有注意到你自己的变化，特别是你对信息的感知和处理任务的方式（智力风格）？如果是，他们是什么？你认为是什么因素导致你的智力风格发生了这些变化？在这些可能的影响因素中，你认为哪些因素在改变你的智力风格中起着最重要的作用？

可能的影响因素：（这些是研究者促使被试思考的因素）。

第一个因素：大学的学习环境

1. 你觉得你的大学怎么样？（学术方面：如组织课程和师生互动；社交方面：如同伴互动；可用资源和设施：比如学习空间，课本以外的学习材料，练习的机会）。

2. 你注意到在上一个学年？你的大学生活（学术、社交、可用资源）有什么不同吗？

3. 这些差异是否导致了你的智力风格的改变？为什么？

第二个因素：学科

1. 你觉得你的专业怎么样？与其他专业相比，你的专业有哪些独特的特点？

2. 学科对你的智力风格的变化有影响吗？为什么？

第三个因素：大学学习（特点、一般影响和特殊挑战）

1. 你认为大学学习怎么样？（例如，课程特点、评估、学生自主、作业、学生与学生之间的互动）

2. 你认为你在过去的学年里学到了什么经验吗？你有没有注意

到在过去的学年里你的学习观有什么变化？（课程、评估和安排）

3. 大学学习对你的智力风格有影响吗？为什么？

第四个因素：大学教学

你认为大学教学怎么样？（师生互动）？大学教学对你智力风格的变化有什么影响？为什么？

第五个因素：课外活动或学生组织

你参加了什么样的课外活动？你认为你所参加的组织或活动如何？你对课外活动的看法是什么？这些组织或课外活动是否影响了你的智力风格的变化？为什么？

第六个因素：同伴关系

你在上个学年交过朋友吗？你觉得大学里的友谊怎么样？你交的这些朋友对你的智力风格的变化有什么影响吗？为什么？

第七个因素：生活经验

1. 请问您住哪儿？（在校园或校外）

2. 你对上一个学年的生活经历有何看法？这些生活经历对你的智力风格有什么影响吗？为什么？